大人が楽しむ鉄道趣味

～入門は身近な電車の知識から～

工学博士 **大賀寿郎** 著

東海道新幹線の列車は見事に標準化されている。小田原　2016年5月撮影。

.....Contents

京浜急行の新1000形。ステンレス車体全体をラッピング。横浜　2019年3月撮影。

阪急電車には満開の桜がよく似合う。甲陽線苦楽園口　2011年4月撮影。

はじめに

　欧米では鉄道趣味はインテリのための上品な趣味として認められてきました。とくにヨーロッパの人たちと雑談したときには、

「私の趣味は鉄道でしてね」

といって怪訝な顔をされたことはあまりありません。たいてい自分の国の鉄道の話や身近の鉄道趣味人の話で盛り上がりました。鉄道を趣味とする人間は気のおけないインテリ、と思ってくれるようでした。

　これに比べ、筆者が本格的に電車や蒸気機関車の写真を撮り始めた1960年代には、鉄道を見て乗って記録するのが趣味になるということは、我が国では普通の人には理解しにくいことだったようです。よくたずねられたのが、

「山の写真ですか」

「雑誌か本の取材ですか」

ということでした

「測量ですか」

といわれたこともあります。リュクサックにしばりつけた大きな三脚のためでした。

　しかしうれしいことに、このところ我が国でも

「鉄道そのものに興味を持つことが趣味になる」

ことが知られてきたようです。筆者の周囲でも、鉄道に興味を持つ人が増えてきました。

　けれども、多くの人は、

「私の趣味は鉄道です」

と明言するのをためらっているように見えます。鉄道趣味というと、テレビで報道されるイベント運転やさよなら運転に何十人も群がり、手に持ったスマーホンなどを高くさし上げて争って写真を撮っている人たちを連想するようです。どうも尊敬される社会人の姿とはいいにくいようですね。

　英国などの鉄道趣味の先進国では、鉄道趣味人はまず観察してメモを取り、仲間と情報を交換し、いろいろ考えて討論し、熱心な人は更にクラブなどに加入して活動を広げていく、というのが普通の趣味人なのだそうです。人を押しのけて自分本位の活動をする「マニア」「オタク」とは違うようです。筆者にはこちらの方が正常な「ファン」のような気がします。

　鉄道は多くの人の知恵と努力でここまで仕上げられた社会システムであり、文化でもあります。私たちも知的にスマートに幅広く楽しみたいものだと思うのです。

　一方、鉄道趣味の幅の広さという点では我が国は世界有数といえるでしょう。それは我が国の鉄道が世界で最も多様なことに由来しています。

　例えば、

　－沿線の景色を車窓から楽しむ。

　－長時間の乗車なら車内で出会った他の乗客とのコミュニケーションを楽しむ。

　－日ごろ利用している車両を見る。とくに新型が入ったときに旧型との違いを観察する。

　－JR、私鉄、地下鉄など異なる会社の車両やサービスを見比べる。

　－珍しい車両や施設を観察してその歴史、特徴を知る。

　－鉄道と都市、地域とのかかわりを観察し、考える

　・・・・・

このいずれも、我が国では奥深く楽しむことができるのです。

ここで心がけたいのは、趣味の対象をなるべく絞らないことです。

「自分は○○電鉄以外には興味がない」

「自分は蒸気機関車の保存運転しか興味がない」

「自分は豪華列車□□にしか関心がない」

というのではなく、最初は身近な鉄道の観察から始めて次第に遠方、外国などに範囲を拡げていく。その過程で博物館、雑誌、ファンの集まりにも参加する、というように順を追って趣味の世界を拡げていきたいのです。

身近に見られる例に興味をもち、その幅を次第に拡げ、その中から興味深いテーマを発見したら奥深く、というのが趣味の世界への適切な入門なのだろうと思います。

この本では鉄道趣味を「**知的な大人の趣味**」と考え、まず我々乗客にもっとも身近な鉄道車両や列車を、

「**乗って観察し、比べて、考えることを楽しむ**」

という姿勢で取り上げてみましょう。

しかし、鉄道の世界はきわめて多種多様です。この1冊の本で、総ての鉄道をこうした姿勢で見聞することを記述するのは不可能です。

ここでは鉄道ファンの密度が高いといわれる東京圏と近畿圏を主な対象として、今現在いつでも見られる、また乗れる車両、列車の例を取り上げることにしましょう。

しかし、ここで記述されていないものにも興味深い対象は数限りなくあります。ぜひご自分のセンスでいろいろ発見していただきたいと思います。

本書のなかには筆者の感想にわたる多少主観的な記述も出てきますが、

「私はこう思います。あなたはどう思われますか？」

という問いかけと受取り、それでは自分の意見は、と考えていただければ幸です。

本書は趣味書ですので、JR各社の線名や私鉄の名前は正式な名称にはこだわらず、例えば阪神電気鉄道ではなく阪神電車というように親しまれている通称を使います。また、文中に登場する人名は、筆者の親しい友人などの特例を除いて敬称を略させていただきます。写真や図で特記のないものは筆者の撮影または作図です。過去の車両の多くは写真ではなく絵にしましたが、不鮮明な写真から起こしたものもあり、特に床下機器などの描写は不正確かもしれません。

本書で用いる用語や単位表記はJIS（日本産業規格）の用語規格に準拠し、例えばモーターではなくモータを用います。また外国語のカタカナ表記は、不自然にならない範囲でその母国語の発音に近い表記とし、例えばシーメンスではなくジーメンス、インターネットではなくインタネットと書きます。

1953年（12歳）住まいに近い代官山駅　3800形
自宅から徒歩数分の東急東横線代官山は幼いころから電車を観察する定点だった。トンネルの入り口に見える鉄筋コンクリートの跨線橋は東横線のシンボル。3800形は軽量高性能車5000形の直前に2両作られた最後の旧性能車。スタート35という子供用カメラで撮影。

1955年（14歳）東急5000系急行 通学路だった渋谷
1954年はわが国の電車が大脱皮した年。東横線に3両編成で導入された超軽量車5000系は従来の電車とは全く異なる明朗軽快な電車で、当時の中学生には忘れられない印象を残した。その後増備を重ねて東横線を代表する勢力となる。借用した二眼レフカメラで撮影。

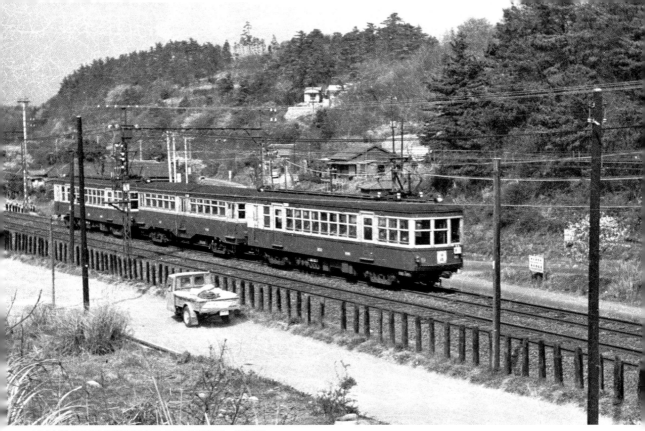

1961年（20歳）京急230形と140形の急行　谷津坂
スタイル、性能において京浜急行のみならず戦前の関東の私鉄電車のトップレベルだったデハ230形が、わが国最初期の鋼鉄製電車クハ140形を挟んだ3両編成で品川・浦賀間の急行に用いられ、時速100キロを体験できる旧型電車として知られていた。谷津坂は今の能見台。1/500秒のシャッタの付いたカメラを使うようになっていた。

1964年（23歳）近鉄名古屋線6331　白子
新入社員教育のため、三重県鈴鹿市の旧海軍航空隊跡に設けられた全寮制学園に約1か月間入れられた。最寄り駅は近鉄名古屋線の白子で、やってくる電車は伊勢電鉄時代の車両のほか旧参急の名車2200形もあって、豪快な走りとゆったりしたクロスシートに強い印象を受けた。

1968年（26歳）C62重連下り
急行「ていね」倶知安発車
社会人となってレンズ交換可能な一眼レフ
カメラや引伸ばし機を購入し、仲間とチー
ムを組んで蒸気機関車の記録にのめり込ん
だ。特にわが国最大の幹線用機関車C62
形が2両で牽引する急行列車に魅せられ、
冬山装備で厳冬期の山に登って俯瞰撮影す
るなど多くの実験を重ねた。

1974年（32歳）最初の外国出張
ウィーンのシュタットバーン（国鉄電車）
思いがけなく英国で開催された学会に参加する
こととなり、約2週間にわたって西ヨーロッパの
会社や研究所を駆け回った。音楽学校に短期
留学していた妻に会うため訪れたウィーンの街
では、戦前型も含めた多種多様な電車が走って
おり、都心では地下鉄の工事がたけなわだった。

1982年（41歳）家族旅行で大井川鉄道へ
妻、娘（11歳）、息子（4歳）とともに大井川鉄道を訪れ、蒸気機関車列車とバラエティに富んだ旧型電車を楽しんだ。運悪く大雨で土砂崩れが発生して不通の区間があり、蒸機列車は家山まで、その先は徒歩連絡ののち電車で千頭にたどり着いた。

1989年（48歳）旧共産圏のタトラカー KT4　ベオグラード
学会参加のため滞在した旧ユーゴスラヴィアのベオグラードでは、米国PCCカーのコピーから進化したタトラカーの新型2車体連結車KT4クラスが市電の大多数を占めており、筆者はその後タトラカーのファンになった。当時のユーゴの政情は不安で、この年のインフレ率は何と1000％。

1992年（51歳）米国最後のインタアーバン　サウスショア鉄道
米国の電車の多彩な技術の歴史を知ってのめり込み、書物を取り寄せて読みふけった。その後学会、国際規格作成会議のためいろいろな国を訪れるようになり、米国シカゴで最後のインタアーバンとして著名なシカゴ・サウスショア・アンド・サウスベンド鉄道に乗車することができた。車両は日本製のステンレスカーに統一されていた。

1993年（52歳）オスロの木造電車　フロギネルスティレン
ノルウェイのオスロからホルメンコーレンのスキー場に登る郊外電車に1910年頃から優雅なスタイルの木造電車が走っていたことは知っていたが、まさか実見して乗車できるとは思わなかった。北欧家具のようなニス塗りの車体はゆるみもなく健在、車内の赤いクロスシートは快適だった。

1998年（57歳）キングストンフライヤー　クイーンズタウン近郊
学会で訪れたニュージーランド南島の山間の観光都市クイーンズタウンの近くに、幹線の急行列車を牽いて活躍していた蒸気機関車が動態保存されていた。米国スタイルだが貴重なニュージーランド国産機。日本と同じ1067ミリ軌間だが時速100キロで走っていたという。

2005年（64歳）つくばエクスプレス2000系　みらい平
仕事で縁のあったつくば学研都市への高速電車が開通したので試乗した。時速130キロはさすがに速く、入手したばかりの7.4コマ/秒の連写のできる一眼レフカメラではタイミングを取り切れず、一発撮影に賭けた。

2011年（70歳）一畑電鉄2100系　松江イングリッシュガーデン前
学会でしばらくぶりに訪れた島根県の一畑電車では、学生時代に乗車して優れたスタイル、性能を記憶していた京王電車の5000
形が2扉に改装されて活躍していた。50年を経てまだ代表車の風格があるのに感心させられた。

2016年（75歳）JR東日本185系「湘南ライナー」　大船
やはり地元の電車には親しみが持てる。自宅から徒歩圏の東海道本線大船駅付近には多彩な電車が走っている。観光特急と普通
列車との共用を狙ったため中途半端で「華のない特急電車」と評された185系には通勤ライナーが最適の用途だったが、実は出
入台（デッキ）付きの転換クロスシートは欧米の普通列車のサービスレベルである。

第1章
新幹線をじっくりと楽しむ

東海道、山陽新幹線の16両編成の列車
各号車の座席数などが完全に標準化されている。
（上）大多数を占めるN700A
（下）これから導入されていくN700S

昔から、鉄道旅行の楽しみは車窓から景色をながめることと、車内で出会った見知らぬ乗客と交流すること、といわれてきました。

　いま都会生活をしている私たちには、長い時間をかける鉄道旅行はほとんど新幹線の乗車だけになりました。1964年に開通した世界最初の本格的な「高速鉄道」の東海道新幹線以来、我が国の新幹線は世界で最も安全な鉄道システムという実績を積み上げ、信頼できる社会基盤として世界中の鉄道のお手本となっています。長距離旅行の乗車時間は大幅に短縮され、20歳代の頃の筆者が青森から10数時間かけて上野まで走る急行列車の窓に放心状態でもたれていたなど、もう嘘のようです。

　一方、新幹線の時代になって鉄道旅行の楽しみが薄くなったといわれます。

　まず、新幹線になって車窓の楽しみがなくなったといわれます。長いトンネル、平野でも高い防音壁。たしかに外を見ていてもおもしろくない場所が多いですね。

　しかし、最も早い時期に開通した東京と新大阪とを結ぶ東海道新幹線はやや違うようで、まだ昔の鉄道のような車窓風景を楽しむことができます。

　また、一人旅で長時間乗車して偶然相席となった見知らぬ人と話ができる機会も、新幹線にはまだ残っているようです。

　本書の最初のテーマとして、ここでは新幹線乗車の楽しみ方を考えてみましょう。

見事に標準化された東海道新幹線の16両編成

　東海道新幹線で驚かされるのは、全ての列車が同じ16両編成で、完全に標準化されていることです。乗車定員は1列車当たり普通車1123名、グリーン車200名にほぼ統一されています。新大阪から先のJR西日本の山陽新幹線では9両編成や8両編成が見られますし、JR東日本の東北。上越。北陸新幹線では長い列車、短い列車、秋田・山形新幹線の小型車両とまことに多彩ですが、東海道新幹線にはこうしたバラエティはありません。

　新幹線の車両は1日当たりの走行距離が在来線の車両に比べて長く、またトンネルの出入りでの圧力変動も大きいので車体の寿命が短く、在来線の車両の約半分の13〜15年程度で引退となります（フランスのTGVはその2倍くらい長持ちさせているそうですので、政策的に決まる要素もあるのでしょうが）。したがって新幹線では古い車両が少なく、結果として同じような車種ばかりになるのですが、更にダイヤが乱れた時の対応の便のため座席数をすべて同じにするという思想のため列車が標準化されているわけです（図1-1）。

　東海道新幹線の現在を代表する車両は、2007年から導入され、2011年からは改良が加えられたN700A系と呼ばれる車両です（タイトル写真（上））。この車両はカーブで車体を内側に傾斜させる機構を持ち、あまり減速しないでカーブを曲がれるので、これまでの列車の最高時速270キロに比べて東海道新幹線では最高時速285キロ、山陽新幹線内では時速300キロと高速化され、また以前のモデルより省エネルギーとなっています。

　日本の新幹線車両は伝統的に「動力分散方式」を用いてきました。モータを機関車に集中させるのではなく、多くの車両の床下にモータを分散させるこの方式は、欧州によく見られる動力を機関車に集中させる方式に比べてモータの数が多く、これを発電機として電力を架線に戻して加速に用いた電力を回収できる「回生ブレーキ」を効果的に用いることができるので、すでに世界標準となり始めたようです。N700A系も16両のうち14両が台車内にモータを持つ電動車、2両がモータをもたないトレーラとなっています。運転台を持つ両端のトレーラは制御車、運転台もモータも持たない中間の車両は付随車と呼ばれます。

　1編成16両は編成の中のグループとしては4両単位となっており、それぞれに変圧器（トランス）とモータの制御

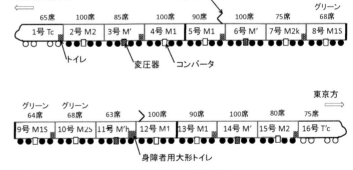

図1-1　東海道、山陽新幹線N700A系の列車編成
黒丸がモータで駆動される車輪。cは運転台、sはグリーン車、kは喫煙室、hは車内販売基地などの設備を持つことを表す。

のためのコンバータとインバータ（アネックスA11節で説明するVVVF制御の機器）を1組ずつ装備していますが、個々の車両の座席数などを見るとなかなか変化に富んでいるのがわかります。

まず、奇数号車にはトイレがあるので座席数が少なくなっています。特に11号車のトイレは身体傷害者用の大形で、その他の設備もあるので座席がさらに少なくなっています。

また、7号車と11号車には車内販売の基地などがあり、やはり座席が減る要因になっています。さらに、先頭車は運転台のほか、客室に使えない流線型の先端の部分もあるので座席数は11号車並みです。

これに比べ、偶数号車は（列車端の16号車以外は）客室が車体長いっぱいにとれるので普通車なら100名（5席×20列）が座れます。ホームで自由席車に並ぶのなら偶数号車が有利というわけです。

動力システムを観察すると種類が多いのに気が付きます。両端の車両はモータをもたない制御車なので電動車は14両になりますが、架線から取り入れる25000ボルトの高電圧を低い電圧に下げる変圧器、その低電圧の交流を直流に変換する変換装置（コンバータ）、いずれも大きく重い機器なので分散して装備しています。

変圧器には2種類があります。3号車と14号車の変圧器は3両分、6号車と11号車の変圧器は4両分を受け持つので大きさが異なります。また変換装置は4つのモータを受け持つので、M1は1台、M2は変圧器を持つ車両の分も合わせて2台を装備しています。

2016年に先行編成が導入され、2020年から本格導入が始まった新型のN700S系は、各車両の座席定員はN700Aの配分を踏襲していますが、種々の改良点が見られます（タイトル写真（下））（図1-2）。

乗客がすぐに気が付く改良点は、車内でパソコンやスマートホンを操作するのが一般的になった時代を反映してすべての座席にAC100ボルトのコンセントがあることでしょう。

一方、動力システムで注目されたのが電動車の種類が少なくなったことでした。変換装置の電子スイッチにSiC（炭化ケイ素）半導体（アネックスA13節で解説）を用いることにより小型化されてすべての電動車に装備できるようになったので、電動車は（パンタグラフの有無を別にすれば）変圧器の有無で2種類のみになりました。このため8両、12両という短編成も簡単に可能となっています。将来のリニア新幹線の開通で直通客が減って短距離客の比重が高まるのを予測し、また輸送単位の小さい外国の高速鉄道への売り込みも見込んでいるのでしょうかね。

しかし、N700A系とN700S形とは外観はよく似ており、並んだときでなければ区別が困難です。明らかに違うのはもち

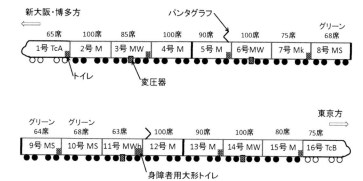

図1-2　東海道、山陽新幹線N700S系の列車編成
黒丸がモータで駆動される車輪。cは運転台、sはグリーン車、kは喫煙室、hは車内販売基地などの設備を持つことを表す。

ろん車側のシンボルマークですが、運転台の前の青いストライプの長さ、台車付近のスカートの出っ張りなどでしょうか？

写真1-1　N700AとN700Sのシンボルマーク
（左）N700Aのシンボルマーク　（右）N700Sのシンボルマーク

これまで使われてきた車両

　しかし、東海道新幹線でも歴史的にはいろいろな車両が使われていたのを多くの方々が記憶しておられると思います。簡単に振り返ってみましょう。

　1964年、東京オリンピックに先駆けて東京～新大阪間に開通した東海道新幹線で使われたのは、その後0系と呼ばれることになる電車列車でした。

　この電車で使われた1435ミリ軌間、交流25000ボルトという方式は当時欧州などで用いられており、目新しくはなかったのですが、当時の世界の鉄道関係者は新幹線が、まだテスト段階とされていた高速度を常用したのに驚愕したといわれます。

　「時速210キロ？　日本にそんな技術があったのか？　なぜフランスではないのか？」

　当時世界最高速の電気機関車列車を運行していたフランスとは異なり、日本の鉄道は速度の遅い軽便鉄道としてほとんど無視されていたのでした。実際、同じ狭軌（軌間1067ミリ）の南アフリカ連邦やインドネシアの鉄道と比べても日本の国鉄の車両は歴史的に鈍足、非力でした。世界的に稀有な営利企業の私鉄電車の隆盛も、私鉄とメーカとのチームによる技術開発の成果も世界的には知られていなかったようです。

　しかし、当時の日本には時速200キロを超える鉄道を安定に運行する独自技術は十分に整っていました。ともするとトラブルを発生してシステム全体の足を引っ張る「新しい要素技術」に頼らなければならない部分は少なかったのです。中でもキーとなったのは電車の動力システム、交流電化の技術、そして電子装置を駆使したATC（自動列車制御）システム（アネックスA15節で説明）といえます（写真1-2）。

　新幹線が証明した高速鉄道の利点と実用性は世界の認めるところとなり、鉄道先進国が高速鉄道の開発を本格化しました。フランスのTGVの高速新線が開通して新幹線を上回る時速260キロで運行を始めたのは17年後の1981年、ドイツのICEの高速新線は1991年の開通でした。

　新幹線はその後西に延長され、1975年には博多まで開通します。

　しかし、不幸なことに新幹線が開通した頃から国鉄の収支は赤字に転落し、累積赤字が増えていきます。そのため新技術の実用化が停滞しました。フランスのTGVの高速新線が約1年後に最高速度を270キロに上昇したのに比べ、新幹線の列車の最高速度が時速220キロになったのは1986年、国鉄が分割民営化されてJR各社が発足した年になりました。

　次の世代の新幹線電車100系が実用化された1985年は国鉄時代の末期、博多開業時に量産した車両が置き換えの

写真1-3　東海道、山陽新幹線100系の食堂車
リニア・鉄道館（名古屋）に保存展示され、今でも見ることができる、（左）外観、２階建ての新幹線車両はさすがに大きい
（右）車内、広く眺めが良く快適だった。

時期でした。

　100系は開通以来21年目のモデルチェンジだったので、新しいスイッチング素子「サイリスタ」など多くの新技術が取り入れられ、時速220キロに対応できる設計となっていましたが、乗客の目からはダブルデッカー（２階建て）の車両が組み込まれていたのが特色でした。時速200キロ以上で走る車両では世界最初で、輸送力増大のため同じ考えで開発を進めていたフランスの関係者を、

　「また先を越された」

と悔しがらせたと聞きます。

写真1-4　東海道、山陽新幹線300系
最高時速270キロを実現したが、騒音や振動が大きいなど乗客からは不評だった。小田原、2010年1月撮影

　特に食堂が２階に上がったのは大改良でした。広く快適になったほか、ホームの人から机上の料理をのぞかれることがなくなったので落ち着いて食事ができました（写真1-3）。

　100系は更にスピードアップすることも考慮され、時速270キロも可能な性能が与えられましたが、走行騒音の規制などのため営業速度は230キロで終わりました。

　しかし、運賃値下げなどで競争力をあげてきた航空機との競争のためにはスピードアップは必要で、フランスのTGVはすでに1989年に最高時速を300キロにあげて営業していました。新幹線でも東京～新大阪間２時間30分運転のため1992年に「ひかり」の上を行く最高時速270キロの高速列車「のぞみ」が新設され、そのための新型車両300系が導入されます（写真1-4）。

　高速化のためには空気抵抗の削減、軽量化、出力の強化が必要で、アルミ合金製の軽量な車体、ボルスタレス台車が採用されました。とくに半導体スイッチをコンピュータで制御するVVVFインバータ制御器と交流モータとの組合せをいち早く採用したのが注目されます（アネックスA13節で解説）。

　インバータ制御システムは欧州で実用化され、我が国では1982年の熊本市電を皮切りに、1984年から東急、近鉄などに導入されました。省エネルギーで走れること、現場の保守の手間が大幅に減ることが評価され、その後多くの私鉄で標準方式になります。旧国鉄では試作例はありましたが、本格的な使用は1993年にJR東日本が導入した209系からでしたので、300系は在来線に先行したわけです。

　一方、こうした設計思想の下では２階建て車両の使用は不可能となり、食堂車も廃止されました。この段階で、各車両の座席定員の配分が現在の姿に近づきます。300系では11号車の座席が80名だった以外は図1-1の配分になりました。

　300系は大幅なスピードアップをねらって性能を重視した設計でしたが、振動、騒音が大きいなど乗客の居住性には不満があって不評でした。その後のJR各社は乗客の快適性を重視するようになります。

写真1-5　世界最大出力とされる500系
時速320キロを目指して開発され、16両編成の総出力約18000キロワットは列車単位としては世界最大といわれた。西明石、2018年8月撮影。

　　新幹線のスピードアップについては基礎検討が進められていました。特に航空機との競争に危機感を抱いていたJR西日本は、300系がデビューした1992年に「WIN350」と呼ばれる6両編成の高速試作車を導入し、試験走行で時速350キロを達成しました。

　　この成果をもとに、時速320キロの営業速度を狙った500系が実用化されました。1996年に試作編成が、翌年から量産編成が導入されます。

　　この形式の列車としての出力は強力で、第1編成の18240キロワット、量産編成の17500キロワットは当時世界最大といわれました。また、その姿も鋭くとがった先端、車体の丸い断面、銀路に見える塗色など、鉄道車両よりは飛行機をイメージさせる姿でした。車内では壁のカーブのため窓際の席の居住性はやや不良でした。しかし、乗務員室の後の客用扉を省略するなどの方法で乗客の定員は1324名、後続の700系より1名多い数を確保していました（写真1-5）。

　　山陽新幹線では、1997年からフランスのTGVと同等の時速300キロの列車が走るようになります。

　　一方、開通の古い東海道新幹線はカーブがきついなどの制約のため、最高時速は270キロのままでした。列車の数は東海道新幹線が多いので、300系の後継として16両編成の列車出力を13200キロワット、最高時速を285キロに抑えて騒音、振動などの問題に対処した700系が1999年から導入されました。

　　これの改良型として2007年から登場したN700系は列車出力を17080キロワットと500系に迫る値に増強し、山陽新幹線では時速300キロで走れる設計となりました。また、カーブ区間で空気ばねの圧力の制御により車体を強制的に内側に傾ける「車体傾斜機構」を装備してカーブ入口での減速、カーブを出てからの加速を解消できたので、スピードアップと走行電力節約が同時に実現されたと聞きます。

　　しかし後述するように、軽量化のため客席の窓が700系より縮小され、車窓から外を見にくくなったのは乗客には歓迎できない変更でした。車窓を楽しむことができるのは飛行機に対する鉄道の重要な利点のはずです。

　　現在の東海道新幹線で普通にみられるのは2007年から導入されたN700A系で、N700系に比べブレーキの性能、定速走行装置の導入などの改良がくわえられたマイナチェンジ版です。

乗ったら窓の外を見よう

　上述のように新幹線、特に東海道新幹線の車両はすっかり標準化されていて、通常の鉄道ファンの楽しみとなっている古い車両、新しい車両の対比のような観察の楽しみはあまりありません。ほかの楽しみ方を考える方がよさそうです。

　まず、東海道新幹線に乗ったら週刊誌を読むのやスマホに没頭するのはやめて窓の外を見ることをおすすめします。興味深いものが次々に見られるのです。

　とくにお子さん方にはぜひ外を見るように勧めましょう。小学生くらいのお子さんにはあらかじめ手書きの地図をあげておくのがお勧めです(図1-3)。

　白紙に横に線を引き、両端にマークして「東京」、「新大阪」とします。

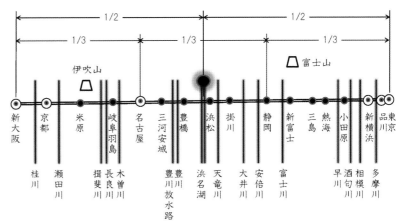

図1-3　東海道新幹線の沿線を表す手作り地図
二重丸が「のぞみ」の停車駅。

　次にその線を2等分する中央を「浜名湖」とし、そのすぐ右に「浜松」をマークします。また線全体を3等分する点を「静岡」、「名古屋」とします。

　その間に各駅をマークします。間隔は大雑把で良いと思います。

　さらに、途中で渡る川を書きこむと完璧になります。図1-3にはよく目立つ川を書きこんでおきました。

　また、富士川付近から北側（東京からの下り列車では右側）に見える雄大な富士山、米原の手前でやはり北側の間近に見える伊吹山も書いておくべきでしょう。

　「この地図にある駅や川を見つけてごらん」

といえば、お子さんは地図を片手に熱心に外を見ると思います。

　座席が選べるのならE席（山側の窓ぎわ、東京発新大阪方面行なら進行方向右側）をお勧めします。北側の方が印象深いランドマークが多いのです。

　まず、各駅を通過するときには車室端のディスプレイに「〇〇駅を通過」という表示が出ますので見逃さないようにしましょう。

　下り「のぞみ」に乗って東京を出たら、しばらくはゆっくり走るので多摩川は見逃さないと思います。渡るとすぐに加速してフルスピードになって新横浜、そして相模川、トンネルを抜けて酒匂川、そして小田原駅となります。短いトンネルを抜けて早川を渡る手前で右側に入っていく箱根登山電車の箱根板橋駅は発見できましたか。

　そこからしばらくトンネルの出入りが続きます。熱海駅は見逃しやすいので注意。そして長い丹那トンネルを抜けると三島駅、広い平野に出て工場地帯を走ると新富士駅、そして富士川の長い鉄橋を渡ります。天気が良ければ右手に富士山が最もきれいに見える場所です。

　いくつかのトンネルを抜けて久しぶりに左手に見える大きな街が静岡市の清水で、そこから静岡市街まで両側に町並が続きます。安倍川を渡るとほどなく日本坂トンネルを抜け、左側に焼津の街を眺めてから大井川を渡ると牧ノ原台地の地下になります。トンネルの間に見える丸くきれいに刈り込んだお茶畑は忘れられません。

　平野に入ると掛川駅。さらに平野を走って天竜川を渡ると浜松の大都会。そして浜名湖となります。浜名湖には間の弁天島をはさんで2つの水面に近い鉄橋を渡ります。浜名湖は東京と新大阪との中間地点で、東京駅と新大阪駅とを同じ時刻に発車した下りと上りの「のぞみ」はこのあたりですれ違います。

　丘陵地帯を抜けて東海道在来線と出会うと都会となって豊橋駅。右側に名鉄電車が見えます。海に近い蒲郡の街の山側を経てトンネルを抜けると広大な濃尾平野。三河安城駅を通過すると家やビルが次第に立て込んできて名古屋駅に到着します。名鉄電車が右手に並行しますが、名古屋駅に入る直前に左手に見おろされる近鉄特急電車の車

庫も見ておきたいですね。

　名古屋駅を出てしばらくは平野ですが。やがて木曽川の大河を渡って岐阜羽島駅になります。その先でやはり大河の長良川、揖斐川を渡りますが、その間の右側にある電機メーカの「ソーラーアーク」という太陽電池の巨大なパネルはわかりやすいランドマークになります。

　左手前方に鈴鹿連峰が望まれ、在来線が右側に並行して関ヶ原の在来線駅がちらりと見えると山越えに入ります。冬には雪が深い区間です。視界が開けた時に右側の間近にそびえている伊吹山の威容を見逃さないようにしましょう、300種以上の花が咲く「花の山」として著名ということです。

　米原駅を抜けて丘陵地帯を過ぎると琵琶湖の南東側を走ります。はるか右側の遠くにそびえる比良の連山は特に夕方が絶景です。琵琶湖に流れ込むいくつかの川を渡りますが、すぐ右側に古風な瀬田の唐橋を望む瀬田川は、琵琶湖から流れ出す唯一の川（疎水という人工の川を別にすれば）ですので要注目。すぐに大津の街、逢坂山のトンネル、山科の盆地、東山トンネル、そして左右の眼下に京阪電車をちらりと見下ろして京都駅。景色が目まぐるしく変化します。

　京都駅を出て桂川を渡るとほどなく阪急京都線が右手に2駅ほど並行します。すれ違いも追い越しも一瞬ですが、落ち着いたマルーン色の電車は記憶に残ると思います。右手に広がる広大な鳥飼の新幹線の基地を過ぎるともうすぐ新大阪駅です。

　お子さんが、

　「この地図の駅と川が全部わかったよ」

　と歓声をあげたらほめてあげましょう。これからは好奇心をもっていろいろ知ろうとするでしょう。

　そして、お子さんから例えば、

　「ねえ、豊橋の先で2つの川を渡るよね。先に渡るのは豊川、それとも豊川放水路？」

　という質問が出たら、即答しないで受け止めましょう。

　「少し考えてみよう。豊川は昔から舟の行き来が盛んだった。それと人々の行き交う東海道とが交わるところに豊橋の街が発達した」

　「うん」

　「ところが豊川は大雨が降るとあふれたりして暴れる川だったので、その水を流す豊川放水路が作られた。畑や田圃をつぶして川にしたのだから街からは遠いところになるよね」

　「あっそうか。だから駅に近いのが古い方の豊川なんだね」

　こんな問答が始まったら、お子さんは観察するだけではなく「考える」ようになります。鉄道趣味の醍醐味を覚えてもらえるわけです。

　ここでJR東海に注文しておきましょう。軽量化を追求した今のN700A系、S系の窓は、前節で述べたように乗客の立場からは小さすぎます。3人掛け席の廊下側のC席から外の景色を見るのはほとんど不可能なのです。次の世代の車両の窓は、昔の車両のように広く大きくしてください。

　そして、図1-3のような簡易な路線図を印刷して小学生くらいの乗客に配ってはいかがでしょうか。未来の鉄道ファン、新幹線ファンを育てるために。

車内での出会いも素敵な体験

　ある程度長時間の乗車となる新幹線の旅では、他の乗客との雑談も楽しみの一つになります。

　筆者は以前に東海道、山陽新幹線の主力だった100系の、食堂車のついた編成では必ず食堂車に行きました。相席となる見知らぬ人との雑談が楽しみだったのです。

　一方、とくに一人旅では座席でも話がはずむことがあります。

　30年ほど前、急な出張のために乗った下り新幹線でこんな体験をしました。

　筆者が新横浜から乗った下り列車の車両は、団体らしい外国人観光客でいっぱいでした。小生の座席は3人席の通路側のC席でしたが、となりのA、B席にはアメリカ人らしい年輩の夫婦がすわっていました。

　「日本語を話されますか」

　「すみません話せません。初めての日本旅行なんですよ」

　と英語でやりとりしたのがきっかけで雑談が始まりました。フィラデルフィアでパソコンシステムを売る商売をし

ており、今回はシアトル経由で来日、東京に３日滞在してこれから京都に行く。それから金沢を見て東京に戻り、香港、上海、北京を経て帰国という、なかなかの強行軍でしたが、東京は気に入ってくれたようでした。

「信じられないくらい大きな街でしたな。世界で最大なのですかね」

「よくわかりませんが、中国の上海のほうが人口は多いと思います」

などの世間話から始まって、

「あの丸く刈り込まれたのが茶畑です」

「ここが浜名湖です。東京と大阪の中間地点になります」

「この名古屋の町は古くから独自の文化をもっているんですよ」

などの観光案内をしていましたが、しだいに日本文化の話になってきました。ポケットから「新幹線指定券」と書かれた切符を出してたずね始めたのです。

「漢字は個々の文字に意味があるそうですな」

「そうです。英語の単語に相当します。だから数がとても多いのです」

「この切符の文字にはそれぞれどんな意味があるんですかね」

こういう質問は大歓迎です。日本文化の根幹を知ってもらえますから。

「順にNew、Main、Line、Appoint、Decide、Ticketです。これでSeat Reservation Ticket of Shinkansenという意味になるんです」

「では東京、京都の字はどんな意味ですかね」

とうとう京都の直前まで漢字の説明をすることになりました。降りるときにE-mailアドレスを交換したのはいうまでもありません。

最初に述べたように東海道新幹線は車両が見事に画一化されていて、いわゆる鉄道ファンからは興味が乏しいのですが、車窓の景色を楽しみ、また他の乗客との雑談を楽しむ人は、やはり鉄道ファンなのではないでしょうか。

JR東日本の山形・秋田新幹線は「中速鉄道」なのだが

我が国の新幹線が世界の「高速鉄道」の先駆けだったことはよく知られています。高速走行のための専用線路を新設してそれに最適な車両を走らせる方式は、東海道新幹線の16年後にフランスが開通させた高速鉄道TGVの新線をはじめ、イタリア、ドイツ、スペイン、中国などに波及し、今では時速320キロの高速走行が普通になっています。

一方、14章で述べるように新線ではなく、在来の幹線の設備を改善して従来よりも速度の速い列車を走らせる「中速鉄道」も世界的に普及しています。

イギリスでは高速新線の建設は遅れていますが、在来線を改良して時速200キロ程度の長距離列車を頻繁に走らせています。両端の機関車で客車をはさんだ固定編成で、非電化区間を走るディーゼル機関車の編成も多く、便利なサービスを提供しています。日本の日立製の新車への置き換えがすすめられており、なかなか楽しみなことです。

欧州大陸でも多くの「中速列車」が導入されています。例えば、やはり14章で述べるようにオーストリアのウィーンからの長距離列車にはオーストリア国鉄の「レールジェット」と呼ばれる、一端に電気機関車をつけた固定編成の赤い客車列車が投入され、例えばハンガリーのブダペストとの間の列車などはサービスが大幅に改善されました。

こうした列車は実は本格的な「高速鉄道」との差異があまりありません。欧州の高速鉄道はゲージ（軌間）、車両の大きさ、電気方式などが在来の鉄道と共通なので、高速新線からおりて在来線に入った列車が中速のサービスをするのは当たり前です。また今は中速列車に使われている車両も、高速新線が開通するとそこで高速走行できる、というのも一般的です。

我が国で「中速鉄道」に相当する例としてはJR東日本の山形、秋田新幹線があげられるでしょう。いずれも在来線を改良した「ミニ新幹線」方式で、正式には新幹線ではないのですが、フルサイズの東北新幹線と直通運転しています。

1992年に福島～山形間が開通した山形新幹線と呼ばれる線区では「つばさ」という愛称の列車が設定されました。1999年には新庄まで延長され、現在はE3系の7両編成が板谷峠を越えて山形盆地を走っています（写真1-6）。

こうした我が国の「ミニ新幹線」の実現には、欧州や中国とは異なる多くの課題がありました。新幹線と在来線の規格が違い過ぎるのです。

写真1-6　山形新幹線E3系
在来線を走る新幹線の車両には親しみがもてる。奥羽線舟形、2014年6月撮影。

- **軌間（ゲージ）が異なる。**新幹線は1435ミリ、在来線は1067ミリ
- **電気方式が異なる。**新幹線は交流25000ボルト、在来線は交流20000ボルト
- **車両の大きさが異なる。**例えば山形新幹線のE3系は長さ22875ミリ（先頭車）、幅2945ミリ。一方、福島、東京間で併結されるフルサイズの新幹線は長さ25700ミリ（先頭車）、幅3380ミリ。
- **最高速度が異なる。**新幹線は時速320キロ、在来線は時速130キロ。

　直通運転をするため。まず乗り入れ先の在来線の軌間を1435ミリに変更しました。線内の普通列車用の車両としてこの軌間の交流電車を新製しました。このため他の在来線との直通運転は不可能となり、貨物列車とも無縁になりました。山形〜蔵王間はローカル貨物列車のために狭軌（1067ミリ）との3レール線としましたが、後に狭軌のレールは撤去されています。

　電気方式は2つの方式を車上のスイッチで切り換える「複電圧」と呼ばれる方式の機器を搭載しました。交流電化ですので架線の電圧の違いはトランスの巻線の切り替えで対処でき、大きな支障はありません。電圧が低いと取り入れることのできる最大電力は少なくなりますが、どうせ大幅にスピードダウンするので問題にならないと聞きます。

　車体の大きさは在来線の車両に合わせました。この場合は「小は大を兼ねる」で、フルサイズの新幹線にも乗り入れることができます。ただし本来の新幹線の区間では車両とホームとの間に隙間があくので、可動式のステップを設けてあります。

　最高速度はフルサイズの新幹線の速度で走れる性能とし、在来線では最高時速130キロにスピードダウンします。踏切の多い在来線では非常ブレーキで停止するまでの距離が600メートル以内という規定があり、車両に能力があってもむやみに速く走れないのです。

　そんなわけで、日本の「中速鉄道」はスピードだけは中速ではなく低速です。日本の狭軌在来線の規格が、世界水準に比べ劣悪な軽便鉄道規格だったことがはっきりわかります。

　2008年から山形新幹線「つばさ」に用いられているE3系2000番台の7両編成を観察してみましょう。この形式は最

高時速275キロで「こまち」用E6系よりは
遅いのですが、台車にアクティブサスペ
ンションを持つなど高速走行仕様となっ
ています（図1-4）。

　自由席の16、17号車の座席数は大差あ
りません。東海道新幹線とは異なり、ど
ちらに並んでも着席の確率は同等なわけ
ですね。

　7両のうち5両が電動車という動力分
散型で、コンバータとVVVF制御のイン
バータは電動車がそれぞれ装備していま

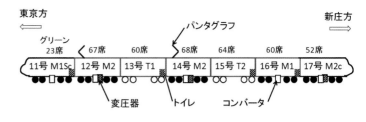

図1-4　山形新幹線E3系の列車編成
黒丸がモータで駆動される車輪。東京～福島間はE2系に併結されるので11
号車から付番されている。

す。パンタグラフは2か所ですが、奥羽線に入ると1つだけの使用になります。難
所として知られた福島～米沢間の板谷峠の33.3パーミルの坂を登って降り、おいし
い果物で知られる山形盆地を軽快に走る姿は素敵です。

　終点の新庄の駅には際立った特徴があります。駅の東口に行く自由通路の橋は
ありますが、表口の西口からは階段もエレベータもエスカレータも使わずにすべて
のホームに出入でき、奥羽線と陸羽東線、陸羽西線との乗り換えも平面でできるの
です。欧州の終端式の駅ではこれが当たり前ですが、我が国の旧国鉄線では、ごく
小さな駅を別にすればここ以外には横須賀駅、門司港駅など少数なのじゃないで
しょうか（図1-5）。

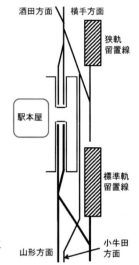

図1-5　奥羽線新庄駅の配置
太線が標準軌（1435ミリ）、細線が狭軌（1067ミリ）の線路。階段もエ
レベータもエスカレータも使わずにすべてのホームに出入できる。

　1997年には秋田新幹線と呼ばれる「ミニ新幹線」が開業しました。盛岡から田沢湖線に入って険しい峠を越え、大
曲で方向転換して奥羽線に入って秋田に至る線区で、「こまち」という愛称の列車が走っています。もともと複線だっ
た奥羽線の区間は軌間1435ミリと1067ミリの単線並列となり、途中の神宮寺～峰吉川間では1067ミリ側の線路に3
本のレールを敷いて1435ミリにも対応させ、「こまち」同士のすれ違いを行っています。車両は2014年から新しいE6
系7両編成に統一され、東京から盛岡まではフルサイズのE5系に併結されて時速320キロで走行しています。

　盛岡から田沢湖線に入ると周囲の景色の激変に驚かされます。

東北新幹線、高速化への期待

　列車のバラエティと高速化への期待という観点からは、JR東日本の新幹線に大きな期待がもたれています。

　フランスのTGVは2007年から時速320キロの営業運行を開始しましたが（14章を参照）、JR東日本の東北新幹線も
2011年から大宮、盛岡間で時速320キロの運行を開始し、更に青森方面までのスピードアップを計画しています。（写
真1-7）。

　JR東日本は更に時速360キロへのスピードアップの検討を開始したと聞きます。これが実現するとかなり重要かつ
有効な進歩が期待できると思われます。

　東北新幹線は青森で北海道新幹線に直通し、青函海底トンネルをくぐって札幌まで行くことになっています。この
区間の大部分を時速360キロで走ると東京、札幌間を4時間台の所要時間で結ぶことができ、羽田、千歳の両空港と
それぞれの市街地との間のアクセス時間を考慮すると航空機との互角の競争が期待できると予想されるのです。特
に埼玉県や小樽地区では鉄道が断然有利となるでしょう。

　現在、羽田～千歳間の航空路は世界有数の搭乗客を集めています。これを鉄道にシフトさせるのは化石燃料の節
約という観点からも大いに有意義なものと思われます。

写真1-7　東北新幹線の多彩な車両
在来線に乗り入れ可能なE6系（左）とフルサイズのE5系（中）との連結部。どちらも最高時速320キロで走行している。新幹線車両同士の連結は東北新幹線ならではの風景。右はE2系。東京駅、2014年6月撮影。

第2章
東京都心のJR電車を
観察する

代々木から山手線をオーバクロスして新宿に向かうE231系
JR東日本の電車の標準型となったこの形式は最初に総武、中央緩行線にデビューし、そのマイナチェンジ版が首都圏全域に投入された。2016年5月撮影

我が国の鉄道ファンの半数以上が東京の首都圏在住という情報があります。他の地区にお住まいの方でも首都圏に出かけて東京の電車に接する機会は多いのではないでしょうか。

ここでは東京の中心を走って日常の足となっているJR東日本の近距離用電車を観察しましょう。東海道新幹線とは異なり、車両もそれを取り巻く風景も実に多種多様で楽しめます。

標準設計となったE231系は経済設計

まず、実例をあげて観察し、考えてみたいと思います。

東京の都心部を行き交うJRの電車は首都圏の顔となるので、JR東日本では技術、サービスなどに最新のものを用いる方針のようです。新車が次々に投入され、これまで走っていた旧型電車は廃車されるか地方の電車線に流用されるかという経路をたどります。最近は中古車両として外国に譲渡される例も見られるようになりました。

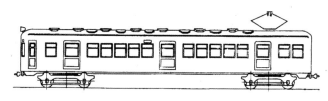
(a) モハ41形 1937年～ 戦前の標準設計

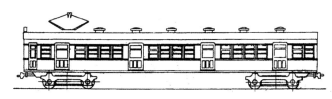
(b) モハ63形 1945年～ 「戦時設計」

図2-1 戦前と戦中の国鉄の通勤型電車
切妻の食パンスタイルと片側4つドアは戦時設計の「代用品」とされる節約設計の仕様だったが、戦後は標準設計として踏襲されてしまう。「科学グラフ特集 電車の科学」、43号、1950年12月、大日本図書（東京）、表紙裏。

一方、東京圏は昔も今も世界有数の巨大都市ですので、電車にもこれを反映した歴史を見ることができます。とくに1940年代の太平洋戦争の影響は大きなものがありました。1950年に刊行された少年のための科学雑誌では、その対比が解説されています（図2-1）。

我が国の社会がそれなりに落ち着いていた1930年代、国鉄の通勤電車は図2-1（a）のような長さ20メートル、片側3扉の車両が標準でした。シートはサイドシート（ロングシート）でしたが、中距離用には同じドア配置でセミクロスシートの車両も使われました。

ところが1940年代に入って戦争が激しくなると、資材の不足と乗客の急増が深刻になりました。これに対応して出現したのが、緊急対応の手段とされた「戦時設計」の車両です。通勤電車の場合は図2-1（b）のような4つドア、ロングシートで、窓は3段、屋根は切妻の食パンスタイル。走行機器も材料や製造の手間をぎりぎりまで節約された「代用品」の車両でした。戦時設計といわれますが、大量生産が始まったのは資材が何とか調達できるようになった戦争終結後の1945年以降でした。

戦後の混乱が収まるとともに、戦時中の種々の「代用品」は本来の姿に戻りますが、切妻4つドアの電車の車体だけはそのまま国鉄の通勤電車に40年間踏襲されてしまい、国鉄の民営化を迎えます。

旧国鉄の民営化に伴って1987年に発足したJR東日本は、やはりいくつかの通勤型電車を実用化してきました。現在の電車のルーツは1993年から京浜東北線に投入した209系でした。

当時のJR各社の課題は、絶望的な累積赤字を抱えていた旧国鉄から脱皮するための経費削減でした。209系も「重量半分、価格半分、寿命半分」を標語とした徹底的な節約モデルで、切妻に近い正面と4

写真2-1 JR東日本の209系
「重量半分、価格半分、寿命半分」を標語とした徹底的な費用削減モデル。外板に皺のよった見苦しい姿で京浜東北線を走っていた。山手、2009年8月撮影。

つドアを踏襲していました(写真2-1)。

しかし、この電車はあまりにも安普請に過ぎました。外板に皺のよったみっともない車体、クッションの効かない硬いシート。昔の「戦時設計」を思い出させる貧相な電車に、しかも都心を行く京浜東北線でお金を払って乗せられるとは、と私たち乗客は憤慨させられたものです。

さすがにJR東日本も経済化のやり過ぎを反省したのか、2000年から総武緩行線に投入された新209系は車体を大形化し、重量は増えましたがラッシュアワーの収容力が大きくなり、また外板に皺の生じにくい車体になりました。

その後、この改良209系をもとにした中距離用のE217系が横須賀線、総武快速線に投入されました。この電車は車両とし

写真2-2　JR東日本のE217系
横須賀線、総武快速線の顔となっているモデル。E209系をもとにした中距離用だが、片側4扉の通勤電車スタイルで普通車の大部分がロングシート。北鎌倉、2013年4月撮影。

ては改善が見られ、とくに筆者はクロスシート部の椅子の設計には感心させられました。E217系に70分間座りっ放しという通勤をしていたとき、この椅子が長く座っていても意外にバテないのを発見したのです。クッションのほとんど効かない硬い椅子ですが、設計者は人の身体を深く理解してデザインしたように思われます(写真2-2)。

しかし、「戦時設計」の「代用品」を昔の標準設計に戻すところか、片側4ドアの、しかも普通車の大部分がロングシートの通勤型を、しかも乗車時間の長い現代の中距離電車にもそのまま使うとは、とJR東日本の設計思想に違和感をもった乗客も、筆者を含めて多かったと思われます。

これらの系列の技術的な問題点をチェックして2000年から導入された21世紀モデルのE231系は、山手線のような通勤電車、東海道線のような中距離電車いずれにも対応できる標準設計という思想のもとに量産されて首都圏の顔になりました。総武線と中央線の緩行線(三鷹〜千葉)、続いて常磐緩行線と成田線(上野〜取手、成田)の主力となり[本章タイトル写真]、また東京の電車を代表する山手線が通勤型E231系に統一されます。さらに東海道線、高崎線、東北線(通称宇都宮線)にも中距離型と称される仕様のE231系が投入され、首都圏を南北に直通する新宿湘南ラインは全ての列車が2階建グリーン車を2両はさんだ中距離型E231という時期が続くことになりました。

総武線と中央線の緩行線に投入された通勤型E231系の10用編成を観察してみましょう(図2-2)。

図のなかのモハ、クハ、サハという記号の意味はかなり常識的になりましたが、モは「モータ・カー」=電動車(Mと略記されます)、クは「くっついて走る」=制御車すなわちモータがなく運転台のある車両、サは「さしはさんで走る」=付随車すなわちモータも運転台もない車両(いずれもトレーラ:Tと略記されます)、ハは普通座席車(昔はイロハのハで3等座席車の意味でした)です。

この編成にはありませんが、JRでは運転台を持つ電動車はクモハとします。また、やはりこの編成にはありませんがグリーン車はロ(昔はイロハのロで2等座席車)です。イすなわち一等車は1960年に廃止されましたが、最近次々にデビューしている超豪華列車の一部に復活しています。

私鉄では電動車の記号をモではなくデ(=電動車)と

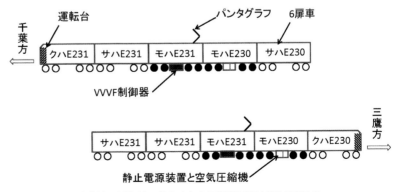

図2-2　総武線と中央線の緩行線に投入された通勤型E231系10両編成
209系の欠点を改良した標準型。10両編成で電動車は4両(4M6T)。黒丸がモータで駆動される車輪。混雑時に座席を収納して立ち席のみとなる6扉車が含まれている。

する会社が多数あります。実は国鉄も1928年の番号体系の改正の前はそうでした。運転台のある電動車をデ、ない電動車をモと区別する私鉄もあります。

　図2-2を見ると気が付くのは、この系（系列）では車両の種類（形式）が多いことです。モハ、クハ、サハそれぞれにE231、E230の2種類、計6種類があることがわかります。

　いずれも片側に4か所の客用ドアを持つサイドシート（ロングシート）の通勤型ですが、編成の中間のサハE230だけは6扉で、朝のラッシュ時には折りたたんで立席ばかりになる簡易サイドシートを備えていました。総武線のラッシュ時の混雑がひどいため採用された車両ですが、このシートは狭く硬く浅く、座り心地は最悪でした。こうした簡易座席の6扉車は山手線、埼京線、東急田園都市線で導入されましたが、ドアの位置が変則的な車両はホームドアの導入に不適当なのでその後いずれも淘汰されました。

　編成の両端のクハの車端には連結器の両側に、制御信号や冷暖房制御などのため他の編成と電気接続をとるためのジャンパと呼ばれる電気端子と電線がありますが、これは左右非対称です。また信号制御や乗務員と基地局との情報通信システムなど、1編成に1つだけの設備がいずれかのクハに装備されています。このため両端の2両のクハは異なる種類となり、方向転換して他端に使うということはできません。

　図で黒く塗りつぶしてある車輪はそれぞれのモータで駆動される動力車輪です。ですから1両の電動車は床下に4つのモータを持っているわけです。

　1950年ごろまで、電動車は運転台、モータ、それを制御する機器、空気圧縮機などのブレーキ装置をすべて持ち、1両だけで走れるようになっていました。しかし長編成の電車が一般的となるとこの構成では不経済になります。国鉄電車は電動車（モハ）には運転台を設けず、列車の両端には制御車(クハ)を置くようになりました。本格的な「電車列車」の始まりとなったのです。

　一方、1950年代には大手私鉄とメーカとの共同検討が大きな成果を上げ、1953年からは2両の電動車を単位として一方に2両分（8つのモータ）の走行のための制御器を、一方にブレーキのための装置を搭載することによる軽量高性能の電車が実用化されました。パンタグラフも2両に1つあればよいことになります。この方式はMM'方式、2M方式、1C8M方式などと俗称され、1954年には私鉄経営者協会が標準方式と規定し、多くの私鉄がこれを採用しました。とくにわが国で標準的な直流1500ボルトの電車鉄道ではこの方式が使いやすかったようです(写真2-3)。

写真2-3　小田急2200系、現代の電車技術のルーツの一つ
1954年から我が国で最初にMM'方式で量産された電車。私鉄経営者協会の標準方式に沿った設計で、その後のわが国の電車に大きな影響を与えた。生方良雄撮影。

　国鉄もこの動きに注目しており、1957年から通勤電車101系や東京大阪間の特急、急行電車に採用しました。これらの新型電車はこのほかにも私鉄とメーカが試行錯誤により到達したいくつもの新技術を採用したので、最初から大量生産が可能となりました。

　以来約50年、長編成で走る国鉄、JRの都市の電車ではMM'方式が標準となってきました。E231系もこの方式をとっているので、2種類の電動車が1単位として使われているのです。モハE231には制御器とパンタグラフが、モハE230にはエアコンや電灯などの電源となる低圧電気を発生する静止電源装置が搭載されています。

　一方、この編成では電動車が10両中4両と少ないのが特徴でした(4M6Tと略記されます)。我が国ではこれまでは編成の少なくとも半分を電動車とするのが一般的で、MM'方式の電車では電動車の数が偶数となるので、10両編成なら6両を電動車にしていました。これを4両に減らしたわけです。

　電動車数の減少は、この形式に採用されたVVVFインバータ制御と呼ばれる、半導体スイッチとコンピュータを用いた新型制御器と、交流誘導モータとの組合せにより可能となったものでした(アネックスA13節で説明)。

　第1章で述べたように、この制御器は欧州で実用化され、我が国では1982年の熊本市電を皮切りに、1984年からは東急、近鉄などに導入されました。省エネルギーで走れること、現場の保守の手間が大幅に減ることが評価され、そ

写真2-4　山手線の通勤型E231系
11両編成で山手線に投入されてJR東日本の顔となった。御徒町、2015年6月撮影。

の後多くの私鉄で標準方式になったのです。

　旧国鉄では1986年から10両1編成が製作されて常磐緩行線で用いられましたが、通勤電車への本格的な使用は最初に述べたJR東日本の209系、すなわち先にお話した徹底的な費用削減モデルからで、JR東海の新幹線300系より後になりました。

　VVVFインバータ制御器が導入されたのは、加速減速が円滑なためスリップしにくく、電動車を減らせるのが一つの理由でした。ここで4両の電動車、2つのパンタグラフで10両編成を動かす経済的な方式が確立されたのです。

　209系の欠点をチェックして改良した21世紀のモデルE231系は、外観は高級感こそないものの何とか見られるものになりました。一方、走行性能は優秀で、とくに中距離型が時速120キロでわりあい静かに巡航するのには感心させられたものです。新しい半導体スイッチを使った静かなVVVFインバータ制御器も注目されました。

　その代り、乗客は「中距離用の列車も4つドア」という、おそらく世界的に（日本の他の地区も含めて）例のない東京圏だけの常識？を定着させられたのでした。

　2001年より常磐線快速にも導入されたE231では、15両編成（うち6両が電動車）の運行が開始されました。そして翌2002年からは「東京の顔」というべき山手線への導入が始まります（写真2-4）（図2-3）。

　山手線は他の通勤電車線より長い11両編成で、また駅間距離が短いため鋭い加速、減速が要求されます。そのため電動車には3組6両のMM'編成が用いられました。

　当初は7号車と10号車に総武線緩行と同じようにシートの折りたためる6扉車が組み込まれていましたが、駅に安全柵とホームドアを設けることが2010年に

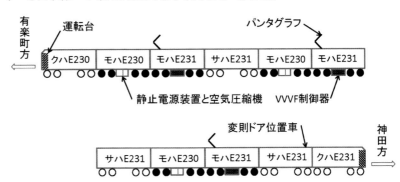

図2-3　山手線のE231系11両編成
黒丸がモータで駆動される車輪。10号車のみドア位置が変則的となっている（後述）。山手線は環状運転のため○○方という終点の方向の表記が難しいので、この図は東京駅での停車状態を表している。

写真2-5　山手線の10号車のドア位置
同じ線路を走る京浜東北線の10号車に合わせてある。（左）サハE231の標準型。（中）サハE231の10号車、1端のドアだけ中央に寄った変則ドア位置車。（右）比較：京浜東北線の10号車、運転台に隣接するドアが中央に寄っている。

決められ、ドアの位置がそろっていないと具合が悪いので普通の4扉車に置き換えられました。

　ここで問題になったのが10号車（図の右から2両目）のドアの位置でした。11両編成の山手線は京浜東北線と線路を共用することがあるので、10両編成の京浜東北線とドア位置がそろっている必要がありますが、10号車は京浜東北線では車端のクハで、運転台の隣の乗客用ドアが内側に寄っているのです。そこで山手線では6扉車の代車を新製するときに10号車だけはドア位置をクハに合わせた変則的な位置にしました。山手線特有のスタイルなので一見してすぐわかります（写真2-5）。

　通常のドア位置の車両は座席定員がドア間で片側7名、車端部が片側3名なのですが、この変則ドア位置の車両ではドア間5名、車端部4名となり、車体の長さは同じなのに座席数が減ってしまっています。

　E231系は最初にお話したように中距離用に進出し、また地下鉄乗り入れ仕様の車体幅の狭いモデルも作られ、首都圏のJR電車の代表となりました。JR東日本は車両会社から購入するほか、新潟県に設けた自社の車両工場でも生産しました。この工場はその後傘下に入った総合車両製作所（J-TREC）の1組織となり、現在も最大1日1両くらいのペースで電車を生産しています。

私鉄電車への波及と信頼性重視の方針

　ここで東京圏の私鉄電車に異変が起こりました。JR設計のE231系を購入する私鉄が現れたのです。

　実は諸外国では、車両メーカが実用化した標準設計の車両を多くの鉄道会社が購入するのが通例となっています。例えば、米国の幹線用ディーゼル電気機関車は数10年来メーカ主導で、鉄道会社間の相違はおおむね車体の塗装だけ、といえる状況です。また、欧州の路面電車では有力なメーカの標準設計モデルが多数の都市に供給されています。

　しかし、我が国の大手私鉄はそれぞれ独自設計の車両を導入して妍を競ってきました。それだけの経済力と気概があったわけです。

　ところが、いくつかの大手私鉄でJR東日本のE231系の導入が始まったのです。一部の技術を導入する会社のほか、ほぼそのままの設計で購入する例も現れました。大きな輸送力、それなりの高性能、そして量産効果による低価格を期待したのでしょう。

　しかし、どの私鉄も完全なコピーでは導入しませんでした。よく見るとJR東日本の編成の問題点を独自にチェックした形跡があります。

　ほとんどJR東日本のE231系そのままの仕様で2001年から導入した相模鉄道（相鉄）の10000系を見ましょう（図2-4）（写真2-6）。

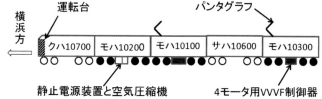

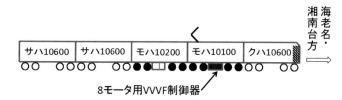

図2-4　相模鉄道の10000系10両編成
編成の半数の5両が電動車。黒丸がモータで駆動される車輪。このほか8両編成（電動車4両）も製造された。

写真2-6　相模鉄道の10000系
JR東日本のE231系の私鉄版　これから車体の色が変更される。南万騎が原、2015年6月撮影

　　相模鉄道は従来横浜をターミナルとしていて東京の都心には来ませんでしたが、輸送量は大きく、以前から大型車両の10両編成を頻繁に走らせてきた大手私鉄です。2019年に西谷から分岐してJR横須賀線から埼京線への直通運行が開始されましたのでJR仕様の電車の導入への抵抗は少なかったと思われます。

　　また、相鉄では先行して導入した9000形から設計最高速度を時速120キロと従来の自社の車両より高くしています（今のところ自社線内の常用最高速度は従来通り100キロ）。やはり将来の乗り入れ先の速度（JR横須賀線120キロ、東急東横線115キロ）を考慮したものでしょう。

　　その代り、これまで相模鉄道の名物だったセミクロスシートの車両（10両編成中2両）と押しボタンで上下するパワーウィンドウがなくなり、乗客には残念だったものです。

　　10000系の製造は車両会社のほか、一部はJR東日本の新津の工場でも製造されました。JRの工場が私鉄電車を製造する時代になったのは印象的でした。

　　しかし、相模鉄道10000系を見るとJR東日本とは異なる設計思想が感じられるのです。

　　すぐにわかるのは電動車が多いことです。MM'方式ではなく1両で完結する電動車（モハ10300、1M方式、1C4M方式と俗称されます）を組み込んで、編成の半数の5両を電動車にしています。当然パンタグラフも3か所にあります。

　　これは時速120キロの高速走行のためではないようです。乗り入れの始まった横須賀線で以前から走っているJR東日本のE217系（写真2-2）は11両から成る基本編成の中の電動車は4両だけ、パンタグラフは2か所だけですが、時速120キロで走行しています。

　　相模鉄道は、

　　「JR東日本のE231系の構成では信頼性に問題があるのではないか」

　　と考え、無駄をいとわず電動車（心臓部といえるVVVFインバータ制御器を装備しています）を増やしたように見えます。JR各社に比べ経営規模の小さい私鉄では運行の乱れや事故によるダメージがJRより深刻になるので、各社とも伝統的に信頼性の確保に熱心でした。E231系の技術を導入した他の私鉄でも同じように、JRよりも高い冗長性を与える思想が見られました。

新しい標準型E233系は私鉄を参考にしたか

　JR東日本では2007年から、E231系の改良型のE233系を導入しました。まず中央線快速に10両編成（一部は6両と4両に分割して青梅線や五日市線で運用できる構成）を投入し、翌2007年からは京浜東北線と、直通する根岸線にも投入されました。あのみっともない安普請電車の初期型209系が東京の都心から淘汰されたのは歓迎できることでした。

　この系列はE231系に比べデザインを見直し、接客設備も改良を加えたほか、列車内の情報伝送路を二重化するなど「ゆとり」を持たせた設計を行ったとアナウンスされました。実際、10両編成の構成を見るとE231系とはかなり違っているのがわかります（写真2-7）（図2-5）。

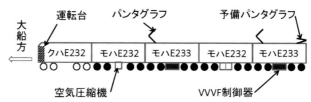

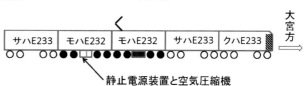

図2-5　京浜東北線と根岸線の
通勤型E233系10両編成
黒丸がモータで駆動される車輪

写真2-7　JR東日本のE233系
京浜東北線、根岸線に投入されたモデル。E231系に比べスタイリッシュになり、また各部が改良されている。
大船、2009年8月撮影

すぐに気が付くのは電動車が増えていることです。私鉄とは異なり2両単位のMM′方式を律儀に守っているので、電動車は10両中6両になっています。また、中央のモハE233はパンタグラフを2つ持ち、1つは普段はたたんで予備としてあります。ブレーキのための空気圧縮機は3か所に設けられています。

「私鉄のやり方を見て経済化し過ぎを反省したのかな」

と想像したのは筆者だけではないと思います。ひょっとするとJR東日本自身も信頼性に問題があると実感していたのかもしれません。

予備のパンタグラフについて、JR東日本の関係者は、

「パンタグラフが損傷されるときはたいてい編成のパンタグラフ全部が壊れるので、予備があると具合がいいのです」

と説明していましたが、ある私鉄の関係者は、

「全部のパンタグラフが壊れるときは架線も損傷して停電になるのが普通だから、予備があっても無意味だと思うのですが」

とコメントしていました。実際、これまで私鉄電車ではこのような常時たたみっ放しのパンタグラフは見かけませんでした。

ところが、2009年にJR東日本のE233系をベースとした11000系を導入した相模鉄道では、10両編成で電動車6両、うち横浜寄りの電動車に2つのパンタグラフを与え、1つは普段はたたんでいます。これがこれからの趨勢となるのでしょうかね。

なお、JR西日本の通勤電車では、2つのパンタグラフを持つ車両は地上区間では片方をたたんでいますが、これは予備ではなく、地下線のトンネル内の剛体架線区間ではすべてのパンタグラフを上げています。剛体架線ではパンタグラフの離線が起こりやすいためのようです。

そんなわけで、E231系とE233系は東京都心のJR電車の顔になりました。乗客の目でこれら電車の違いを観察してみましょう。

運転台の部分を正面から見た姿はかなり違います。四角く簡素な実用デザインのE231系に対して、E233系は白いプラスチック部材をあしらった、少しおしゃれなデザインです。

サイドビューはいずれも4つドアの通勤型で大きな相違がありません。しかし、車内のデザインには違いがあります。E231系の荷物棚が従来見られたパイプの組合せなのに対してE233系の荷物棚はプラスチックの板になっています。また吊り輪の形が大きく異なります。見比べて、なぜ変化させたか、もっとよい案はないかと考えてみるのも一興です。

乗客から見たE233系の改良点は、車端のすべての貫通口にドアをつけたので走行中の車内が静かになったことです。走行中の車内騒音が欧州の鉄道に比べてやかましいことは日本の鉄道車両の欠点ですが、ある程度改善されました。

なお、都心から引退した209系は、長持ちするステンレス製の車体を生かして一部クロスシート化、トイレの設置、制御器の近代化などの改良を受け、川越線、八高線、千葉県の総武、内房、外房各線などローカル線に投入され、ながく使われました。このため、209系の導入時にアナウンスされた「寿命半分」は売上げ減を心配する車両会社を納得させる方便だったのじゃないか、という人もいます。

さらに先進技術を用いたE235系

JR東日本は2015年に、山手線の電車を新型のE235系に置き換える方針を発表しました。13年ぶりになります。最初の編成に発生したソフトウェアのバグの克服に手間取り、本格導入は2017年春からになりました。

列車の構成は従来のE231系と同じ4ドアロングシートの11両編成ですが、内外ともE231系とは一目でわかる相違があります。明らかな違いは車体の緑色の部分が帯状ではなくドア部分のみになったことですが、技術的にも興味深い変化がありました（写真2-8）（図2-6）。

電動車の数が11両中6両というのはE231系と同じですが、モータを制御するVVVF制御器は4個モータ用で、これをそれぞれの電動車に1台ずつ搭載しています。首都圏の電車の制御器としては58年ぶりにMM′方式（1C8M方式）から脱却して単独M方式（1C4M方式）に戻ったわけです。モータはやはり交流誘導モータですが、保守の簡単な密閉型となりました。

後でお話するように、JR西日本ではすでに1991年に導入された通勤用207系で単独M方式を指向し、1993年の中距

写真2-8　山手線の新型電車 E235系
第1編成の新製後の回送。このあとトラブルで就役まで時間がかかった。2015年、鶴見、福井紘一撮影

離用223系から完全な単独M方式となっていましたが、これがJR東日本にも波及したわけです。

　また、E235系の制御器のスイッチング素子には炭化ケイ素（SiC）が用いられています（アネックスA13節で解説）。これまで光関係以外の半導体素子にはあらゆる分野で純シリコン（ケイ素）半導体の単結晶が用いられてきましたが、SiC化合物を使うと高温に強く、また電力の損失が少

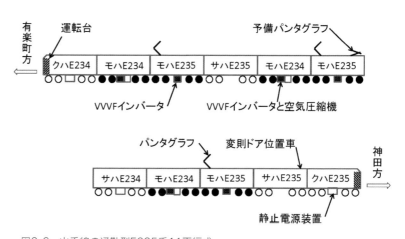

図2-6　山手線の通勤型E235系11両編成
東京駅停車の状態で表示。すべての電動車がVVVFインバータを装備しているのでMM'構成は取られていない。黒丸がモータで駆動される車輪。

ない半導体素子ができるので、電力制御機器に用いるための研究が続けられてきました。しかし、良質の単結晶を得るのが難しいため高価になるという問題があり、電車などの大出力用途には使いにくいものでした。どうやら妥当な価格で供給されるようになったようです。

　外観はE231、E233とはかなり異なるものになりました。前述のようにドアの部分を別の色で塗るのは欧州などでも最近よく見る傾向ですが、正面をほとんど平面にしたのは思い切ったデザインです。輪郭に丸味を与え、ガラス面を大きく取って貧相に見えないよう工夫しており独自性は見られますが、あの「戦時設計」を思い起こさせるなど、大方の評価が気になるところです。

　また、残念ながらE231、E233の欠点だった本質的に貧相な外観は改善されていないようですね。車体の溶接スポッ

トなどはやはり品格を損なっています。

一方、筆者のような情報通信技術系に属する人間には、E235系が装備する「INTEROS」と呼ばれる高速、大容量のデータ収集装置が期待されます。私たちが日ごろ使っているインタネットのデータ伝送、処理技術が電車にも波及してきたわけです。いわゆる「ビッグデータ」の活用は現代の情報処理システムの趨勢になっています。1日走ると1ギガバイトのデータが蓄積されるというこのシステムを活用すれば、施設や車両のメインテナンスの手間が大幅に低減されるでしょう。また、データ収集というキーワードに関しては、E235系には防犯カメラが1両に4台設置されるという発表がありました。

内部の接客設備で目を引くのが、荷物棚の上に並べられた3つの液晶ディスプレイです。これまで厚紙の広告のあった場所にディスプレイを並べ、人手で交換する手間を省略しようという発想のようです。液晶ディスプレイは首都圏の電車ではすでにドアの上に設置され、おなじみになっていますが、これが座席の上にも並ぶわけです。大方の感想は表示の内容以前に「液晶ディスプレイも安くなったんだな」というところでしょうか。

問題になったのが、写真2-3で述べたように山手線の11両編成と京浜東北線の10両編成との整合をとるために変則的なドア位置としなければならない10号車でした。山手線で使われてきたE231系では、あとから6扉車と置き換えられたこの車両だけ車齢が若く、廃車にするには早すぎます。しかしこうした変則的な車両は他の線区では使いにくいものです。

写真2-9　山手線E235系の2種の10号車
京浜東北線の10両編成との整合のためドア位置が変則的となっている。
（上）左がサハE231を改造して流用した10号車（左）。雨樋あたりの部分が他車と異なる。
（下）新製された10号車。他車と同じ外観。こちらが少数派。

そこでJR東日本では、10号車だけはE231系の車両に必要な改造を加えてE235系に挿入し、流用することにしました。外観をよく見ると雨樋の高さや形が新製された他の車両とは微妙に異なっています。新製の10号車の入った編成もありますので、車内外でどんな相違が残っているか観察するのも一興です（写真2-9）。

また、この電車に用いられた技術がこれから私鉄にどのように取り入れられていくかも興味深いですね。

一方、変則ドア位置の10号車を抜いたE231系10両編成はわりあい標準的な6M4Tの列車構成となりました。これを総武線に移して6扉車を含む4M6T編成を淘汰し、パワーアップとともにホームドア設置に対応させています

大阪環状線では「戦時設計」に終止符

このように、東京圏の通勤電車では70年にわたり「戦時設計」の片側4ドアの電車が使われてきました。これから各駅にホームドアが設置されてドア位置の変更が難しくなるので、これが固定化されると思われます。

一方、JR西日本の運行する大阪地区の通勤電車では、これと異なる動きがありました。

写真2-10　JR西日本大阪環状線の201系
旧国鉄の頃から大阪環状線の各駅停車の代表だった「戦時設計」の4ドアの電車。更新を受けて窓まわりなどが原型とはかなり異なる。大正、2016年8月撮影

写真2-11　JR西日本323系
2016年から大阪環状線の各駅停車に投入された3ドアの電車。「戦時設計」の4ドアの電車は70余年を経てJR西日本からはいよいよ淘汰されていく。大正、2017年撮影

　よく知られているように大阪の都心にも山手線のような環状線があります。一周の距離、所要時間いずれも山手線の2/3くらいの通勤電車線で、なぜか新型電車への置き換えが遅れ、東京圏では姿を消した国鉄形の201系、103系の電車が使われてきました。いずれも片側4ドア、サイドシートの「戦時設計」形の電車ですが、JR西日本独自の更新が施されて独特のスタイルになっていました（写真2-10）。

　2017年に至り、この線にサイドシートながら片側3ドアの新型電車323系の投入が始まりました。「戦時設計」の片側4ドアの電車の出現から70余年。ついに大阪の通勤電車が戦前の省線電車の盛んな時代のスタイルに戻ったのです（写真2-11）。

　この線には、阪和線に直通する快速列車（関西空港方面の「関空快速」と和歌山方面の「紀州路快速」との併結）と、関西線に直通する快速列車（奈良、加茂方面の「大和路快速」）が交互に乗り入れ、天王寺から外回り線を回って大阪駅を通り、「関空」は天王寺で、「大和路」は京橋で折り返して内回り線を戻っていきます。東京でいえば常磐線の電車が日暮里から山手線の外回りに乗り入れて日暮里まで一周するようなイメージで、便利に利用されています。いずれの列車も片側3ドア、転換クロスシートの中距離電車スタイルです。

　昼間はこれらの快速電車がそれぞれ15分間隔で走り、これに環状線をめぐる各駅停車がやはり15分間隔で入りますので、乗客は5分間隔で電車を利用できます。快速は西半分にある野田、芦原橋、今宮を通過しますが、各駅停車の追い抜きは行わないので、わかりやすいダイヤになっています。

　このため、環状線をめぐる各駅停車も快速電車とドアの配置を統一して、将来の駅へのホームドアの導入に対応する方針となったように見受けられます。

　323系は8両編成で、全車両が電動車（クモハ、モハ）ですが、いずれも片側の台車のみにモータを搭載しており、インバータ制御器とSIV（静止形低電圧電源）も各車両が搭載しています。これは先行した中距離用225系と同じ方式（第5章を参照）で、車両の機器の標準化が進んでいるわけです。

　形式は323形と322形とがあり、3両の323形にパンタグラフを搭載していますが、うち1両はJR東日本のE233、E235系と同じく2つのパンタグラフを搭載し、片方は予備として普段はたたんでいます。また323形には0番台と500番台とがあり、前者はコンプレッサ（空気圧縮器）を装備しています（図2-7）。

　「戦時設計」の暫定モデルとして生まれた4扉の電車は、JR西日本でもいくつかの線区に残っていますが、ようやく淘汰されていくようです。

図2-7　JR西日本の大阪環状線323系の列車編成
環状運転のため○○方という終点の方向の表記が難しいので、この図は大阪駅での停車状態を表している。黒丸がモータで駆動される車輪。すべての車両が片方の台車のみモータを装備している。

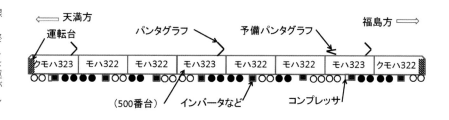

第3章

JR東日本とJR西日本の中距離電車を比べる

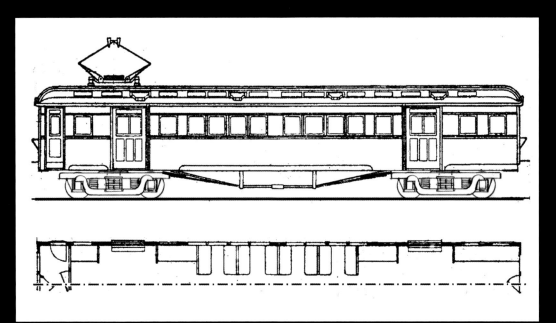

「幻の中距離電車」国鉄デハ43200形
東海道本線の東京口と横須賀線の電車化のために1923年に導入されたクロスシートの先駆的な車両だったが、試運転の段階で関東大震災が襲来したため、3扉ロングシートの近距離用に改造されてしまった。

大崎、新宿、池袋を経て東北線(宇都宮線)、高崎線と東海道線、横須賀線とを直通する「新宿湘南ライン」は2001年に発足し、2004年からは東京の南北を中距離電車が縦貫するようになりました。これに続いて、2015年の線増工事の完成に伴い「上野東京ライン」が発足して品川、東京、上野を通る中距離電車もほとんどが南北を直通するようになり、それぞれの線区の表情が大幅に変わりました。例えば昼間の東海道線では30分間に高崎線の新宿経由1、東京経由2、そして東北線の東京経由1、計4列車が往復します。

　一方、京阪神地区の東海道線の中距離電車は以前から滋賀県、京都府、大阪府を経て兵庫県までの間を直通運転しており、30分間に新快速、快速それぞれ2本が走ります。東西JRの中距離電車のサービスの便利さは似てきたわけです。

　ここでは両者を少し詳しく比べてみましょう。

JR東日本の中距離電車の見本は東海道線

　我が国で最初に電気機関車が客車を牽いたのは1912年の信越線碓氷峠のアプト式区間でしたが、都市近郊の幹線に電気機関車の牽く客車列車が走ったのは1921年から、直流1200ボルトで電化された東海道線の東京、国府津間と横須賀線でした。

　これを電車化するため1923年に、木造の2扉クロスシート車で、一部の車両にはトイレも装備したデハ43200系の中距離形電車が製造されました。接客設備のほか、制御器などの機器にも最新の技術が導入され、将来の直流1500ボルト化への対応も考慮された意欲的な設計でした。

　ところが、いよいよ公式試運転というときにあの関東大震災が襲来したのです。全滅した東京・横浜都市圏の復興に伴って、破損、焼失した多くの車両の補充のため、また急増した近距離輸送の需要にこたえるため、これらの電車は急遽3扉ロングシート化して京浜線などの通勤区間に投入され、中距離列車の電車化が実行不可能となったという歴史が残されました(図3-1)。

　この結果、翌1924年に登場した南海鉄道の特急電車が、わが国最初の中距離電車として記憶されることになります。

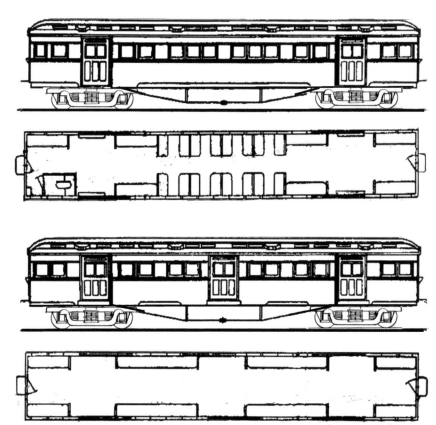

図3-1 「幻の中距離電車」の中間車サハ43550の新製時と改造後
3扉ロングシート化され、サハに設けられていたトイレも撤去された、
(上)製造当初
(下)大震災復興のため設計変更された後

写真3-1　横須賀線で用いられた旧モハ32形
富士急行に譲渡後の姿。屋上の通風器や窓のゴム支持など以外は原型どおり。塗色はクリームとブルーの富士急行色になっている。暮地（現 寿）、1980年撮影

　東京〜横須賀間62キロには7年後の1930年に、ようやく中距離電車が導入されました。すでに鋼鉄製の時代になっていました（写真3-1）。前年の1929年には東武鉄道の浅草〜東武日光間136キロで電車運転が始まり、また1930年には大阪軌道、参宮急行の上本町〜宇治山田間137キロ（後の近畿日本鉄道、第7章を参照）が開通して当時最高性能の電車が走るなど、この頃のわが国は長距離電車のブームでしたが、東海道線はその後も電気機関車の牽く「湘南列車」と俗称される客車列車が運行されて戦中、戦後を迎えます。

　やっと戦後の混乱の収束した1950年初頭から東海道線の東京、沼津間126キロに導入されたモハ80系電車は、「湘南電車」と呼ばれて脚光を浴びました。動力性能、最高速度、シートの質などのサービスレベルは20年前の大阪軌道、参宮急行に及ばず、また客車と同じ2扉デッキ式のクロスシート車や、郵便車、荷物車の連結も東武鉄道などに先例がありましたが、オレンジ色と緑色とで装われた16両編成の堂々たる電車列車の登場は首都圏の戦後復興のシンボルとされ、人々に人気を博しました（写真3-2）。

　モハ80系では、運転台のない中間車の座席定員は92名で、立席の設定はなく、長距離列車の客車と同じく原則としてすべての乗客に座ってもらう設計でした（図3-2）。

写真3-2　国鉄「湘南電車」モハ80系を特集した科学雑誌
東海道本線の東京口の電車化のために1950年に導入され、人気車両となって少年向けの科学雑誌にも詳しく紹介された。
科学フラフ「特集 鉄道の話」、大日本図書、No. 32（1950年12月）、表紙。

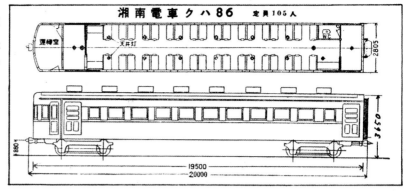

図3-2 国鉄「湘南電車」クハ86
乗客の着席を前提として大部分がクロ
スシート。
科学フラフ「特集 鉄道の話」、大日本
図書、No. 32（1950年12月）、p. 11。

しかし、客車に比べ座席を狭くして通路を広げ、中距離列車にも長距離列車にも対応できるようにしたモハ80系の設計は中途半端と批判され、1957年の全金属製車体のモデルからは座席を広げて、長距離列車に適応する設計となりました。長距離の準急、快速などにも電車が使われる時代が来ていたのです。

一方、その後の東海道線の中距離電車の歴史は、座席の削減の歴史となります。

1962年から東海道線に導入された中距離用の新性能電車111系は、当時の横須賀線と同じ3扉セミクロスシートとなり、トイレのない中間車の座席定員は76名、また立席定員52名に設定されました。

1985年から導入されたステンレス車体の省エネルギー電車211系はやはり3扉でしたが、セミクロスシート車のほかロングシート車が導入されました。セミクロスシート車は車端部がロングシート化されたため座席定員が68名と減少し、立席定員は64名となりました。また大量に導入されたロングシート車は座席定員60名、立席定員88名。もう座れる乗客は少数派となってしまいました。

その頃の首都圏では国鉄よりは私鉄の方が乗客の増加が激しい時期でした。しかし国鉄が民営化されてJR各社に分割された1987年頃からバブル景気といわれる経済好況となってJRの乗客も増え始めます。そして1990年代初頭のバブル崩壊の後は乗客の輸送量は増加が止まり、JR、私鉄ともほぼ一定に落ち着きます（図3-3）。

大きな経済成長の望めない21世紀になって、JR東日本は車両の標準化と社内製造とによるコストダウンをすすめます。

前章で述べたように、1994年から横須賀線、総武快速線に投入されたE217系によって、ついに中距離用にも「戦時設計」の4つドアの電車が進出しました。15両編成のうち2両がグ

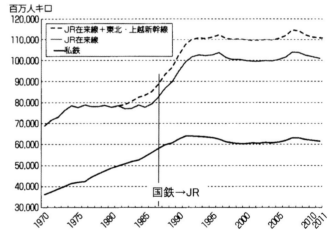

図3-3　首都圏の鉄道の旅客輸送量の推移
福井義高「鉄道は生き残れるか」、中央経済社（東京、2012）、p. 110。

リーン車なので普通車は13両、そのうち10両が山手線などと同じロングシートとなっています。

2004年から導入されて現在でも主力となっているE231系の中距離用バージョンは、総武線や山手線などの近距離通勤用と共通設計の4扉車で、15両編成のうち2両のグリーン車と4両又は6両のセミクロスシート車のほかは近距離電車と変わらない車両となってしまいました。セミクロスシート車は座席定員60名、立席定員102名でしたが、ロングシート車は座席定員54名、立席定員108名。中距離列車なのに座れたら幸運という列車になっています。

東海道線のE231系は2階建グリーン車2両を含む10両編成の基本編成と、その東京方に増結される5両編成の付属編成とがあります。電動車は基本編成が10両中4両、付属編成が5両中2両で近距離用と同じ比率です（写真3-3）（図3-4）。

基本編成では8両の普通車のうち4両または2両がセミクロスシートですが、中間車には6ボックスが配置されているのに対して運転台のあるクハでは運転台のすぐ後ろのドア間がサイドシートなのでクロスシートは4ボックスだけとなっています。クロスシート車はやはり好評で、例えば、東京駅や池袋駅ではクロスシートの車両の停車位置

写真3-3　JR東日本 東海道線の中距離電車E231系
先頭は1号車　4,5号車が2階建グリーン車　藤沢、2013年5月撮影

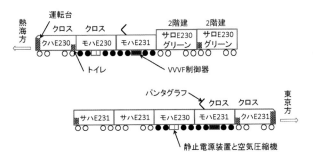

図3-4　JR東日本の東海道線E231系の列車編成
「クロス」はセミクロスシート車。黒丸がモータで駆動
される車輪
（左）基本編成。熱海方より1〜10号車。9,10号車は
　　ロングシート車の場合もある。また、グリーン車の
　　隣のサハのトイレはない場合もある。
（右）付属編成。熱海方より11〜15号車

から先に乗客の列ができます。

　中距離用のため、車椅子の乗客でも使用できる大型トイレがクハに設置されていますが、付属編成の東京寄りのク
ハにはありません。また、グリーン車の隣の6号車のトイレはない編成もありますので要注意です。

　2006年から導入された中距離用のE233系も、接客設備には大きな変化はありませんでした（写真3-4）。

写真3-4　JR東日本 東海道線の中距離電車E233系
先頭は1号車　4,5号車が2階建グリーン車、先頭
車はE231系より少し装飾的。
大船、2013年5月撮影

片側4ドアの電車の座席配置を考える

　ここで、こうした片側4ドアの電車の座席の配置について考えてみましょう。

　4ドアの電車は地下鉄、近距離用としては世界的に広く使われていますが、座席の配置はまことに多種多様で、外国では常識的なのにわが国では例がないという配置もあります（図3-5）。

　図3-5（a）のボックスシートはJR東日本などで使われているもので、ドア間に16名座れます。ボックスシートが人気なのは昔の客車のように落ち着けるためで、車内でパソコンをたたいて仕事をする乗客には好まれます。また、飲み物を楽しんだり軽い食事をしたいときにはこれに限ります。ロングシートで何かを食べるのは場違いなものですよ。

　図3-5（b）はクロスシートを背中合わせに配置するもので、ボックスシートの落ち着きはなくなりますが、立ち客のスペースは気分的に広く感じられます。実はこの配置は諸外国の地下鉄や都市の電車ではほとんど標準となっており、広汎に用いられています。車体長の短い車両ではサイドシート部を1人掛けにする例も多数あります（写真3-5）。我が国でこの配置がなぜ用いられないのか、筆者にはよくわかりません。

　このシート配置の特徴は乗客の間のコミュニケーションが自然にとれることです。ドアから中に入ると先客は車座に座っているので目が合い、お年寄りに席を譲るなどの動作がしやすいのです。例えば人なつっこい客の多いブラジルのサンパウロの地下鉄では、筆者などが乗り込むと、

　「お、変わった客が乗ってきた」

　と注目され、筆者のカミサンは3回に2回くらい席を譲られていました。

　図3-5（c）は我が国ではおなじみのサイドシート（ロングシート）で、米国や旧共産圏の地下鉄でも広く使われてきました。わが国の20メートル車ではドア間の座席定員は14名と案外多いのですが、座席の客の足が立席に出るので立席が気分的

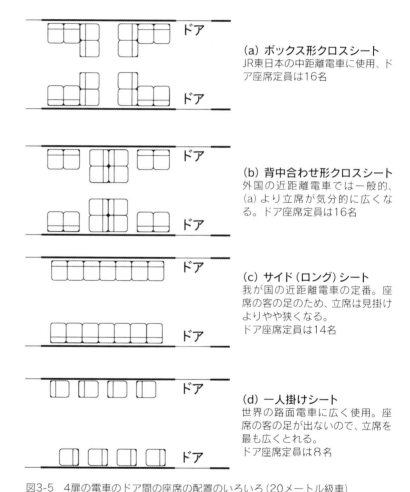

(a) ボックス形クロスシート
JR東日本の中距離電車に使用、ドア座席定員は16名

(b) 背中合わせ形クロスシート
外国の近距離電車では一般的、(a) より立席が気分的に広くなる。ドア座席定員は16名

(c) サイド（ロング）シート
我が国の近距離電車の定番。座席の客の足のため、立席は見掛けよりやや狭くなる。
ドア座席定員は14名

(d) 一人掛けシート
世界の路面電車に広く使用。座席の客の足が出ないので、立席を最も広くとれる。
ドア座席定員は8名

図3-5　4扉の電車のドア間の座席の配置のいろいろ（20メートル級車）

写真3-5　モントリオール（カナダ）の地下鉄の車内
図25 (b)の背中合わせクロスシート　乗車時間が短いのでシートは簡易なプラスチック製。車体長が短いのでサイドシート部は1人掛け。加速、減速が鋭いので立ち客のためのスタンションポールが多数設けられている。2013年6月撮影

にやや狭くなります。JRの電車はおおむね2900ミリくらいの車体幅があるのであまり感じませんが、幅2700ミリ程度の車両を使っている私鉄では、とくに座り心地の良いやや深目のシートの場合、気分的に立席が狭いなと思うことがあります。スマホに没頭しているお兄さんの投げ出した足をつい蹴っ飛ばしてしまったり。

また、この配置の欠点は窓の外を見にくいことです。下車駅を気にして駅に着くたびに後を向いていると疲れます。

外が見やすく、また立席を広くとれるのは図3-5（d）の個別クロスシートで、諸外国では路面電車の標準です。フランスのトゥールーズの地下鉄はジーメンス社のVALと呼ばれるゴムタイヤ走行の車両で無人運行をしていますが、車体幅が2074ミリと狭く、しかも最初のモデルは図3-4（c）のサイドシートで、左右の座席の客の足の間に割り込むのがいささか躊躇させられました。その後増備された新しい車両は図3-5（d）の個別クロスシートとなり、立ち客が入り込みやすくなりました。

しかし、この方式は座席定員が少なくなるので乗車時間の長い車両には不適当です。

図3-3にみられるように、首都圏の鉄道の乗客数は頭打ちになりました。最近のコロナ禍もあり、今後通勤電車や近距離電車の乗客の数には大幅な増加は期待できない、というのがコンセンサスになっているように見えます。一方、各駅へのホームドアの設置はかなり進捗しており、片側4ドアからの変更は困難になりました。

4ドアでの座席配置を真剣に議論すべき時期が来ているように思われます。

筆者には、多くの乗客が30分以上乗車する中距離電車に4扉車を使うのなら、最低サービスレベルのシート配置

といえる図3-5（a）のボックス形クロスシートを全車両に採用してもよいと考えます。また、近距離用でも乗客の乗車時間が長い京浜東北線などには、図3-5（b）の背中合わせ形クロスシートも検討に値するのではないでしょうか。

こうした動きの見える例としてプラハ（チェコ）の地下鉄の車両更新、新車導入の経過を眺めたいと思います（図3-6）。

プラハの地下鉄は比較的新しく、1968年に始まった共産主義政権への抗議運動「プラハの春」が1970年に武力で鎮圧された後、権力を取り戻し

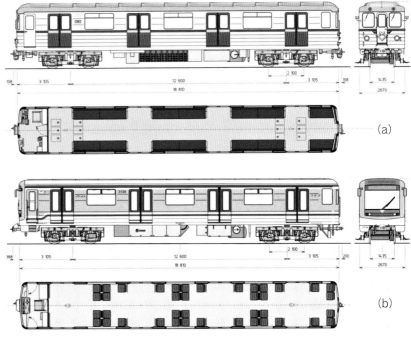

(a)

(b)

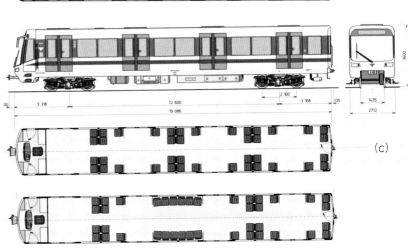

(c)

図3-6　プラハ（チェコ）の地下鉄の
　　　　座席配置
Stanislav Linert, Pavel Fojtik, Ivo Mahel: "Kolejova vozidla prazske mestske hromadne dopravy" (Dopravni podnik hl. M. Prahy, 2005)
(a) 従来の車両
　　旧ソ連製、旧共産圏の地下鉄の標準型。4扉ロングシート。
(b) 1996年から行われた更新
　　シートが背中合わせのセミクロスシートに変更されている。
(c) 1998年から導入された新型車両
　　背中合わせセミクロスシート。中央部のみサイドシートの例もある。

た共産主義政権が抗議運動の再発を防止するため市民生活の向上を目論んで建設を始め、1974年に最初の線区が開通したものです。

建設にはもちろん旧ソ連の援助があり、そのため車両は「ソ連型」といえる旧共産圏の標準型になりました。同形の電車はロシアのほかブダペスト、ワルシャワなど旧共産圏の都市で多数見られます。片側4扉のロングシートで、シートの表面はすべりやすいビニールレザーでした(図3-6(a))。

この車両は1996年から更新を受け、見違えるように美しい外観になりましたが、車内も大幅に更新され、背中合わせのセミクロスシートとなりました(図3-6(b))。

このシート配置は1998年から導入された新型電車にも用いられています。中には車体中央部のみサイドシートとしたものもありますが、座席の列が内側に湾曲しているところを見ると、この部分は10名程度のグループが対面して座って盛り上がるのを想定しているのかもしれません。旧型の更新車にもこの配置の例があるようです(図3-6(c))。

筆者は、わが国の人口減、通勤客減、そしてコロナ禍をきっかけとするリモート勤務の普及を勘案すると、少なくとも中距離電車にはロングシートは不適当になってきていると考えます。横須賀線のE217系の山手線と同型のE235系への置き換えが2020年から始まりましたが、何とクロスシートの普通車が消滅し、グリーン車以外はすべてロングシートとなっていました。筆者には完全に逆コースに見えます(写真3-6)。

写真3-6　横須賀線のE235系
E217と交代して2020年より入線している中距離用モデル。グリーン車以外はすべてロングシートというのは時流に対して逆コースをとっている様に見える。

一方、次節で述べるように、現在のJR西日本の電車は全く異なる思想で設計され、ロングシートから脱却しています。JR東日本との対比には興味深いものがあります。

私鉄王国でのJR西日本の新快速による巻き返し

1934年に東海道線の吹田〜須磨間が電化され、蒸気機関車の牽く列車に混じって電車が走りだしたのが関西の国鉄の中距離電車の幕開けでした。しかし、このときには阪神、阪急、京阪といった関西の大手私鉄はすでに開通以来30年ほど経っており、それぞれがテリトリーを確立していました。東京圏の高速電車の歴史は甲武鉄道に始まる国鉄電車が拓いたのでしたが、関西では国鉄電車はあとから割り込んできた新参者だったのです。

その後も関西圏では私鉄優位が続きました、国鉄も戦前には流線型の専用電車を投入しましたが戦争のため短命で、1970年代になっても国鉄は二流のような存在でした(図3-7)。

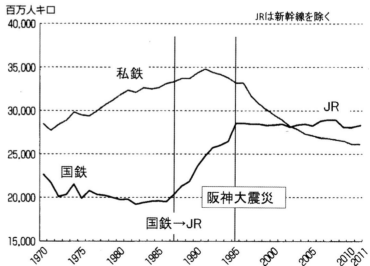

図3-7　関西圏の鉄道の旅客輸送量の推移
阪神大震災前までは私鉄が優位だった。
福井義高『鉄道は生き残れるか』、中央経済社(東京、2012)、p. 110

とくに、私鉄同士がサービスを争っていた京都と大阪とを結ぶメインラインでは、阪急京都線と京阪電車が豪華な片側2ドア、転換クロスシートのノンストップの特急を高速で頻繁に運行して競争しており、国鉄の影は薄いものでした。ドアがやや車体中央に寄った片側2ドア、ゆったり座れる転換クロスシートの電車は1927年に京阪電車が、1939年に参宮急行（現近鉄）が導入するなど関西ではおなじみでしたが、東京圏ではまさに高嶺の花で、関東の鉄道ファンを、「こんな豪華なシート、東京圏じゃ特別料金を払わないと座れないよなぁ」と悔しがらせていたものです（図3-8）。

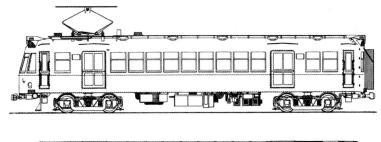

図3-8　戦前の京阪電車が用いた流線型の1000形
国鉄の流線型電車に対抗して1938年にデビューした。連結側にも運転台があるのが特徴。

　一方、東京の本社の支配を受ける国鉄では私鉄に対抗できる豪華電車の導入は問題外だったようで、戦後の京阪神間の東海道本線でも、各駅停車は4ドアのロングシート車、快速電車も東京の中距離電車と同じ3つドアの固定セミクロスシートの111系などが使われていました。もちろん快速電車もノンストップではなく、高槻などに停車していました。

　1970年に京都から西明石までの区間に設定された「新快速」は私鉄に対する国鉄の巻き返しの先駆となりました。運転間隔は私鉄特急並み、停車駅は大阪、三宮、明石だけで新幹線の来る新大阪も通過し、とくに京都、大阪間43キロを29分で走るのは私鉄を意識した高速サービスでした。おもしろかったのは英語名で、「New Rapid」では意味をなさないということで「Special Rapid Service」とされました。東京の中央線の「特別快速」と同じです。

写真3-7　JR西日本117系
晩年の職場は和歌山地区。南国カラーで紀ノ川を渡る。和歌山線岩出～船戸。2011年8月撮影

写真3-8　JR西日本
東海道山陽線221系
今は新快速からは引退した
が快速などに活躍。上品な
外観は今でも古く見えない
三宮、2015年8月撮影

　最初に新快速に使われたのは快速と同じ111系でしたが、さすがにこれでは私鉄の豪華電車にかなわないことが自明だったようで、1972年からは長距離急行用の153系に置き換えられました。新幹線が岡山まで延伸されたので在来線の急行が削減されて153系が余った、という事情があったようです。

　153系は客車と同じデッキ式2ドアの長距離電車で、1958年の登場以来東京〜大阪間の急行電車として親しまれていた電車です。ボックスシートは十分な座席定員を持っており、また時速110キロでの巡航はこの電車の得意科目でした。

　しかし、これでも私鉄の豪華特急には対抗できませんでした。なんといっても153系は車齢10数年の中古電車で、新鮮さ、華やかさが欠けていたのは確かでした。

　私鉄に対抗するにはそれなりの接客設備を持つ新車の投入が必要と国鉄も認識し、新快速専用として新しく設計された117系が導入されたのは1980年でした。

　この車両は1974年に北九州地区に導入されたキハ66、67系の車体設計を踏襲したもので、やや中央に寄った2ドア、オール転換クロスシートと。ライバルの私鉄特急電車そのままの仕様でした。この電車によって新快速電車は乗客に認知されました。(写真3-7)。

　国鉄が民営化されてJR西日本が発足した1987年はバブル景気の始まった時期で、JRの乗客も増加しました。JR西日本は1989年から関西地区の在来線のネットワークを「アーバンネットワーク」と名づけ、イメージとサービスの改善に乗り出します。

　このときに導入された新快速用の新車221系は、一転して片側3ドアの転換クロスシート車という新しいコンセプトの電車でした。1990年には最高時速が私鉄より速い120キロに引き上げられ、JRの乗客が大幅に伸びて私鉄に迫っていきます(写真3-8)。

　ところが、1995年1月に阪神大震災が襲来しました。阪神地区は甚大な被害をこうむり、復興には予想以上の時間がかかりました。

　この時、最も早く復旧したのがJRだったのがその後の乗客の流れに影響したといわれます。

　大震災直後から新快速に導入された223系は221系と同様の片側3ドアの転換クロスシート車でしたが、ステンレス鋼製の車体、VVVFインバータ制御器、交流誘導モータと現代的な技術を取り入れた車両となりました。大きな特徴は新快速の最高時速を130キロに引き上げたことで、はるか福井県の敦賀、滋賀県の長浜から京阪神地区を縦貫して兵庫県の姫路、さらに先ごろまでは播州赤穂に至っていた新快速のネットワークは、所要時間の短いこと、ゆったりした転換クロスシート、トイレの存在が喜ばれ、私鉄を突き放して多くの乗客を集めるようになりました(写真3-9)。

　大震災後の関西経済圏はリセッションの時期となり、鉄道の乗客輸送量は減少してしまいます。私鉄はこの影響を大きくこうむりましたが、JR西日本だけは目立った減少なしに推移し、21世紀に入ると私鉄を追い越します(前述の図3-7)。大きな要因として、東海道線、山陽線の新快速が乗客に受け入れられたことがあげられるでしょう。JR西日本は3ドア転換クロスシートの快速電車のネットワークを拡充していきます。2010年には阪和線などと共通の基本

写真3-9　JR西日本 東海道、山陽線の223系
阪神大震災後にデビューしたステンレス車体、インバータ制御の電車。最高速度130キロの新快速電車に活躍する。桜の季節の高槻～島本、2013年3月撮影

設計の225系も導入され、混用されるようになりました。
　これらの片側3ドアの転換クロスシート車は世界的な中距離列車のサービス水準に達しているように思われます。東京圏の鉄道ファンが関西を訪れる機会があったら、JR西日本の新快速電車に試乗し、JR東日本の中距離電車との違いを観察して、その背景などを考えてみてはいかがでしょうか。

223系、225系にみられる徹底した標準化のコンセプト

　JR西日本で新快速に用いられている223系、225系は、技術的にも独自のコンセプトが目立ち、興味深いものがあります。
　1995年に導入されて「震災復興型」といわれた223系は、8両編成と4両編成の列車単位があり、東海道、山陽線の新快速の多くは両者を併結した12両編成で運行されます。JR東日本とは異なりグリーン車はありません。
　この形式では、同じ時期にJR東日本に導入された電車と同じように新しいVVVFインバータ制御器と交流誘導

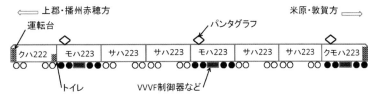

図3-9　JR西日本の東海道、山陽線223系の列車編成
8両編成と4両編成とがある。黒丸がモータで駆動される車輪

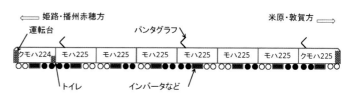

写真3-10
JR西日本 東海道、山陽線の225系
新快速電車の最新モデル。長岡京〜山崎、2021年
6月、大賀聡撮影

モータの「加速減速が滑らかでスリップし
にくい」という特徴を生かして電動車の比率
を下げましたが、伝統的なMM′方式をやめ
て電動車を1両ごとに独立させた1M方式を
とったのが特徴でした（図3-9）。また、トイレ
のない側の車端の車両を運転台付きの電動
車（クモハ）としたのが私鉄的で興味深いと
ころです。

　これを観察すると、電動車の搭載機器が
ほぼ標準化されているのがわかります。サ
ハも同じで、1列車の中の車両の種類がJR
東日本の電車より少ないのが興味深いとこ
ろです。

　1995年から導入された225系ではこのコン
セプトが更に徹底されました。編成の全車
両を電動車にして、搭載される機器をほぼ
標準化したのです。電動車はパンタグラフ
や空気圧縮機の有無を除けばすべて同じと
みてよいようです。

　ただし、いずれの車両もモータを搭載し
た台車は片方だけで、今一方の台車は付随

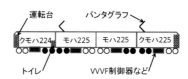

図3-10　JR西日本の東海道、山陽線225系の列車編成
黒丸がモータで駆動される車輪。全車両が片方の台車のみモータを装備
している。

台車とされました。実質的には編成の半数を電動車としたのと同じですが、このように分散すると加速も減速もス
ムーズになりそうなのが想像できます（写真3-10）（図3-10）。

　225系は阪和線などにも投入されるので、6両編成や、空港に発着する乗客のため座席を3列にして通路を広げた
変種もありますが、走行機器の標準化は現場の労力の削減には有効なのでしょう（写真3-11）。東海道、山陽線の新快
速は当分の間223系と225系とが共存するようです。

　JR東日本では中央線快速にもグリーン車を連結する予定で、すべての中距離、快速電車に有料のグリーン車を連
結する趨勢ですが、JR西日本では特急などの長距離列車以外にはグリーン車は設定されていませんでした。しかし、
東海道、山陽線の新快速の混雑に対処するため、最近に至り「Aシート」と呼ぶ有料座席の試行が始まりました。まだ
1日2本程度のサービスで料金も割高ですが、今後の展開を見守りたいと思います。

　一方、第2章で述べたように大阪環状線に2016年から導入された新しい通勤電車323系も中距離電車と同じ3ドア

で、技術的にも225系の構成のコンセプトが適用
されました。JR西日本は今後これを標準としてい
く様子です。

　これとは対照的に、JR東日本は中距離電車ま
で片側4ドアの「戦時設計」に合わせてしまいま
した。東京圏はいよいよ世界的に稀有な「中距離
列車も4ドア」のエリアとなるわけです。

写真3-11　JR西日本225系 関空快速
東海道山陽線のほか阪和線などで使われている。グラ
デーションストライプが特徴。シートは2＋1列　紀
伊、2016年5月撮影

第4章
都市のシンボル、地下鉄を観察する

小田急線を走る千代田線直通急行
永久磁石による同期モータを新製量産車として初めて採用した東京メトロの16000系。
生田（小田急）、2017年3月撮影。

地下鉄は大都市のシンボルですが、一般に都市の発達とともに徐々に作られるので多種多様になります。

　それにしても、東京の地下鉄くらい多様な地下鉄は世界に類がないと思います。給電方式が架線式と第三軌条式の2種混在というのは他の都市でも見られますが、軌間（ゲージ）が1067ミリ（3フィート6インチ）、1372ミリ（4フィート6インチ）、1435ミリ（4フィート8インチ半）の3種混在というのは東京くらいのものでしょう。

　一方、すべての線区が左側通行というのは乗客にはありがたい特徴です。外国にはソウル、パリなど右側通行、左側通行の線区が地下に混在している都市もあり、旅行者は混乱させられます。

東京メトロ銀座線　最古の歴史と最新の技術

　東京メトロの銀座線は、東京地下鉄道の創業者早川徳次（のりつぐ）の執念により1927年12月に上野〜浅草間が開業したので、我が国、さらには東洋最古の地下鉄ということになっています。実は地下鉄道としては1925年に開通した宮城電鉄の仙台地下駅の方が古いのですが、トンネル区間が短距離であり、また地下駅が手狭に過ぎるので国鉄に買収されて仙石線となった後の1952年に廃止されたため忘れられました。

　一方、東京地下鉄道が新橋まで開通し、品川への延長を目論んだところで渋谷〜新橋を開業していた東京高速鉄道の社主の五島慶太との間で主導権争いが起こり、早川は敗退して渋谷〜浅草間14.3キロの地下鉄線が成立しました。東京高速鉄道の線は短区間ですが、品川ではなく渋谷に通したのはそれなりに良い結果をもたらしたようで、東京の山の手と下町とを直結し、また東京一番の盛り場の銀座、日本橋、上野を縦断しているので東京の大動脈となりました。新たに開通した線と区別するため1953年に「銀座線」の名を与えられ、たくさんの乗客でにぎわい、今でも東京の地下鉄の代表の感があります。

　銀座線は開通が古いためトンネルが小さく、長さ16メートル、幅2.55メートルの小型電車の6両編成で運行されています（ちなみに開通の新しい東西線、千代田線などは長さ20メートル、幅2.8メートル、10両編成）。こうした制約のもとで多くの乗客を安全快適に運ぶため、この線は新技術を的確に取り入れる意欲でも有名です。開通当時から火災に強い全鋼製車両を採用し、また停止信号を冒進すると自動停止させる機械式のATSを装備していました。

　筆者が驚かされたのは1990年から電車に冷房装置が搭載されたことでした。これまで銀座線は車両が小さ過ぎて

写真4-1　東京メトロ銀座線1000系
旧渋谷駅発車直後の山手線の東側の高架線上。2013年9月撮影。その後この場所に新しい渋谷駅が作られたので電車は見えなくなった。

冷房の搭載が困難なので駅冷房で対処する方針となっていましたが、超薄型（20センチ程度）で十分な性能を持つ冷房装置が実用化されたので、天井を下げることなく設置できたのでした。制御器への半導体素子の導入による改良で電車の発熱が大幅に減少したことも追い風となって、今ではもちろんすべての電車が夏でも涼しく乗れるようになっています。

2012年から導入されて銀座線の顔となった1000系の車両は、これまでの01系がアルミ合金そのままの銀色の車体だったのに比べ、全身を銀座線のシンボルカラーのオレンジイエローのフィルムでラッピングされた印象的な姿ですが、実は数多くの興味深い新技術を用いています（写真4-1）（図4-1）。

まず目を引くのは、千代田線の新型車に続いてモータに誘導モータではなく、電機子に永久磁石を用いた同期モータが用いられたことです。自動車の世界ではハイブリッドカー、電気自動車などに永久磁石による同期モータが広く用いられていますが、鉄道車両に使うことのできる大形高信頼の永久磁石ができたのは印象的でした。同期モータは誘導モータに比べ発熱が少ないので省エネルギー特性に優れ、また全密閉型モータが可能となって保守の手間も削減されています（アネックスA11節で解説）。

さらに、全電動車編成ながらモータで駆動される車輪が連結部に近い車輪だけのため、それぞれの台車の少なくとも1軸は付随軸になっているのに気が付きます。これは台車が「操舵台車」別名「舵取り台車」という構造になっているのに由来しています（写真4-2）（図4-2）。

電車の台車は通常は1つの台車枠

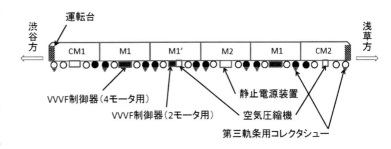

図4-1　東京メトロ銀座線1000系6両編成
黒丸がモータで駆動される車輪、黒三角は集電のためのコレクタシュー

写真4-2　東京メトロ銀座線1000系の操舵台車
手前が首振り軸。中野工場での鉄道友の会見学会。2012年3月撮影

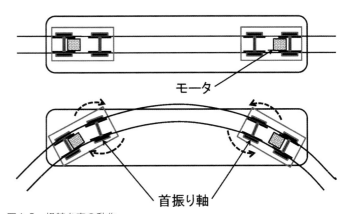

図4-2　操舵台車の動作
カーブ区間ではモータで駆動されていない内側の車軸が水平に回転してレールとの直角を保つ。

に2本の軸が装着され、お互いに平行が保たれるように設計されています。ところが、1000系の台車はカーブ区間にさしかかると、内側のモータで駆動されていない付随軸が車体と台車枠との間の回転角度に応じて少し水平回転し、車軸が常時レールと直角になるような機構を装備しているのです。地下鉄にある多くの急カーブをスムーズに通過できるよう配慮されているわけです。

操舵台車は小田急やJRの特急に採用された例がありますが、都市の通勤電車への大量導入は先駆的でした。デビュー時の鉄道ファンのための見学試乗会では

写真4-3　東京メトロ日比谷線の13000系
操舵台車を装備した20メートル車。相互乗入れする
東武電車70000系も同じ仕様で作られた。
獨協大学前（東武）、2018年3月撮影

　「まだ車輪とレールとのきしみ音が聞こえ
ますね」
　という筆者の指摘に対して、東京メトロの
関係者が、
　「操舵台車は、全部の列車が装備して初め
て効果が見えてくるものなのです。これから
線路が良い状態に変わっていくと期待してい
るのですよ」
　とコメントしてくれました。
　銀座線では2017年に全列車の1000系への置き換えが完了しました。久しぶりに乗ると、
　「おや、地下鉄はこんなに静かだったかな」
　と思うことがあります。
　東京メトロ当局も銀座線への操舵台車の導入を成功とみているようで、2017年から日比谷線の18メートル車8両
編成をJR電車と同じ大型の20メートル車7両編成に置き換えるのを機会に、ここにも操舵台車を導入しました。急
カーブで有名な線区です。もちろん乗り入れてくる東武電車の車両も同様のモデルに置き換えられました。試乗して
カーブでのきしみ音を聞いてみるのをお勧めします。

東京メトロ東西線　JRと同じ大型車両で大量輸送

　1964年から部分開業を重ねた東京メトロ東西線は、JR中央線の中野と総武線の西船橋とを結び、あまり迂回しな
いで東京の都心を東西に横断し、西船橋から東は東葉高速鉄道に乗り入れて京成電車の勝田台に至ります。JR電車
と同じ20メートル車の10両編成、パンタグラフによる架線集電で、JR東日本の中央線、総武線の緩行線に乗り入れる
列車もあり、開通の古い銀座線などとはかなり異なる雰囲気をもっています。
　大きな特徴は、最も新しい東京メトロ副都心線以外のすべての地下鉄線（もちろん都営線も含みます）との接続駅
を持っていることでしょう。通勤時間のみならず昼間でも乗客の出入りの激しい路線なのです。
　もう一つの特徴は東京都に隣接する千葉県に深く入っていく線区が含まれていることです。この部分は地下鉄ら
しくなく全線が眺めの良い高架線で、直線区間が長く、時速100キロで駅を次々に通過していく快速列車はもう郊外
電車の雰囲気です。
　東西線と直通している東葉（とうよう）高速鉄道の最東端、京成電車の勝田台に接続している東葉勝田台の地下駅
から、都心を通って中野方面に行く快速に乗ってみましょう。
　西船橋までの東葉高速の区間は各駅停車で、地下区間と明り区間が混在する16.2キロを21分、まあ普通の地下鉄の
イメージでしょう。
　ところが、西船橋を出て東京メトロの高架線に躍り上がった電車は、猛然と加速して長い直線区間を飛ばします。
晴れて空気の澄んだ日には遠くの山を望み、各駅停車を追い抜く駅ではホームのない通過線を駆け抜け、地下に入っ
て東陽町まで15キロを、途中浦安に停車して13分、各駅停車になって都心の日本橋まで19.3キロ21分で快走。今では
東京メトロの電車でももっと高速で走る区間がありますが（例えば副都心線の電車は東急東横線に入ると時速約110
キロ）、やはり東西線の高架区間のスピード感は健在です。東葉高速鉄道から通して乗車するとことさら速く感じら
れます。
　こうした利便性が評価されて、この線はたくさんの乗客を集め、混雑が激しいことで知られています。特に千葉県
側がひどく、最混雑時には木場～門前仲町間で乗車定員の約200％を輸送という状態が長年続いてきました。
　これに対処しながら電車を時間通りに運行するため、東京メトロでは、電車を数メートルずらして停めるようにし
たら乗客の流れが変わった、というような種々のきめ細かい工夫を凝らしているのがテレビ番組などで話題になり

写真4-4　東京メトロ東西線15000系
1.8メートル幅のドアが特徴。原木中山、2015年6月撮影。

ました。

　混雑の激しさは車両からもうかがうことができます。2010年から導入された最新型の15000系は車体幅こそトンネルの制約でJR総武線より狭いのですが、その乗客用ドアは幅1800ミリ、建築でいえば1間です。JRなど一般的な通勤電車のドアは幅1300ミリですから、10両編成の片側40か所のドアがすべて1間の幅というのには驚かされました。駅での停車時間をなるべく短くするため思い切った設計をしたわけです（写真4-4）。

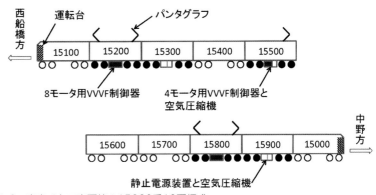

図4-3　東京メトロ東西線の15000系10両編成
黒丸がモータで駆動される車輪。パンタグラフは電動車の数だけ装備している。

　15000系10両編成の構成を観察しましょう（図4-3）。

　2両単位のMM´方式の電動車が2組4両。そのほか1M方式の電動車1両を組み込んで、編成の半数を電動車としてあります。またMM´方式の電動車の一方にはパンタグラフ2基が装備されていますので、10両編成でパンタグラフ5基、すなわちモータ4台（電動車1両分）当たり1基を装備して安定な走行を確保しているわけです。モータそのものも大出力のもので、急な勾配のある地下鉄線で、大勢の乗客を乗せて高い加速、減速性能を発揮できるように配慮されていることがわかります。

　東西線は特急電車や豪華な特別列車の運行のような一般的な鉄道ファンの興味をひく話題がない地味な線区ですが、たしかな輸送サービスを提供し、それを求めて集まる多くの乗客を的確に送り届けるために種々の工夫が取り入れられ、社会的に重要な線区となっています。私たちはこうしたところにも関心を持ち、いろいろ観察して考えてみるべきだろうと筆者は思います。

大阪地下鉄御堂筋線
昭和初期の近畿圏の意気の高さと万国博の遺産

東京圏に次いで鉄道ファンの多いのが近畿圏と言われます。ここで大阪圏の地下鉄に注目しましょう。

1930年代頃の近畿圏は、東京圏をはるかにしのぐ経済力を誇っていました。1933年に開通した大阪市営地下鉄の御堂筋線（１号線）は東京メトロの銀座線に続く古い歴史を持つ地下鉄ですが、民間会社により建設された東京の地下鉄に比べ、市の事業として建設された大阪の地下鉄は段違いに豪華な設備と大型高性能の電車を擁し、今でも第一級の輸送力を発揮しています。

1920年代、大阪市の助役から市長となった關一（せき　はじめ）は、当時幅6メートル弱だった御堂筋、すでに20メートルの幅で市電通りとなっていた梅田新道を母体に、6車線24メートル幅の幹線道路を整備しました。この道路はさらに新御堂筋として北に延長され、新大阪駅、大阪市外の千里ニュータウンに至っているのはご存知の通りです。

御堂筋は市営の地下鉄と同時に建設されたのが特徴でした。当時非常識なほど幅が広く、地中には地下鉄まで設置された都市幹線道路は、日本一の経済都市大阪のシンボルとなったのです。この地下鉄も豪華かつ近代的な設備、車両を誇るものでした。

大阪を訪れた東京人士は地下鉄の駅に入り、まず地下宮殿のような広壮なアーチの天井に驚かされました。今でも淀屋橋などいくつかの駅がその威容を残しています（写真4-5）。

車両も長さ18メートル、幅2.9メートルと、東京の地下鉄はおろか関東地区のどの私鉄電車をもしのぐ大形で、また搭載された制御装置も電気ブレーキを常用する最新型でした。筆者は小学生時代に初めて乗車したときに、ホームに進入してくる電車の電気ブレーキの豪壮な音によい印象を受けたのを記憶しています（図4-4）。

戦後になって南北に延長され、長編成化された御堂筋線は、江坂からなかもずまで約24キロ、さらに北へ千里中央まで

写真4-5　大阪メトロの淀屋橋駅のプラットホーム
80年以上前に作られた広壮な円形の天井は今でも豪華。2017年4月撮影

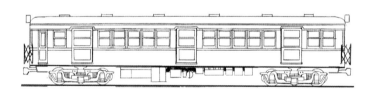

図4-4　大阪市営地下鉄100　開通時に投入された車両
長さ、幅いずれも東京圏のどの私鉄の車両より大型。外国でよく見られる連結部の安全タタミ垣を備えていた。

写真4-6　大阪市営地下鉄御堂筋線の新20系
堺筋線以外の各線で使われている標準型。番号の万位の2は新20系を、千位の1は御堂筋線を、百位の9はなかもず方の先頭車を、下2桁は編成の番号を表す。西中島南方、2012年3月撮影

写真4-7　大阪市営地下鉄御堂筋線の30000系
堺筋線以外の各線のこれからの標準型。桃山台、2021年7月、大賀聡撮影

　の延長線となっている北大阪急行を加えると30キロを超す区間を、10両編成の列車が走っています。
　　従来の代表車は新20系と呼ばれるVVVFインバータ制御のステンレスカーで、阪急と直通する堺筋線を除く各線で使われています（写真4-6）。
　　2011年に新型電車30000系がデビューしました。全部の外観が曲線的になったので一目でわかります（写真4-7）。
　　御堂筋線の列車を見ると6号車（千里中央側から数えて5両目）が、サッカーチームのゴールキーパのように1両だけ他の車両とは異なる色に塗られているのに気が付きます。これは「女性専用車」で、平日の終日にわたり男性の乗車は禁制となりますので注意が必要です。

　　大阪地下鉄は2018年に大阪市から離れ、「大阪メトロ」と呼ばれる株式会社になりましたが、今のところサービス内容には大きな変化は見られないようです。
　　一方、御堂筋線の北側の延長線となっている北大阪急行は1970年の開通で歴史が新しく、距離もわずか5.9キロですが、なかなか興味深い経緯で建設されたのが注目されます。またその車両も個性的で、オリジナルの御堂筋線の車両とは一目で区別できる特徴があります。
　　御堂筋線を北の千里ニュータウン方面に伸ばす計画は以前からありましたが、

写真4-8　大阪市営地下鉄御堂筋線の女性専用車
一目でわかるように別の色に塗られている。新大阪、2013年8月撮影

1970年に開催された万国博覧会の観客の輸送に対応するために具体化しました。大阪の都心や新幹線の新大阪駅から会場の入口まで地下鉄を直通させるのはもっとも効率の良い輸送手段とされたわけです。
　　しかし、市営地下鉄を北の大阪市外（吹田市、豊中市）に延ばすのは制度、費用負担などの問題が多く難航しました。

万博協会と大阪府は積極的、大阪市や沿線にテリトリーを持つ阪急電車は消極的という図式だったようです。

　結局、阪急電車の子会社の北大阪急行（略称は北急）が発足して江坂以北の施設と延長運転に必要な車両を保有し、市営地下鉄と相互直通することになりました。終点予定の千里中央駅の手前で東に曲がって、建設中だった中国自動車道の敷地を東進し、3年前に延長されていた阪急千里線をくぐった先に万国博中央口の臨時駅を設けたのは、たぶん最適解だったでしょう。

　万博終了後には万博の会場へ東進する部分が撤去されて、今の千里中央駅がターミナルとなりました。万博輸送の大きな収益で建設のときの負債が軽減され、また線路を撤去する費用が中国自動車道の建設費用でまかなわれたため、北大阪急行の収支勘定は良好だったようで、破格に安い運賃がずっと継承されています。

　北急の車両には8000系「ポールスター」と9000系「ポールスターⅡ」とがありました。

　8000系は1986年から導入されたアルミ合金の車体、VVVFインバータ制御装置を持つ車両で、編成両数、女性専用車の位置などは御堂筋線の列車に合わせてありますが、圧倒的に多数の市営の車両が無塗装のステンレス車体でいささか機能的すぎるのに対して、きちんと塗装された8000系は高級感がありました。また車内は壁の模様、シートの色などが親会社の阪急を思い出させるもので、やはり市営の車両よりハイクラスです。1987年には鉄道友の会からローレル賞が授与されました（写真4-9）。

　ホームで電車を待っていてこの車両が来ると幸運を喜びたくなったのは筆者だけではないでしょう。最近引退したのは少し残念です。

　2014年から導入された9000系は一転して市営の車両と同じステンレスの無塗装車体となりました。車内のデザインに8000系の香りを残してありますが、外観の美しさは残念ながら減少しています。2016年に増備された新9000系の編成は車体にフィルムのラッピングを施してやや異なる印象になりました（写真4-10）。

　北大阪急行には箕面市域への延長の計画があるので、9000系はこれから増備されることになっています。

写真4-9　北大阪急行の8000系「ポールスター」
高級感のある車両だった。最近引退したのが残念。
桃山台、2021年7月、大賀聡撮影

写真4-10　北大阪急行の9000系「ポールスターⅡ」
大阪地下鉄御堂筋線なかもず〜千里中央間で市営の車両と共通運用されている。桃山台、2021年7月、大賀聡撮影

第5章
世界に冠たる
日本の私鉄電車

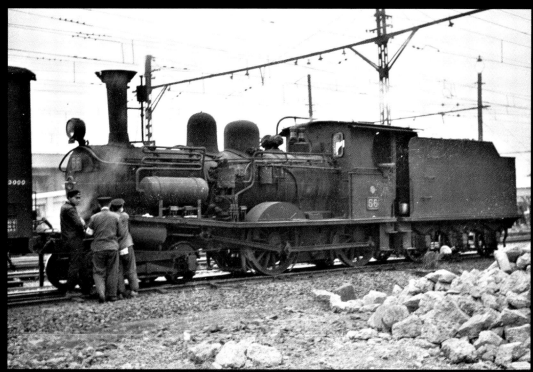

明治時代に蒸気機関車牽引で出発した東武鉄道
貨物列車には1960年代まで古い蒸機機関車を使っていた。ここ浅草の対岸の業平橋貨物駅には、今は東京スカイツリーがそびえ立っている。1962年撮影

日本の大都市には株式会社組織の「私鉄」の郊外電車が数多くあります。いずれも鉄道輸送サービスで利益を上げて会社を維持する「営利会社」です。私たちはこれをあたりまえと思って利用していますね。

しかし、鉄道が営利会社として存立できる国は日本以外には多くありません。特に旅客輸送で会社を維持している例はほとんどないのではないでしょうか。外国では鉄道の旅客輸送は都市内、都市間を問わず国や自治体の補助のもとに行われるのが通例なのです。

日本の私鉄の経営を支えているのは大きな輸送需要のようです。特に平日朝夕の通勤客と休日のレジャー客、買い物客は大きな収入源になっています。ラッシュアワーあっての私鉄経営、といえないこともありません。

しかし、我が国の私鉄会社の経営も決して順調ではありません。不動産業、デパートや種々の店舗、ホテル業などを兼営し、今では全収入に対して鉄道事業の収入の比率は大きくないという会社も多数あります。

幸いにして、我が国の私鉄会社の人々は、こうした多様な事業を展開している会社も含めて、

「鉄道事業こそわが社のバックボーン」

という意識を、まだもち続けているように見受けられます。

さらに、鉄道の使命が無事故で順調な輸送を続けることにあるのは自明ですが、JRに比べ経営規模が小さい私鉄ではこれが重大な意味を持ちます。ひとたび大きな事故を起こすと会社そのものの存立が危うくなるのです。

このため、私鉄各社は事故の防止や障害からの早い回復のためそれぞれ独自の工夫を凝らし、努力を続けています。大手私鉄の輸送量あたりの障害率は長年にわたって国鉄、JRよりずっと低い実績を保ってきました。

これに加えて、他の鉄道や交通機関との競争にさらされている私鉄各社は、乗客に喜んでもらえるサービスの提供に熱心で、いろいろの施策が行われてきました。最近はJR各社もこれを取り入れて集客競争に参加し、乗客にはありがたい時代になっています。

このように有力な私鉄が多種多様なサービスを提供している我が国では、鉄道趣味の大きな部分は私鉄の観察や乗車体験で成立しています。学校やクラブでは、プロスポーツのサポータと同じようにそれぞれの私鉄のファンが集まり、にぎやかに討論しています。これは諸外国の鉄道趣味には少ない特徴といえましょう。

我が国の大手私鉄の各線の生い立ちはおおむね次の3種に分類できます。

－蒸気機関車の牽く地方鉄道として発足し、後に電化して電車鉄道となった線区
　旧甲武鉄道(国鉄中央線)、東武鉄道、西武鉄道、相模鉄道(旧神中鉄道)、南海電鉄など。地方の鉄道でも近江鉄道のような、蒸機運転の歴史を持つ古い電車鉄道があります。
－都市や近郊の路面電車として開業し、輸送量の増加とともに成長してきた線区
　京浜急行、京王電車、京阪電車など。後述するように最初から都市間電車をねらった阪神電鉄、近鉄奈良線(旧大阪軌道)なども技術的には類似していました。
－最初から高速の電車鉄道として開業した比較的新しい線区
　小田急、東急東横線、京王井の頭線、阪急京都線(旧新京阪鉄道)など。前2者のなかでもあとから開通した西武鉄道新宿線、京浜急行の横浜以南(旧湘南電鉄)、阪急神戸線、近鉄大阪線、南大阪線などはこれに当たります。

ここで、これらの代表例をながめてみることにしましょう。

東武東上線、蒸気機関車鉄道から発展した郊外電車

最初に、蒸気機関車を用いて開業した地方鉄道あがりの通勤電車の一例として、東京の池袋をターミナルとする東武鉄道の東上線に注目してみます。

1906年に主要幹線が国有化されるまで、我が国には雄大な私鉄の歴史がありました。東北線、常磐線、高崎線を擁した日本鉄道の規模は、その後のわが国の私鉄とは比較にならない大きなものでした。一方、飯田橋から八王子に至った甲武鉄道は規模こそ小さいもののアグレッシブで、国有化直前の1904年から飯田町（今の飯田橋の南東）〜中野間に電車を運行し、さらにお茶の水に進出しました。都心から新宿まで開通した路面電車（後の東京都電）に対抗するためといわれます。この電車は路面電車とは異なり、空気ブレーキや先進的な間接総括制御器を装備して連結運転を行い、地上には自動信号機も整備しました。これが国有化されて国鉄電車の始祖となります。

こうした主要な私鉄から分岐する地方鉄道も建設されました。例えば甲武鉄道の国分寺から分岐し、埼玉県の所

沢を経て川越に至る川越鉄道は1895年に全通し、甲武鉄道の支線として機能しました。1906年には川越〜大宮間に路面電車規格ながら別の電車鉄道も開通します。

　しかし、新河岸川の舟運で江戸時代から隅田川に直結していた川越、志木などの地区は、国分寺や大宮に迂回せずに東京に至る川沿いの鉄道が欲しかったのでしょう。紆余曲折を経て1914年、東上鉄道が池袋から川越の先の田面沢まで開通し、更に延長が進められます。

　この鉄道は最終的には高崎を経て新潟県の長岡に至る構想を持っていましたが、折から第一次世界大戦に伴う物価急騰のあおりを受け、1920年に東武鉄道と対等合併して東武東上線となります。寄居まで全通したのは1925年でした。そして1929年に全線が電化されて電車鉄道となりました。

　埼玉県の西部はながく国鉄の空白地帯で、八高線の最初の区間の開通は1931年、八王子〜高崎間の全通は1934年になりました。また川越線の開通はさらに遅れて1940年ですので、東上線は川越などの有力な地方都市の流通を背負っていたわけです。まだ道路輸送が未熟な時代、地方鉄道は旅客、貨物、郵便すべての輸送需要を託された総合鉄道で、国鉄と連携してその役割を果たして来ました。貨物ホームまで備えた広い駅は、国鉄の駅のような町の玄関の風格がありました。

　こうした経緯のため、東上線など東武鉄道各線の電車は長さ17メートル弱、幅2.7メートルの中型電車ながら、荷物室や郵便室を含む列車が多く、クロスシート、トイレ付きの車両も多数あり、基本的に長距離列車仕様となっていました(図5-1)。

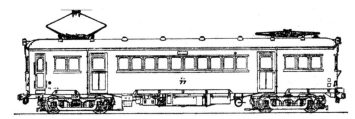

図5-1　東武鉄道モハ3210（旧デハ5 → デハ7）
1928年より導入。長距離列車用の設計でドアが少なく、当初はトイレ付き。後の更新でクロスシート、貫通幌付きとなったものもあった。

　これに比べ、沿線は広大な関東平野の農村地帯で、人口密度が希薄なため通勤客は少なく、近距離用電車の伝統はありませんでした。

　しかし1950年代から、貨物輸送のトラックへの移行による減少と沿線の住宅の増加による通勤ラッシュの顕在化により、東武鉄道の東京近郊部分の線区の姿は劇的に変化します。

　終戦直後の車両不足が深刻な時期に、政府は当時の国鉄への大量導入が始まっていた「戦時設計」のモハ63系電車（図2-1 (b)）を有力私鉄にも配分し、その代わりに古い小型電車の一部を地方私鉄に供出させました。東京圏では東武と小田急がこの63系を大量に導入しました。

　この車両は片側4ドア、ロングシートの通勤電車仕様でしたが、長さ20メートル、幅2.8メートルと両社の従来の電車よりはるかに大型だったため、駅のプラットホームなどの地上設備の手直しが必要となりました。これが幸いし、その後に大型通勤電車の導入が可能となって輸送力が増大され、乗客の激増に対応する有力な手段が確保されたのです。

　東武も小田急も、まず大型電車を近距離の各駅停車（東上線なら池袋〜成増間）に投入し、古い小型電車を使う長距離列車にはこの区間のほとんどの駅（東上線では全駅）を通過させて乗客を分離しました。そして、大型電車を次々に製造して長距離列車も置き換えていきます。

　これまで近距離用電車の伝統が皆無だった東武電車では、新しく導入する電車はモハ63系のドア配置をコピーしたロングシート、片側4ドアの大形車両となり、有料特急などの優等列車を持たない東上線ではついに全車両がこれに統一されました(図5-2)。

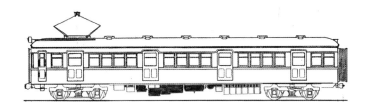

図5-2　東武鉄道モハ7330
1952年より導入。国鉄モハ63系と同じドア配置だが私鉄らしく洗練された姿になっている。台車も改良されていた。

　同時に駅の構内踏切の立体化、プラットホームの拡幅、追い抜き設備の設置などの地上施設の改良も行われます。

　ここで東武鉄道は好条件に恵まれました。不要になった貨物ホームを撤去するなどの方法で駅の改良のための用地が豊富に得られたのです。路面電車あがりの京浜急行などには見られない余裕でした。

写真5-1　東武鉄道8000系
1963年から大量生産されて東武鉄道の顔となった4扉ロングシート車。2両編成から10両編成まで種々の列車に用いられた。支線や地方ローカル線ではまだ現役。写真は東上線の末端区間のローカル列車。玉淀、2013年2月撮影

　1963年から導入された8000系は同じ4ドアロングシートでしたが、WN駆動機構（アネックスA6で解説）と超多段式の制御器を持つ高級車でした。20年にわたって712両という多数が製造され、東上線を含む全線どこでも活躍する姿が見られました。

　2005年から導入されて東上線の主力となっている50000系も、ステンレスに比べ高級感のあるアルミ合金製車体ながら、東京メトロの車両などと似た実質本位の4ドア10両編成です。

クロス、ロングコンパチブルシートはどう評価できるか

写真5-2　東武東上線50090系
アルミ合金製の車体。写真の90番台の編成はクロスシート、サイドシートコンパチブルで、着席料金の必要な「TJライナー」に用いられる（図5-4参照）。
（左）10両固定編成で、通常はロングシートの一般型50000系と共通運用される。東松山、2012年2月撮影
（右）90番台の特徴は窓下の青い帯とTOJO LINEの表記。サイドシートの状態では外からシートの背ずりが見える。池袋、2017年1月撮影

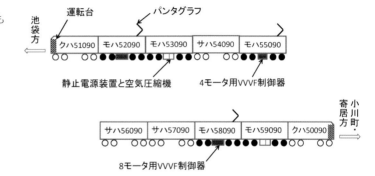

図5-3　東武鉄道東上線50090系10両編成
サイドシートの50000、50050、50070も
構成は同じ。黒丸がモータで駆動される車輪

池袋方　運転台　パンタグラフ

クハ51090　モハ52090　モハ53090　サハ54090　モハ55090

静止電源装置と空気圧縮機　　4モータ用VVVF制御器

小川町・寄居方

サハ56090　サハ57090　モハ58090　モハ59090　クハ50090

8モータ用VVVF制御器

　しかし、さすがの東上線もロングシートの通勤電車だけでは乗客を喜ばせることができないと悟ったのでしょう。50090系と呼ばれる新系列の電車を2008年から導入しました。編成の構成はこれまでの50000系と変わりませんが、外観に青帯などのアクセントがあり、また接客設備に新しい思想を取り入れています（写真5-2）（図5-3）。

　その思想とは、通勤客への着席サービスの提供でした。

　混雑の激しい東京圏の通勤電車では、余分のお金を払っても座って通勤したい、という乗客の希望に応えるのが重要な課題となりました。JR東日本の中距離電車には特別料金が必要なグリーン車が連結されています。また、小田急や京成の有料特急は朝夕には通勤客も利用しています。

　また京浜急行では、ラッシュ時には使いにくい快特用の2ドア転換クロスシートの2100系を活用して、「ウィング」と呼ばれる座席指定制の列車を運行しています。当初は座席定員制で200円と格安でした。2015年12月から300円になりましたが人気は落ちていないようです。

　こうした列車の特徴の一つは、停車駅を制限して対象をある程度長距離の乗客に絞るとともに、通勤帰りの下り列車では最初の停車駅以降から乗る客からは着席券をとらない通常の快速列車にして改札の手間をなくしていることでしょう。京急の「ウィング」は品川、上大岡間の約31キロを停まりません。重要なはずの横浜駅を通過するという思い切った乗客分離策をとっているのです。

　東上線でも同じようなサービスを企画しました。しかし東上線の電車はロングシート4ドアの通勤電車ばかりで、京浜急行のような座席定員制にふさわしい電車がありません。また京急のように専用の車両を用意するのは経済的にも運用の便からも困難という判断があったようです。

　そこで、普段はロングシート（サイドシート）で通勤用として運用し、必要に応じて座席定員制として使える50090系が導入されたのでした。この電車はすでに近鉄やJR東日本の仙石線で実用化されていた回転式のシートを装備しています。回転は乗客のいない状態で自動で一斉に行われ、もちろん逆向きにもできます（図5-4）（写真5-3）。前述のように外観では窓の下に青い帯

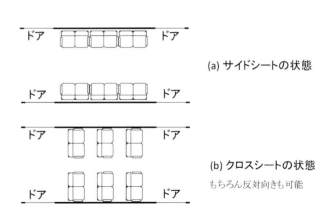

ドア　　　　　ドア

(a) サイドシートの状態

ドア　　　　　ドア

ドア　　　　　ドア

(b) クロスシートの状態
もちろん反対向きも可能

ドア　　　　　ドア

図5-4　東武鉄道東上線10090系のドア間シート配置
運転台からの指令で各シートが一斉に回転する。
(a) サイドシートの状態　(b) クロスシートの状態
もちろん反対向きも可能

写真5-3　東武東上線50090系のシート
(左) クロスシートの状態、2011年2月撮影
(右) サイドシートの状態、2012年2月撮影
サイドシート状態では高い背ずりがやや気になる。

と「TOJO LINE」の表記が加えられ、他の50000系と区別しやすくされています。

　50090系を使って平日朝の上り列車、休日も含めた夕方の下り列車として運行される東上線の「TJライナー」は、池袋〜ふじみ野間約24キロをノンストップとしています。座席指定券が上り列車が470円、下り列車が370円と安いので乗客には好評で、運転本数が増えています。

　筆者も東上線を(TJライナーとは逆方向ですが)通勤に使っていましたので、50090系はサイドシート状態、クロスシート状態いずれも体験していますが、どうも中途半端な印象がぬぐえません。

　サイドシート状態ではドア間の座席数は6名分です。普通のロングシート車ではドア間に7名座れますので乗客の着席の機会が減っているわけです。背ずりが高くて窓をふさいでおり、駅名表示などが見にくいのも気になります。また、足もとの椅子を動かす装置の箱がどうにも邪魔です。

　一方、クロスシートにしたときのシートのピッチ寸法は1000ミリ。リクライニングシートの特急電車と同等の寸法で、通勤ライナーにはやや贅沢のように思われます。

　こうした車両を使う趣旨は、なるべく多くの乗客に座ってもらう、ということではないかと思います。いっそサイドシートをやめて転換クロスシート専用にしたらドア間に8名座れないかな?というのが筆者の感想です。

　猛烈な通勤ラッシュをさばいている京浜急行では、一方で後述のように2扉転換クロスシートの2100系を快特列車に使って長距離客を喜ばせ、また前述のように夕方のラッシュには座席定員制のライナー列車に活用しています。2100系のクロスシートのピッチ寸法は850ミリなのですが、窮屈には感じません。

　他社の線区にも座席数の多い専用電車があってもいいのではないでしょうか。

　2017年には西武鉄道が同じようなクロスシート・サイドシート両用の車両を導入し、東京メトロ副都心線、東急東横線を経てみなとみらい線まで直通する元町・中華街〜西武秩父という長距離列車の運行を開始しました。京王電鉄も2017年にクロスシート・サイドシート両用の車両を導入し、リクライニングシートも試用しています。これから広く導入されそうなこの種の電車が、これまでの車両の欠点をどうチェックしていくか、興味深いところです。

京浜急行、路面電車から出発した都市間電車

　1899年(明治32年)に六郷川の土手から川崎大師までを路面軌道で開通させ、小さな2軸の電車(アネックスA2章を参照)を走らせた大師電鉄は、我が国で3番目の電車鉄道で、我が国で最初に国際標準軌間(1435ミリ)を採用した鉄道でした。その後我が国最初の電車鉄道だった京都市電、2番目だった名古屋市電が廃止されたので、京浜急行は今では我が国最古の電車鉄道となっています。

　この鉄道はすぐに京浜電気鉄道と改名し、品川から横浜まで国鉄東海道本線と並行する都市間電車線の建設を始めました。1904年にわが国最初のボギー車(アネックスA2節を参照)の電車を導入して「100人乗り電車」と評判をとりました、1905年には品川〜神奈川間が全通し、これが後の京浜急行のメインラインとなります(写真5-4)

　国鉄のメインライン東海道線に並行する電車線が実現できたのは、当時の法規(条例)のゆるい規定とお役所の認識不足をうまく利用できたためのようでした。

　当時、国鉄を補完する地方の「鉄道」は国鉄を傘下にもつ逓信省が管理し、国鉄と競合しないこと、国鉄と連携して運輸することが厳密に決められ、そのため軌間も国鉄と同じ1067ミリと規定されていました。一方、道路上に設置される「軌道」は道路交通の一部として内務省が管理しており、たかだか馬車鉄道程度

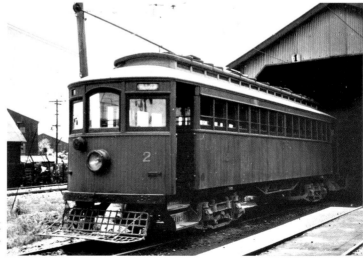

写真5-4　京浜電鉄の大型電車デ1形
1904年から京浜電鉄が導入した「100人乗り」大型ボギー車。1925年に海岸電軌(横浜市)に譲渡後の姿。渡田、1937年撮影(撮影者不詳)。かながわ鉄道資料保存会所蔵

の低速簡易な交通機関と認識されていたので規定がゆるく、軌間の選択は自由で、国鉄と並行する線区も認可されたのでした。

　しかし、20世紀初頭の米国では電車鉄道の技術が急速に発展し、蒸気機関車による鉄道を脅かすサービスが可能となっていたのです。そこで、「軌道は路面以外に設置してもよい」という例外規定を拡大解釈し、大部分が専用軌道、それも複線、標準軌（1435ミリ）の線路に大型高性能の電車を走らせる「軌道」を国鉄と並行して設置し、米国の電車技術を導入して競争を挑む例が現れたのでした。

　京浜電鉄と同じく1905年に開通した阪神電鉄は、最初からこれをねらいました。大部分が専用の線路を新設し、大形で優秀な性能のボギー車を導入してお役所の想定を超える高速運転を行い、国鉄のメインライン東海道本線に競争を挑んだのです。逓信省から内務省に移った開明的な官僚がこれの黙認を取りはからったという逸話もあるようです。

　阪神電鉄と同じく京浜電鉄も、国鉄東海道本線との激しい競争の歴史を繰り拡げます。1924年には神戸市電や阪神電車と同時期に、いち早く鋼鉄製の車体を持つ電車を導入しました（写真5-5）

写真5-5　京浜電鉄の鋼鉄製電車デ51形
1924年に製造された鋼鉄製の車体を持つ先駆的な電車。路面電車と同じトロリーポール集電だがドアのステップは高く、高速電車への胎動を感じさせる。京浜急行の150形となって戦後まで活躍。蒲田、1937年撮影（撮影者不詳）。かながわ鉄道資料保存会所蔵

　国鉄も負けてはいません。1914年に新しい東京駅から横浜の高島町駅まで電車運転を始めた国鉄京浜線は国鉄最初の本格的な都市間電車で、路面電車スタイルの京浜電鉄の強力なライバルとなりました。一方、1930年に横浜の黄金町から横須賀、浦賀と逗子まで湘南電鉄が開通し、翌年には横浜まで延長されたので京浜電鉄は連絡運輸を始めますが、国鉄は同じ1930年から横須賀線の電車運転を開始し、国鉄最初の中距離高速電車が誕生します。京浜電鉄と湘南電鉄は1933年から直通運転でこれに対抗しました。

　ここで京浜、湘南陣営が武器にしたのは小型、軽量、高性能の電車と標準軌（1435ミリ）を利した高速運転でした。東京地下鉄道（後の銀座線）への乗り入れを視野に入れていたので長さ16メートル弱の小型電車でしたが、思い切り広い窓、ゆったりしたクロスシート、標準軌間と高性能を生かした高速運転が大人気を博します（図5-5）。

　両社は1942年に小田急などとともに東京急行電鉄に戦時合併されましたが、1948年には旧京浜、湘南の線区が京浜急行電鉄として独立します。その後現代まで、京浜急行、略称「京急」は、東京圏には珍しい高速運転を積極的に行う私鉄として著名になりました。

　昼間の京浜急行の本線では快特（元の名前は快速特急、ものすごく走りそうな名前です）、急行、普通の3種類が10分サイクルで走ります。

　快特には3種類があります。三崎口、横浜方面と品川方面とを結ぶ列車は地下鉄直通の列車と泉岳寺までの京急線内の列車が交互に走ります。また、羽田空港発着の都心方面への列車は泉岳寺から地下鉄に直通します。主力はいずれも3扉ロングシートの車両ですが、線内の快特には2扉クロスシートの2100形も使われます。

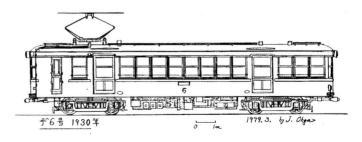

図5-5　湘南電鉄デ1
1930年、湘南電鉄開業時に導入された電車。長さ16メートル弱の小型車だが標準軌間と高性能を生かした駿足に加えて広い明朗な窓で大人気を博した。京浜電鉄も同型車を製造したので総数57輛の大所帯となり、長く京浜急行の代表車デハ230形として知られた。

一方、急行は羽田空港から横浜、逗子・葉山方面の列車で、品川方面には来ません。

2100形は特別料金の不要な列車としては最高レベルの転換式クロスシートをもち、朝夕には座席指定列車「ウィング」にも使われる車両です(写真5-6)

写真5-6　京浜急行の２扉転換クロスシート車2100形
８両編成のオールクロスシート車。特別料金の不要な列車としては最高レベルのサービスで人気。昼間は泉岳寺〜三崎口間の快速特急に、朝夕は座席指定列車「ウィング」に使われる。金沢八景、2015年７月撮影

京浜急行の最大の魅力は、ただ乗っているだけで面白いことでしょう。

快特の品川、横浜間の最高時速は120キロです。JR常磐線の特別快速やJR西日本の新快速の130キロに比べると遅いようですが、特別料金を取らない私鉄の列車ではトップクラスの高速度です。しかも、路面電車上がりのため線路が沿線の街や人家に近い場所が多く、高架区間でも駅間距離が短いので、スピード感が抜群です。

横浜から先は一転して地形が複雑となるので最高速度は下がりますが、多くのトンネルやカーブを抜けるので景色が目まぐるしく変化します。

いろいろの電車の運転席前方の眺めのビデオ記録が無料、有料いずれも多数発表されていますが、京急の快特の前面展望の記録は人気が高いと聞きます。一見をお勧めします。できれば実際に乗車し、座席に座るのではなく運転台の後に陣取ってナマで体験されることをお勧めしておきましょう。

写真5-7　京浜急行800形
片開きドアを使っているので窓の大きさがそろった清潔な外観が特徴だった。正面の印象から愛称は「川崎大師のだるまさん」。2017年に引退。京急ファインテック久里浜事業所、2017年３月鉄道友の会引退記念見学会で撮影

京急には他の鉄道とは異なる考え方にこだわり、またこれをわかりやすく説明してくれる特徴があります。

　例えば、京急は国鉄や他の私鉄が客用ドアを幅1300ミリの両開き2枚ドアとしてからも1986年まで幅1200ミリの片開き1枚ドアの800形電車などを製造していました。実際に乗客の動きを映画に撮って検討し、片開きでも乗降の早さはほとんど変わらない、それなら機構がシンプルでコストが安い片開きがいい、という結論によるものでした（写真5-7）。

　さすがに京急1社だけになって片開きドアの開閉装置の価格が上がってきたとかで方針を転換したそうですが、片開きドアの車両は窓の大きさがそろうのでサイドビューが清潔になります。800形は世界有数のスマートな4扉車でした。老朽化と、他車と異なるドア配置がホームドア設置の支障となるため2017年限りで消えたのは少し残念です。

　また、京急は編成の先頭車を必ず電動車（デハ、JR方式の記号ではクモハ）にしており、直通運転で乗り入れてくる都営地下鉄、京成などの列車もこれに従っています。1950年から先頭車を制御車（クハ）にしてしまった旧国鉄、これを踏襲しているJRや他の私鉄に比べ際立った特徴といえます。

　これの理由も説明されています。通常の鉄道の信号システムは軌道回路方式と呼ばれ、電車の車軸で両方のレールが電気的にショートされるのを検出して列車の位置を検知します（アネックスA14節で説明）。電動車は自重が重く、また駆動車輪は踏面が摩擦で磨かれてきれいなのでショートが確実になるから有利、というのが京急の見解です。旧国鉄や他私鉄の人からは、先頭の台車にモータがあると踏切事故の時に破損して列車が立ち往生しやすいので不利、モータのない方が軽いので脱線の復旧に有利、と聞きますが、京急の関係者は、電動台車は重いので脱線しにくいから踏切事故でも有利、という意見でした。

　こうした話を聞き比べていると、国鉄しか存在しない諸外国に比べ、日本の鉄道ファンは多様で面白い環境にいるなぁと実感できます。

車両への多彩な技術の導入

　京急の車両はまことに多彩ですが、それは進取の精神に富み、車両の外観、車体構成、走行系の技術を頻繁に変更することに由来しています。ここでは快特、各駅停車、地下鉄直通列車と広汎に用いられている「新1000形」の変化に注目してみましょう。

　1000形という車両は以前にもありました。1959から356両が製造されて2011年まで活躍し、京急の顔となっていた電車でした。すべてが電動車のため加速、減速が鋭く、京急川崎を出た上り快特が多摩川の鉄橋上を猛然とダッシュ、対岸の六郷土手駅を通過するときにはもう時速100キロ、というようなスポーティな走りで知られた人気車両でした（写真5-8）。今でも譲渡先の高松琴平電鉄で元気に走る姿を見ることができます（第12章を参照）。

　同じ用途に用いられる後継車として2002年から導入された新型は、やはり1000形の名が与えられ、新1000形と呼ばれて旧1000形と共存した時期もありました。

　新1000形のロングシート車は外観からは前期形、中期形、後期形（2種類）に分類され、それぞれの相違がわかりやすいので、比較には興味深いものがあります。更に後述のように、2021年からクロス、ロングコンパチブルシートとトイレを装備した特別型がデビューしました。

　2002年から導入された前期型はアルミ合金車体を塗装した車体で、従来の車両と同じ「赤い電車に白い帯」のスタイルでした。アルミ合金の車体に全面塗装という仕様は、他社では新幹線や特急車両に用いられるもので、軽量かつ外観が

写真5-8　京浜急行 旧1000形
1959年から356両が製造され、快特から地下鉄直通まで幅広く用いられた標準型。全車がモータを持つ電動車。片開きドアを使っているので窓の大きさがそろった清潔な外観が特徴だった。京急ファインテック久里浜事業所、2010年7月鉄道友の会見学会で撮影

美しい特徴があります。都営浅草線から直通して来る他社の車両と比べて、京急の車両には際だって高い品格が感じられました。

　前期型のもう一つの特徴はその電気機器でした。

　20世紀から21世紀への変わり目の頃、日本の電鉄関係者は外国製の標準化された電気機器に興味を示していました。京急も1998年から製造した2扉クロスシートの豪華電車2100系のモータと制御器にはジーメンス社（ドイツ）の標準品を用いました(写真5-4)。新1000形は地下鉄にも入れる3扉ロングシート車（車端のみ固定クロスシート）でしたが、同じジーメンス社の機器が用いられたのです。

　この制御器の特徴は、発車時のインバータの発振周波数が音楽の音階のようなステップで上昇することでした。京急のモデルではファソラシドレミファソラーと聞こえ、2100系も新1000系も音楽を鳴らす電車として知られました。ジーメンス社はこれを世界に供給しており、例えばブラジルのサンパウロの郊外電車もよく似た音階を鳴らして発車しています。「ドレミファ電車」と俗称されたこの形式、ご記憶の方も多いと思います(写真5-9)。

　しかし、この電気機器には問題もあったようでした。

写真5-9　京浜急行新1000形（前期型「塗り1000」）
2002年から導入されたアルミ合金車体のモデル。ジーメンス（ドイツ）製の電気機器を使用し、発車のときの音階のような作動音から「ドレミファ電車」の異名をとった。金沢文庫、2015年7月撮影

　京急は伝統的に電動車を多用して鋭い加速、減速を実現しており、前述のように旧1000形は全車が電動車でした。しかしジーメンス社の標準品のモータは出力が大き過ぎ、小出力のモータを特注するとかえって高価、ということで、2100系も新1000系も大出力の標準品を用い、電動車と付随車を同数、例えば8輌編成なら電動車4輌と付随車4輌とで編成することになりました。

　しかし、やはりこの構成ではスリップしたときの乗り心地などに問題があったようで、2005年からはモータの出力を落として8輌中6両を電動車とします。

　もう一つの問題は外国製品特有の不便さでした。補修部品が輸入品になるので急場の間に合わないケースが避けられません。

　その後2100形、新1000形のジーメンス製の機器は国産品への交換が行われました。

　2007年から導入された中期型の特徴は、京急で初めて採用された無塗装のステンレス製車体で、赤と白の帯はフィルムのラッピングで表現することになりました。無塗装のステンレス車体は前期型とは簡単に見分けられ、「銀1000」の俗名が付きました。これに対して前期

写真5-10　京浜急行新1000形（中期型「銀1000」）
2007年から導入されたモデル。ステンレス製で窓まわり以外にプラスチックフィルムによるラッピングを施した無塗装の車体。金沢文庫、2015年7月撮影

型は「塗り1000」と呼ばれます。

このモデルでは、電気機器が国内メーカ製になりました。結果として電動車の多い京急らしい構成が戻ってきました。

この新形式での設計変更の目的の一つはコストダウンだったようで、同時に車端に設けられていたクロスシートのロングシート化なども行われ、ファンは多少がっかりしたものです（写真5-10）（図5-6）。

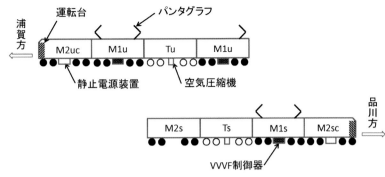

図5-6　京浜急行新1000系の中期型の列車構成（8両編成）
車種を記号で表してある。黒丸がモータで駆動される車輪。M:電動車、T:付随車、c:運転台付、p:パンタグラフ装備、u:浦賀側、s:品川側

2015年から導入された後期型（1次）はやはりステンレス製の車体ですが、プラスチックフィルムで全体がラッピングされ、全面塗装の車両と大差のない外観になって「貼り1000」と呼ばれます。ただし、ステンレス車体特有のドア周辺の枠の出っ張りは、洗車のときにはがれやすいためフィルムを貼っていないので、塗装車体とは区別がつきます。

2017年から導入された後期型（2次）はやはりステンレス製の車体ですが、前期型と同様に全面塗装され「塗り1000」に戻りました。無塗装車体の低コスト性は失われたわけですが、無塗装のステンレス車体に比べ品格の高い外観は戻ってきたようです。

このように、同じ技術に安住せず改良を重ねていくのが京急の特徴といえます。新1000形は数が多く、快特から普通まで種々の列車で活躍しています。

さらに前述のように2020年、新1000形の特別モデルが製造されました。

4両編成で、車体はステンレス製ですが、総合車両製作所（J-TREC）の実用化した共通車体構造「サスティーナ」（sustina）を用いて車体の表面が滑らかなうえに全塗装を施しているので、ステンレス車体としては高い品格を保っ

写真5-11　新1000形の1890番台
2021年から導入されたモデルはクロス、ロングコンパチブルシートで2，3号車はトイレ付。車体はJ-TRECの「sustina」によるステンレス車体で全面塗装。金沢文庫、2021年8月撮影

ています。

　ファンが驚かされたのは、東武東上線の項でお話ししたクロス、ロングコンパチブルシートを採用したことでした。京急は2100形というクロスシート専用車を運用しているのですが、以前にも「ツイングルシート」という名の、3扉全クロスシートながら一部をたたむことのできる600形（3代目になります）を製造して地下鉄直通の特急に使用し、結局一部を残してロングシート化した、という経緯がありますので、今回も新システムへのチャレンジなのでしょう。昼間はロングシートで運用し、朝夕には2100形に連結して「ウィング」が12両編成になります。

　今一つの驚きは本格的なトイレを装備したことです。京急線内の列車ではトイレが必要なほど長時間運行する列車は少ないので、都営地下鉄経由で羽田空港と成田空港とを結ぶ「エアポート快速」での運用を意識しているものと思われます。（写真5-11）（図5-7）。

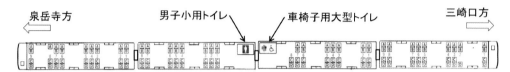

図5-7　1890番台のシートの配置
クロス、ロングコンパチブルシートは座席数が少ない。

　この新シリーズの一つの問題点は座席数が少ないことかと思います。東武鉄道東上線の項で言及したとおり、これがクロス、ロングコンパチブルシートの大きな欠点で、例えば、2ドアオールクロスシートの2100形の先頭車が座席を60席もつのに対し、1890番台の先頭車の座席は34席しかありません。

　一方、筆者にはこのところ京急の各駅停車の乗客に変化がみられるのが気になります。

　各駅停車の乗客は基本的に短距離客で、とくに横浜駅ではほとんど入れ替わるのが通例でした。ところが最近、各駅停車に長く乗車する客が増えてきたような気がします。とくに600形、1000形の一部の車端にあるクロスシート部に陣取ってパソコンなどたたいている客が増え、横浜でもクロスシート部は空かないことが多くなりました。時間に余裕があるときに各駅停車の快適なクロスシートで仕事に励むのはよい選択でしょう。

　こうした乗客のために、各駅停車にはなるべく車端にクロスシートのある車両を用いるのが良いと筆者は思います。

　京急は以前から職員のモラルが高く、接客態度もよいといわれてきました。その一つの理由は、個々の職員が自社の電車の速度、デザイン、サービス水準などが第一級であると信じ、それを誇りにしていたことにあるように感じました。多くの乗客もそれを知って利用しているように見受けられました。

　筆者には、京急ではこのところその種のエリート意識が薄くなっているように思われるのが気になります。

　競争の激しい電鉄の世界では、多少のコストアップがあっても職員のモラルの高さを維持しておく施策は必要ではないでしょうか。なぜなら、それを知った乗客がその電鉄を選んでくれる効果が期待されるからです。

　京急はかねて京浜間の快特の最高速度を時速130キロに上げる準備をしており、信号設備や車両の対応はかなり進んでいるようです。しかしこのところこの改良が中止状態になっているように見えます。その程度のスピードアップではコストのわりに目立った時間短縮効果がない、というのが理由と聞きました。

　筆者は、このスピードアップは職員のモラル維持と乗客への先進性のアピールのために実施すべきではないかと考えます。特別料金を取らない列車で時速130キロというのは東京地区ではつくばエクスプレス、JR常磐線と並んで最高水準になり、関西の私鉄と比べても断然優位となります。JR東日本との激しい競争が避けられない京急には、こうした社会的ステータスこそが財産になるのではないでしょうか。

近鉄南大阪線、高速電車として開業した進取の精神

　次に、蒸機列車を運行していた地方私鉄が新しく建設した高速電車鉄道の例として、近鉄南大阪線に着目しましょう。

　南大阪線は阪急電車などに比べると東京圏の人々には知名度が低いのですが、大阪ミナミの天王寺地区でひときわ目立つ高さ300メートルの超高層ビル「あべのハルカス」のふもとにターミナルをおき、県境をまたいで奈良県の橿原神宮前に達し、吉野線に入って花の吉野に至る郊外電車です。今は近鉄の一部になっていますが、1943年に戦時合併される前は近鉄の前身とは無関係の大阪鉄道（大鉄）、吉野鉄道という鉄道でした。

　ルーツは1898年（明治31年）に奈良県に近い大阪南郊、関西鉄道（今の関西本線）の柏原（かしわら）と富田林（とん

だばやし）とを結んだ1067ミリ軌間の蒸機鉄道でした。これが大阪の中心地への進出を目論んで「大阪鉄道」（大鉄）と改名し、途中の道明寺から大阪阿部野橋（当初の駅名は大阪天王寺）への電車鉄道を建設して1923年に全通したのです。電車線は更に古市から奈良県に延長され、1929年に久米寺に達して既存の吉野鉄道とつながりました。

　一方の吉野鉄道は奈良県の国鉄線から観光地吉野への足と特産の木材の輸送を目指して1912年に開通した非電化の地方鉄道で、1923年に国鉄桜井線の畝傍（うねび）と吉野川をはさんだ吉野山の対岸（今の六田）とを結び、同時に全線を電化して電車と電気機関車を導入しました。1928年には吉野川を鉄橋で渡って吉野山のふもとに達します。

　近鉄の前身の「大阪軌道」（大軌）は吉野への観光客の獲得を目指し、1929年に吉野鉄道を合併しました。そのため接続駅としては国鉄の畝傍より近鉄の八木（今の八木西口）が優位となり、戦後になって国鉄との接続は解消されます。

　しかし、近鉄は標準軌（1435ミリ）で吉野鉄道との直通は不可能で、八木から久米寺までは3本のレールを敷いて乗り入れていましたが、大阪への直通列車は大軌のライバルの大阪鉄道との相互乗り入れで運行されていました。接続駅は久米寺で、これとは別に大鉄に橿原神宮、大軌に橿原神宮前の駅がありました。

　橿原神宮は初代の天皇とされる神武天皇を祭神として明治天皇により1890年に創設された新しい神社でしたが、1940年の日本紀元2600年祝賀の掛け声で拡張整備され、これに合わせて鉄道の3つの駅も旧久米寺駅の付近で統合されます。駅名は「橿原神宮駅」でしたが1970年に「橿原神宮前」と改称されました。

　南大阪線の電化開通以来の車両は興味深いものがあります。わが国の電車技術を先導したといえる先進性が見られるのです。

　この線は1923年の電化開通当初から電圧1500ボルトを採用していました。まだ国鉄が1200ボルトの時代で、わが国最初の採用でした。この鉄道では車両の形式をイロハ順の記号で呼んでおり、最初の電車「デイ」は正面5枚窓の中型の木造車でしたが、側面の窓の上に優雅なアーチ型の飾り窓をもつ独特のスタイルでした（図5-8）。

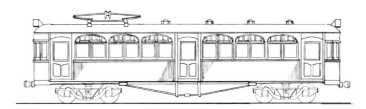

図5-8　大阪鉄道（大鉄）最初の電車「デイ」
1923年より運行。正面5枚窓の古風な木造車だが側窓の上のアーチ形の飾り窓が特徴。わが国最初の1500ボルトの電車。路面電車臭のない堂々たるスタイル。

　後続の「デロ」は同様のスタイルの鋼鉄製車体となり、「デハ」はやや近代的な正面3枚窓に変わりますが、いずれも飾り窓は備えていました。

　そして1929年、吉野鉄道への乗り入れが始まった年に大量に導入された「デニ」は一転して豪壮な鋼鉄製の大型電車となりました。長さが20メートルを超えたのはわが国の電車で最初でした。同形で荷物室を持つ「デホニ」、郵便室を持つ「デホユ」も作られ、モータをもたない制御車を合わせると総勢60両という陣営を形成します（図5-9）。

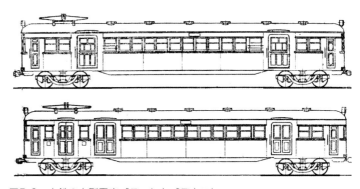

図5-9　大鉄の大型電車「デニ」と「デホニ」
1929年より運行。吉野鉄道への直通に際して大量に製造された大型電車。わが国最初の20メートルの電車となった。デニはクロスシート、デホニは荷物室付。郵便室付きの「デホユ」も作られた。

　同じ年に吉野鉄道も新車を導入しました。当時最高級の内壁まで全鋼鉄製の車体、明朗な広い窓が印象的な電車で、制御車も含めて20両を数えました（図5-10）。

　しかし、こうした車両の大量導入はやや過剰投資だったようで、その後近鉄の一員となって戦後に至るまで、この線の車両構成には全く変化がありませんでした。やっと戦後の1950年になって作られ

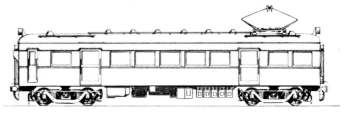

図5-10　吉野鉄道のデハ201形
1929年より。全鋼製車体、広い窓が特徴。台車も先進的なものが用いられた。

た新車モ6800形は、近鉄大阪線の電車を思わせる大型の3扉ロングシートに車両でしたが、これが実質的に最初のドアエンジンを装備した電車でした（図5-11）。

あの大型電車デニも近鉄モ6600形となり、3扉ロングシート化されて戦後まで活躍します（写真5-12）。

そして1950年代後半から、南大阪線は近鉄の新型車両の実験場となりました。1957年に導入された新6800系は当時最新のWN駆動（アネックスA13節で説明）を採用し、時以来の電車より加速性能が大幅に改善された電車で「ラビットカー」と呼ばれました。

また、この電車は近鉄で最初に片側4つドアを採用した電車でした。その後近鉄は各線に4つドアの電車を投入し、今では特急以外の電車の大部分は「戦時設計」の4つドア電車になっています（写真5-13）。

図5-11　戦後に増備されたモ6800形
1950年。これがこの線でドアエンジンを装備した実質的に最初の車両だった。後に6411形に改称。

写真5-12　近鉄モ6600形（旧大鉄デニ）の戦後の姿
3扉ロングシート化されて通勤電車となった。奥野利夫撮影

写真5-13　近鉄新モ6800形「ラビットカー」
当時最高の加速性能を持つ。また近鉄最初の4つドア電車で、その後の近鉄の通勤電車の原型となった。オレンジ色に白帯の姿も斬新だったがこの形式だけに終わった。
奥野利夫撮影

現代の南大阪線は多様な顔をもつ

南大阪線、吉野線に乗ってみて感じるのは、実に多彩な顔を持つ線区ということです。

大阪阿部野橋から大阪平野の終端の古市までは、高圧送電線を併設した巨大な架線柱、河内天美の手前までの高架線など、高速電車に適した立派な設備が見られます。きちんと3駅ごとに追い抜き線を持つ駅があるのにも感心させられます。藤井寺から先は点在する大小の古墳をよけて走りますが、カーブが目立つ印象はありません。

古市からは一転して山越えになります。県境の上ノ太子、二上山間は5.7キロ、沿線にはぶどう畑が目につきます。奈良県に入ると田園地帯となって橿原神宮前に至ります。

ここからは吉野線となって全線単線、架線柱も簡素になります。JR和歌山線と接続する吉野口からは緑豊かな山

越えとなり、坂を降ると吉野川の河岸に
出ます。そこから吉野川沿いにさかのぼ
り、巨大な鉄橋を渡って吉野に到着しま
す（写真5-14）。

　南大阪線の大阪口の昼間のパターン
ダイヤでは1時間に特急1〜2本、急行2
本、準急6本、各駅停車6本が走ります。

　大阪阿部野橋から吉野まで直通する
のは特急と急行で、準急は4本が古市か
ら河内長野を結ぶ大阪府内の列車、2本
が奈良県に入って橿原神宮前までの列
車です。普通列車は概ね河内松原まで
で、その先は準急が各駅停車となります。

　この線の悩みは、吉野線に入る列車で
は4両編成が限度となっていることで
しょう。そのため混雑しがちな急行を古
市までノンストップとして大阪府内の
輸送需要から分離し、準急を5両編成以
上として補完しています。

　急行、準急、普通に使われるのは4扉
車で、他線と同様に曲線的でスラリと長
く見えるモデルとやや角張ったモデル
があります（写真5-15）（写真5-16）。

　近鉄各線のスターといえる近鉄特急
はもちろんこの線にも走っていますが、
南大阪線では他線とは軌間が違うため
もあり、姿の異なる車両が見られます。

　近鉄特急の標準型といえる16010形
「サニーカー」は車齢30年に近くなりま
したが元気に走っています（写真5-17）

　一方、南大阪線、吉野線の特急とし
てファンがすぐに思い出すのは26000系
「さくらライナー」でしょう。正面の大き
な窓と白い車体は近鉄の他の路線には
見られない個性があり、忘れられない車
両です（写真5-18）（写真5-19）

　「さくらライナー」に乗る目的に一つ
は前面展望を楽しむことでしょう。南大
阪線、吉野線の沿線の風景は変化に富
み、また特に大阪平野ではいろいろの列
車とすれ違うので、ぜひ楽しんでいただ
きたいと思います（写真5-20）

写真5-15　6200系
1974年から多数導入されている形式、終点に近い吉野川の鉄橋を渡る急行。
大和上市〜吉野神宮、2011年8月撮影

写真5-16　6400系
1986年から導入されている形式、本線の主力のみならず支線の折り返し列車
にも使われる。ここ道明寺線の大和川鉄橋は1898年に開通した歴史を持つ。
柏原南口、2011年8月撮影

写真5-17　特急16010系「サニーカー」
1981年から走っている形式、近鉄特急の標準型といえるスタイル。その後塗装が変更されている。吉野神宮、2011年8月撮影

写真5-18　特急26000系「さくらライナー」と吉野川鉄橋
1990年から走っている形式、南大阪線、吉野線独特といえるスタイル。吉野川の鉄橋の下の河原は夏には家族連れの川遊びで賑う。大和上市～吉野神宮、2011年8月撮影

写真5-19　特急26000系「さくらライナー」の正面
大きな窓が特徴。車体の裾の桜色の帯が吉野の桜を思い出させる。吉野神宮、2011年8月撮影

写真5-20　特急26000系「さくらライナー」の前面展望
窓が思い切り広く、座席が前面ガラスの近くまで設けられているので展望は抜群。吉野駅を発車、2000年6月撮影

第6章
関西の私鉄電車を見る

我が国最初の量産全鋼製車、阪急600形
阪急電車は1926年から新造される電車を全鋼製車体とした。最初の量産形式が600形で、その後メーカの川崎重工
は同形の全鋼製車をいくつかの私鉄に納入する。今津線西宮北口、光本尚吾撮影

日本の鉄道ファンにとって、関西地区の私鉄電車は特別な存在です。

20世紀初頭、世界の電車王国はアメリカ合衆国（米国）でした。まず19世紀末期の路面電車の大成功に始まり、1910年代にはインタアーバン（都市間連絡電車）が全盛期を迎えました。欧州では各地の路面電車やパリ地下鉄などが米国の技術を導入して発展します。トロリーポールをかざして時速130キロに達するスピードで営業する米国の電車鉄道では、食堂車、展望車はもとより、寝台車を含む夜行電車列車まで運行していました。

これがT型フォードに始まる自動車の大量生産のあおりで急速に凋落していくのは、ドラマを見るような手に汗握る大事件でした。

我が国の電車も米国の電車のコピーから始まりました。20世紀初頭に開通した阪神電車、京阪電車、また大阪市電などはいずれも意欲的でした。

これに続いて、1920年代に都市間連絡電車の建設がブームを迎えます。とくに経済力に優れていた近畿圏では米国の最高級の鉄道技術を導入した高速電車が花開きました。この時期に建設された新京阪鉄道（現阪急京都線）、阪和電鉄（現JR阪和線）、参宮急行電鉄（現近鉄大阪線）などの電鉄は、当時の国鉄幹線をはるかにしのぐ豪華な設備と高性能の車両を誇った電鉄で、その後の日本の電気鉄道の代表とされることになります。

このところ乗客が減少傾向で、またJR西日本の新快速などにおされて派手な話題が少なくなった関西の私鉄ですが、やはり豊かな蓄積と乗客第一のサービス精神には注目すべきものがあります。我が国の「世界に冠たる私鉄電車」は関西の電車を無視して語ることはできません。

ここでは近畿圏の都市間電車の代表とされる阪急電車、阪神電車などを観察しましょう。

阪急電車　一目でわかる個性とお客様第一主義

阪急電車の起源は1910年に今の宝塚線、箕面線を開業した箕面有馬電気軌道でした。

この頃の大阪、神戸間には国鉄東海道線と阪神電車がありましたが、国鉄は蒸気機関車の牽く列車で速度、運転頻度とも不十分、一方阪神電車は路面電車に近い仕様の鉄道のためカーブがきつく駅の数も多く、高速サービスには限度がありました。

そこで箕面有馬電軌は1918年に阪神急行電鉄（略称は阪急）と改名し、1920年には大阪北部の十三（じゅうそう）から神戸（後の上筒井、今の王子公園の近く）の間の電車線を開通させます。法律的には阪神電車や宝塚線と同じく「軌道」でしたが、路面区間はほとんどなく、国鉄をしのぐ上質の標準軌（1435ミリ）、複線の線路を走る高性能の電車は人々の注目を浴びました。そして高架線を建設して神戸の繁華街三宮に乗り入れ、また大阪方も新しい鉄橋や高架線を設けて路面区間を廃止し、1930年より梅田〜三宮間32キロを30分台、さらには20分台で走る高速列車を設定して、高速運転で著名な阪急神戸線の名を定着させました。

鉄道車両ファンには、阪急が1926年以降に新製する電車を「全鋼鉄製」としたのが注目されます。先行試作した車両がたまたま事故に遭い、内壁まで全鋼鉄製の車体の頑丈なことが認識されたためでした。国鉄が全金属製の電車の量産を開始する31年前のことです（図6-1）。

写真6-1　阪急電車900形
600形に続いて1930年から製造された全鋼製車体の電車。当初はクロスシートを装備し、大阪神戸間の特急電車として駿足を誇った。晩年はロングシート化されて宝塚線の中間車になっていた。
川西能勢口、1971年撮影

一方、今の京都線を建設したのは阪急ではなく京阪電車でした。

　京阪電車の開通はやはり1910年でしたが、後述するように阪神電車以上に急カーブが多く、また路面区間もあって高速サービスが困難でした。当時の阪神間では阪神電車と阪急神戸線とが国鉄をそっちのけにして激しく競争していたので、京阪間にもライバルが出現することを危惧した京阪電車は、淀川の対岸、国鉄東海道線の近くに高速運転の可能な新線を自社で建設することを計画します。当初は既存の京阪線と同じく「軌道」として申請しましたが、のちに「地方鉄道」に変更になりました。行政当局も阪神間のような競争による混乱を避けるため既存の京阪電車に並行線を任せることにしたようで、京阪の子会社の新京阪鉄道という、国鉄との貨車などの直通を考慮しない「標準軌間（1435ミリ）の地方鉄道」が誕生することになります。

　新京阪線は1928年に大阪の天神橋から京都の西院まで開通し、さらに地下線で大宮まで乗り入れました。当初は名古屋まで延長する壮大な計画があったようですが実現せず、1930年には親会社の京阪電鉄に合併されます。

　この線は当時の米国の高度な技術を導入して高速運転に特化した鉄道で、国鉄東海道線に隣接していたこともあり、その駿足はセンセーショナルでした。後の新幹線の電車に匹敵する重量級の頑丈な電車に、国鉄電車をはるかに上回る大出力のモータを搭載、1930年からは田圃をはさんで並走する国鉄東海道本線の看板列車の特別急行を軽々と抜き去る超特急電車を運転して乗客を驚かせ、また鉄道省のえらい人を、

　「省線を代表する特別急行が地方私鉄ごときに抜かれるとは」

　と激怒させたといいます（図6-1）。

図6-1　新京阪鉄道デイ100
米国の技術を導入して1927年から製造された重量級の高性能電車。国鉄東海道線の特急列車を軽々と追い抜いた高速運転で著名。シリーズ名はP6。

　1943年の戦時統合で京阪電鉄は阪急電鉄と統合されて京阪神急行電鉄となりました。もと新京阪線もその傘下に入りました。

　戦後の1948年になって京阪が阪急から分離するとき、もと新京阪線は阪急に残って京都線と呼ばれることになりました。すでに十三に乗り入れて宝塚線、神戸線に連絡していたというのが大きな理由だったようですが、京阪にしてみれば自社の建設した高速線が恐るべきライバルになってしまったことになります。

　その後は車両、サービス内容などが阪急スタイルとなり、約70年を経た今では違和感はなくなりました。しかし、電気機器を納入する会社が伝統的に異なるので、京都線と神戸・宝塚線との技術的な相違は今なお見られます。

　一方、宝塚線、神戸線を中心とする本来の阪急電車を育て上げたのは小林一三（こばやしいちぞう）という実業家でした。

　銀行員から電鉄経営者となった小林は、沿線に宅地を造成して分譲することにより電車の乗客を増やし、また梅田にターミナルデパートを設置し、大食堂も営業して成功するなど、いわゆる「お客様第一主義」を貫いた民間人でした。後に政府に入って大臣も勤めますが、その客商売の精神は今の阪急電車にも引き継がれているように見受けられます。

　小林に関して、こんなエピソードが紹介されています（例えば：花森安治：「まいどおおきに」、暮らしの手帖、第1世紀77号（1994冬号）、p.103）。

　1930年代、大恐慌のため失業者が街にあふれたときに、多くの客が阪急デパートの大食堂で、安く食事をするためにライスだけ（カレーライスのカレー抜き）を注文した。デパートの担当者は、こうした客が多いと客単価が下がるし混雑するので他の客の迷惑にもなると考え、ライスだけの客を制限しようとした。

　小林はこれを叱りつけた。

　「お前たちは何を考えているのだ。そうしたお客様は、本当は高いものを食べたいのに手もと不如意で食べられない気の毒な方ではないか。つらく当たるなどとんでもない。ライスだけのお客様でも歓迎なのだ。付け合せの福神漬を多めにおつけしなさい」

　こうした精神は客にも伝わる。その後の大阪では、デパートは阪急に限るという人が大勢見られるようになった。

　小林の「お客様第一主義」は現在の阪急電車にも随所に見られるようです。例えば、阪急の中心というべき梅田のターミナルは9号線（東京式の呼び方なら9番線）まである大規模な駅ですが、10面を数えるそのプラットホームがいつも電車が映るくらい磨き上げられているのに筆者は感心させられるのです。こんな駅は世界的にも珍しいの

写真6-2　阪急梅田駅のホームは、電車が映るほど磨き上げられている
停車中の京都線特急は片側3扉の転換クロスシート車9300系。2010年9月撮影

写真6-3　阪急京都線の通勤型電車8300系
日頃4両編成が往復している嵐山線にも桜の季節には本線の長編成が入ってくる。阪急マルーンには満開の桜がよく似合う。
上桂、2011年4月撮影

じゃないでしょうか(写真6-2)。

　阪急電車は車両も個性的です。車体の色は「阪急マルーン」と呼ばれる上品な赤茶色で、戦前から大きな変化はないと聞きます。最近の電車は屋根の縁部を白に近いクリーム色に塗っているのでまことにノーブルな印象を受けます。また汚れた電車が少なく、白い屋根の上まで磨き上げられた電車がどんどん来るのに感心させられます(写真6-3)。

　小林一三の手法を東京圏で取り入れた例として、東急電鉄の総帥だった五島慶太(ごとうけいた)があげられます。たしかに五島は東急で、沿線の住宅地の開発、ターミナルデパートなど、小林が先鞭をつけた多くの手法を取り入れて成功しました。

　しかし、東急の接客姿勢には何となく「上から目線」を感じるのは筆者だけでしょうか。

　慶応義塾出身で実業家として育った小林に比べ、五島は東京帝大出身の高級官僚あがりでした。上から目線が習慣となっていたのは想像できます。現場でも社長などが視察するときにはホームから乗客を排除して特別扱いしていたようです。東急沿線で育った筆者も、子供の頃に渋谷駅で、

　「えらい人が来るからあっちに行っててね」

と追っ払われて遠くから望見した記憶があります。一方、小林一三は宝塚線の沿線に住んで乗客として宝塚線を利用していたと聞きます。

　東急が国内他社に先駆けてオールステンレス製の7000系電車を導入し、その後の電車はすべて無塗装のステンレスカーとなりましたが、乗客から見た外観についてはあまり良い点はつけられません。先ごろまで田園都市線や東横線の主力だった8000系、8500系も、車体の軽量化や走行機器の先進技術には大いに見るべきものがありましたが、外観は味もそっけもない切妻の食パン電車で、およそ品格の感じられないものでした。

　現在の東急の車両は、高度な研究の成果を生かした軽量ステンレス構造の車体で、技術的には感心させられるものですが、薄すぎてひずみの見られる外板、目障りな点溶接の跡など、やはり外観が安っぽいのがどうしようもない欠点です。

　これに比べ阪急電車は、厚いのでひずみが生じにくく、また錆びないので無塗装も可能なアルミ合金の車体を使い、さらに律儀に阪急マルーンに塗装しています。乗客から見苦しく見える電車は使わないという基本精神が徹底しているように感じられるのです。

　東京圏在住の鉄道ファンには、ぜひ一度阪急電車を見聞されることをお勧めしたいと思います。

JR西日本の新快速の攻勢で変節した私鉄特急電車

　前章で述べたように、往年の関西の私鉄の名物はノンストップの都市間連絡特急でした。阪急京都線の特急は神戸線、宝塚線と接続する十三（じゅうそう）から京都の大宮まで無停車、また競争相手の京阪電車の特急は大阪の京橋から京都の七条まで無停車で、いずれも豪華な転換クロスシートの電車を投入して特別料金なしで運行していました。特に京阪電車の特急は、豪華であかぬけた「京都の文化」を感じさせてくれる列車として知られていました（図6-2）。

　しかし、当初に路面電車規格で出発した京阪電車は高速特急の運行には制約があり、地上設備のたゆまぬ改良が必要でした。例えば大阪の都心から守口までの路線は街道沿いに設置されてカーブが連続し、「野江の七曲り」といわれた難所でした。京阪電鉄は早くも1930年前後にここの改良を行い、京橋に近い蒲生から守口までほぼ直線の高架複々線を新設します。当時この辺りが都市化の遅れた田園地帯だったので可能となった先見性に満ちた事業でした。戦後になってこの複々線区間は南北ともに延長され、現在の天満橋から萱島まで11.5キロの複々線は東武鉄道（北千住〜北越谷）に抜かれるまでは日本の私鉄で最長でした（図6-3）。

　現代の京阪特急の主力は1989年から登場した8000系「エレガントサルーン」の8両編成で、1995年からはダブルデッカー（2階建て）車が、2016年からは400又は500円の料金を払う豪華車輌プレ

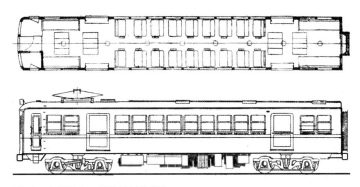

図6-2　京阪電車の特急用1700形
1951年から登場した京阪間の特急電車。クリームと赤の明るい塗装と豪華な転換クロスシートで人気を博し、京阪特急の評価を確立した。実験的な構造の台車でも知られていた。

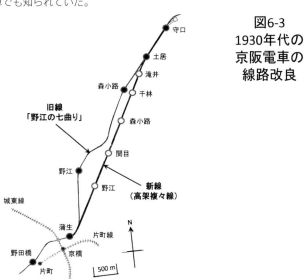

図6-3
1930年代の
京阪電車の
線路改良

図6-3　戦前の京阪電車の線路改良
大阪市街から守口に至る区間は街道に沿って設けられた曲がりくねった区間で「野江の七曲り」と俗称されていた。これの根本的な改良としてほぼ一直線の高架複々線の新線が建設され、1931年から旧線に置き換えられた（旧線の停留所の詳細は省略）。国鉄城東線、片町線は今のJR大阪環状線及び学研都市線

写真6-4　京阪電車の特急用8000系
伝統の転換クロスシート車　最近はセミクロスシート化されているが、豪華なイメージは健在。
(上)大阪寄り先頭車　中書島、2016年4月撮影
(左)1両組み込まれている2階建て車両　中書島、2016年4月撮影
(右)豪華車プレミアムカー　ドア1か所、1＋2列の豪華なシート。滝井、2017年11月撮影

ミアムカーが、いずれも改造で組み込まれて華麗な列車になっています(写真6-4)

　これに対抗する阪急京都線では、長く2扉、転換クロスシートの特急専用車が使われてきましたが、親しまれた2扉車6300系が2003年より3扉の9300系に置き換わりました。ホームドア導入のため全列車のドア位置をそろえる必要があったためのように思われます。

　6300形は4両編成、1＋2列シートに改装されて嵐山線のローカル列車用となって生残りました。外観に大きな変化がないのがうれしいところです。一部は特別編成「京トレイン」として本線に残っていますが、ホームドアに対応できないので重要な接続駅の十三を通過せざるを得ないハンディも背負うことになりました(写真6-5)。

　しかし、京阪、阪急いずれもどの特急列車も満員というわけにはいかなかったようで、がら空きの特急が大勢乗っている準急を待たせて追い抜いて行くのを見て疑問を感じたこともありました。

　JR西日本の新快速の攻勢と阪神大震災以後の乗客の減少で、この姿が変わりました。今では京阪電車の特急は、枚方市(ひらかたし)、樟葉(くずは)。中書島、丹波橋に停車します。また、阪急京都線の特急は、淡路、茨木市、高槻市、長岡天神、桂に停車します(その代り新京阪鉄道の起点だった大宮は通過となりました)。

　このため乗客の流れが変化しました。阪急京都線では淡路での千里線、地下鉄堺筋(さかいすじ)線との乗換が便利になりました。京阪電車では丹波橋での近鉄京都線、京都地下鉄との乗換で客が動きます。また、これまで三条に

（写真6-5）　阪急京都線で特急として使われていた2扉クロスシート車6300系
(a) 嵐山線ローカル列車用となった姿　3扉の9300系と交代した後は一部改造のうえ嵐山線で使われている。外観は特急時代から大きく変化していない。桂
(b) 特別編成「京トレイン」　一部が快速特急として京都本線で活躍しているが、ホームドアに対応できないハンディも背負っている。上牧、2013年3月撮影

直通していた宇治線の各駅停車が中書島～京阪宇治間に短縮され、京都の街から中書島までは特急を利用して乗り換えるようになりましたが、早くて快適な特急のおかげで乗客の不満は大きくないようです。

しかし、最近の関西私鉄の悩みは前章で述べたような乗客の減少です。

特に京阪電車は、JR西日本の新快速の攻勢に加えて、近隣での地下鉄の新線開通、沿線の人口減少と高齢化、さらに2008年に開通した中之島新線の不振と悪材料が重なり、乗客が目立って減少して深刻な状況のようです。

その対策が取られています。多数の観光客の利用をねらって、昔のノンストップ特急の再来のような「快速特急」が導入され、2017年からは毎日走るようになりました。また、伝統的に2階建車両を含む華やかな2ドア転換クロスシートの8000系で運行していた特急に、前述のように2017年から豪華な有料車両「プレミアムカー」を導入しています。

一方、中之島線直通の快速急行用として2008年より導入された3ドア転換クロスシート（1＋2列、一部ロングシート）の3000系を、快速急行の廃止とともに特急、快速特急に混用し、また8000系の一部をセミクロスシート化、さらに3ドア固定クロスシートだった9000系をロングシート化するなど、ローカル客の動きにも対応しています。一方、2021年からは3000系の編成にもプレミアムカーも組み込まれました。

一方、2ドアの豪華電車を定番としていた阪急京都線の特急が、JR西日本の新快速と同様の3扉転換クロスシートの9300系になったのは前述のとおりです。

優れたサービスを誇ってきた関西の私鉄。これからどう変化していくか見守りたいと思います。

JR新快速に挑戦した阪神電車と山陽電車

次に、阪神電車の興味深い動きに注目してみましょう。

1906年に開通して大阪の梅田と神戸の三宮・元町とを結んだ阪神電車は、京浜急行などと同じく路面電車規格の「軌道」から出発した電車でしたが、京浜急行の項で述べたとおり最初から米国のインターアーバン（都市間連絡電車）のようなサービスをねらった意欲的な電鉄でした。

1933年には神戸市内を、1939年には梅田ターミナル付近を地下化して線形を改善しますが、やはりライバルの国鉄、阪急に比べると駅数が多く、カーブもきつく、長さ13～14メートル、幅2.3メートルの小

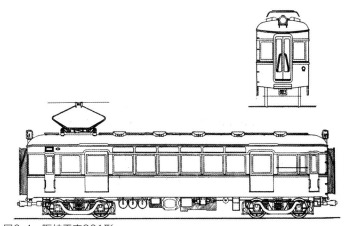

図6-4　阪神電車861形
長さ14メートルの小型車ながら正面の装飾的な開き戸、側面のすりガラスの入った明かり窓など特徴の多い車両

写真6-6　阪神電車の「青胴」と「赤胴」
先頃まで、各駅停車用の高い加速減速性能を
持つ電車は青色の塗装、急行用の電車はオレ
ンジ色の塗装と区別されていた。
大石、2014年3月撮影

型電車を使って「待たずに乗れる阪神電車」をキャッチフレーズに便利さをアピールしていました。小さな電車ばかりの5輛編成の急行が、全車がパンタグラフを上げてきびきびと走るのは名物になっていたそうです（図6-4）。

　一方、甲子園球場から野球の試合の終了とともに駅に殺到してくる4万人以上の客を、臨時急行の臨機応変な運転により短い時間で西に東に運んでしまうすぐれた列車運行技術も語り草となっています。

　1954年、阪神電車はついに車両の大型化に踏み切りました。地上設備を改良し、長さ19メートル、幅2.75メートルの車両を導入したのです。幅の狭い従来の車両にはドアステップをつけて対処しました。このとき、戦前に建設された大阪、神戸地区の地下線のトンネルが大型車両に対応するように設計してあった「先見の明」が生かされたのは印象的でした。

　その後の新車は全て大型車となり、昔の小型電車は急速に淘汰されました。

　最近の電鉄が車両の標準化を進めている中で、阪神電車が各駅停車用と特急、急行用の車両をはっきり分けているのは注目されます。1キロに満たない駅間距離に対応しなければならない各駅停車がなるべく特急、急行の邪魔にならないように、「ジェットカー」と俗称される加速減速のするどい特別設計の車両を当てているのです。この系列は車体に青系統の色を使っているので「青胴」と呼ばれました。これに対して急行用は以前には赤系統の色だったため「赤胴」と呼ばれていましたが、最近は青以外の雑多な色になっています（写真6-6）。

　2015年に各駅停車用の新型電車がデビューしました。ステンレス製（運転台部は鋼鉄製）の車体、VVVFインバータ制御、永久磁石を用いた同期モータと最新技術を駆使した高性能の電車で、鉄道友の会より2016年にブルーリボン賞が贈られました。各駅停車用なのでドア周りには青色のラッピングが施されています（写真6-7）

　1968年に開通した神戸高速鉄道への乗り入れは、阪神電車にとって大きな転機となりました。この鉄道は地下線を保有して阪神電車、阪急電車、山陽電車、更に別線で狭軌の神戸電鉄をも直通させる会社で、車両を保有しないので「トンネル会社」と俗称されます。この乗り入れで阪神、阪急は山陽の須磨浦公園まで、山陽は阪急の六甲と阪神の大石まで直通運転するようになりました。その後阪急電車は特急を8両編成にしたため山陽の駅ホームの長さに合わなくなったので、乗り入れを新開地までに短縮し、山陽も阪神のみに乗り入れるようになっています。

　この地下線のおかげで山陽姫路と阪神梅田の間を直通する電車が走れるのを利用して、この両社は「直通特急」を運行してJR西日本の新快速に挑戦しました。昼間の運行頻度は1時間当たり4本と新快速と同じです。一方、最

写真6-7　阪神電車の各駅停車用の新形電車5700系
阪神電車の5000番台の車両は我が国有数の高加速減速性能を誇る。大石、2015年11月撮影
(a) 大阪方の先頭車　　(b) 中間車
シングルアームパンタグラフの向きをそろえているのは珍しい。

写真6-8　山陽姫路〜阪神梅田間の「直通特急」
アルミ合金製の車体をもつ山陽電鉄5000系が阪神電車に乗り入れて走る。新在家、2014年3月撮影

長編成は6輌で新快速より短いのですが、3扉の19メートル車ながら一部の車両に転換クロスシートを装備して頑張っています（写真6-8）。
　しかし、乗り比べてみると直通特急は優勢とは言い難いようですね。

　姫路〜大阪間の所要時間はJR新快速が約60分なのに対して阪神、山陽の直通特急は約90〜100分（神戸市内の停車駅の数による）です。最高速度がJRより遅いのもさることながら、神戸市内の地下線で走行速度が遅く、また停車駅が多いので損をしているようです。神戸市内で乗客がかなり入れ替わるので、むしろ大阪〜神戸、神戸〜姫路の特急をつないだ役割のように見えます。
　切符代はJR新快速が1520円、直通特急は1300円（2021年現在）で、直通特急の方が安上がりではありますが、残念ながらどうもJR西日本を相手に善戦しているようには見えません。

阪神、近鉄の直通で大阪南部への乗客を開拓

　ところが、阪神電車は2009年に思い切った起死回生戦略を実現させました。
　阪神電車には1924年より、尼崎に近い大物（だいもつ）から千鳥橋に至る伝法（でんぽう）線と呼ばれた支線がありました。JR大阪環状線が成立した1964年に西九条まで延長されて西大阪線と改名されました。地味な支線でしたが、当初は第二幹線と位置付けられて高い規格の設備を備えていました。
　この線をさらに地下線で延長して近鉄難波駅につないだのです。西九条駅はJRの高架線のさらに上に設けられて

いたので、そこから急勾配で地下になだれ込むような線形になりました。線名はなんば線と変わりました。
　これによって、近鉄奈良線と阪神電車とが接続され、近鉄奈良と阪神三宮の間の直通運転が始まったのです。とくに阪神沿線と大阪ミナミの盛り場とが直結された効果は大きく、乗客の流れがかなり変わりました。

写真6-9　近鉄奈良と阪神なんば線とを直通する列車
これほど車両の規格の異なる相互乗り入れも珍しい。伝法、2009年3月撮影
（上）阪神電車の1000系　長さ19メートル、片側3ドアの車両
（下）近鉄電車の9820系　長さ21メートル、片側4ドアの車両

なんば線の日中の列車は近鉄奈良と阪神三宮を直通する快速急行、近鉄線から阪神尼崎までの区間準急、普通それぞれが1時間に3本、合計9本の列車が設定されています。快速急行は尼崎〜西九条間は通過となります。近鉄線から尼崎までの列車にも阪神の車両が使われますので、近鉄奈良線内で阪神の車両が阪神の車両を追い抜く光景が見られるようになりました。

　しかし、この乗り入れを最初に見聞したときはびっくりしたものです。これほど車両の規格の違う線区の相互乗り入れも珍しいのです。

　阪神電車の標準編成は長さ19メートル、片側3ドアの電車の6輌編成です。これに対して近鉄奈良線はJRより長い21メートル、片側4ドアの電車の6、8、10輌編成で、編成の長さもドアの間隔もずいぶん違うのです(写真6-9)。

　直通運転に当たり、阪神線内の施設は近鉄の大型車6輌編成が入線できるように手直しされました。しかし近鉄の朝夕の快速急行は8輌又は10輌編成で尼崎まで来ますので、ここで解放、連結の操作が必要になります。普通の電鉄では電気配線や圧縮空気管までワンタッチでつながってしまう連結器を使いますので、解放、連結はわりあい簡単なのですが、近鉄は伝統的に連結すると貫通幌を結合するので時間がかかります。尼崎でこの作業を行うのは阪神の職員です。電車を遅らせると難波から先の近鉄特急の定時運行にまで影響します。当初は緊張していただろうなと推察します。

　快速急行が旧西大阪線の各駅を通過するのはプラットホームの長さが6輌分しかないためですが、この時間短縮の分が尼崎での解放、連結作業で食われてしまっています。また多くの乗客はなんばと阪神線内の間を乗車するので、特に神戸三宮行の編成が尼崎で短くなるのは、乗客には迷惑なことです。

　近鉄線内でも問題が起こっています。奈良線の快速急行は奈良線内では最も乗客の多い列車なのですが、これに短い車体の阪神電車6両編成を用いると昼間でも結構混雑します。筆者もこれを体験して、

　「評判を落とさなければいいが」

　と心配になりました。両社の担当者はもっと心配だったと思います。

　しかし、阪神電車は快速急行の停車駅のプラットホームの延伸に熱心に取り組んでおり、2020年3月から、土休日の快速急行が8両編成で三宮まで直通するようになって三宮と近鉄奈良の間の所要時間が4分短縮されました。途中の芦屋駅は主要な駅ですが、ホームの両側に踏切があって延伸がむつかしいので土休日は停車しません。

　今後、平日の8連乗り入れが実現するのを期待したいと思います。

　なお、阪神に乗り入れてくる近鉄車両の中にはL/Cカーと呼ばれるサイドシート/クロスシート変換可能の車両(図5-4参照)が含まれています。第4章でご紹介した東武東上線の50090系の構造と同様ですが、実は元祖は近鉄です。当初は乗り入れ車両はサイドシート状態とすると聞いていましたが、実際にはクロスシート状態のままで入ってくる車両も多いようです。

　そんなわけで、阪神電車はなんば線の開通によって、阪神地区と大阪の盛り場ミナミとの直結というJR西日本には不可能なサービスを実現しました。乗客の支持も大きく、どうやらJRの新快速に一矢を報いた結果になっているようです。

　また、期待以上に早く実現したのが近鉄の伊勢志摩特急の阪神三宮への乗り入れです。六甲山系を背景に阪神間を走る近鉄特急が見られるようになったのは印象的でした。今のところ定期列車ではなく団体ツアー列車ですが、豊かな住民の多い阪神間から伊勢志摩への観光客の流れの増加には期待するところが大きいでしょうね(写真6-10)。

　さらに、近鉄名古屋から阪神の甲子園まで205キロを直通する「プロ野球観戦特急」が生まれました。これまでJR以外で最長距離の列車は東武鉄道、野岩鉄道、会津鉄道をまたいで浅草〜会津田島間191キロを走破する列車でしたが、ついに200キロ以上を走る列車が現れたわけです。

　これからの多様化が楽しみです。

写真6-10　阪神電車に乗り入れる近鉄特急22600系「Ace」
六甲山を背景として走る近鉄特急が見られるようになった。大石、2014年3月23日、乗り入れ初日に撮影

第7章
華やかな私鉄の
有料特急電車

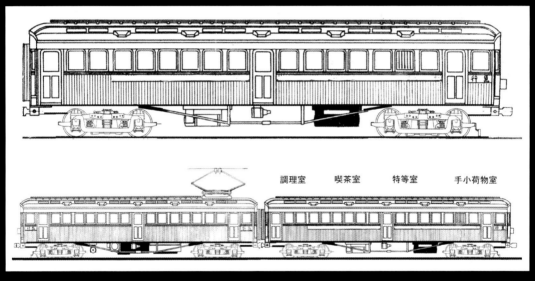

調理室　　　喫茶室　　　特等室　　　　　手小荷物室

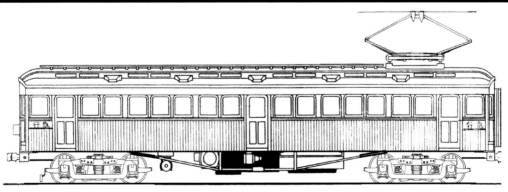

我が国最初の「電車特急」、南海電車の電7系
1924年にデビューして蒸気機関車牽引の難波～和歌山市間急行に交代した電車。図では台車は米国ブリル社のもの
を書いてあるがボールドウィン社のものも用いられた

このところ新幹線におされて地味な存在になってしまったJR在来線の特急に比べて、大手私鉄の特急料金を収受する電車特急は、観光に都市間連絡に健闘しているように見受けられます。それらを観察し、また体験するのは鉄道ファンには大きな楽しみになっています。

旧国鉄関係者の著作には、我が国最初の電車特急は1958年に東京と大阪とを結んだ特急「こだま」である、という記述がみられましたが、これは完全に間違いです。国鉄内部を日本全体と混同している夜郎自大、と評した人もいます。

我が国最初の電車特急は1924年（大正13年）に南海鉄道が難波～和歌山間に運行した直通急行電車、というのが定説のようです。1926年からは正式に特急となりました。貫通幌を備えた木造電車の４両編成で、客船のように編成ごとに「浪速號」「住吉號」といった固有名詞を与えられ、編成端の制御車（クイシニと称されます）には荷物室のほか特等室、喫茶室、トイレがありました。ロングシートだったから長距離電車ではない、という人もいますが、初期の鉄道では幹線の長距離列車の優等客車はゆったりしたロングシートだったのです。

そして昭和に入ると私鉄の高性能電車が花開き、さらに戦後になると本格的な特急運転が多数行われるようになります。

日帰りの伊勢神宮参拝を可能にした近鉄特急のルーツ

近鉄の特急は昭和初期からの長い歴史を誇る電車特急で、現在はその快適性と緻密なネットワークで知られています。そのルーツは1930年代の伊勢神宮の参拝客へのサービスに始まりました。

大正期、昭和初期には伊勢神宮の参拝はすべての国民に奨励されており、特に関西地区では修学旅行、職場旅行、町内旅行の定番になっていました。鉄道の最寄り駅は三重県の山田（今の伊勢市）でした。

当時の順路は関西線の湊町（みなとまち、今のJR難波）から山田、又はその先の鳥羽まで走る蒸気機関車の牽く列車を利用するルートで、例えば1930年には関西線の直通快速列車は、行きは湊町発８時50分、亀山経由で山田着12時22分、帰りは山田発17時10分、湊町着20時44分というダイヤでした。これとは別に姫路発で大阪、京都、草津、柘植、亀山経由の山田、鳥羽行という、山陽線、東海道線、草津線、関西線、そして参宮線を股にかける快速列車が１日１往復設定されており、停車駅が非常に少なく、急行に準じる格式の高い列車とされていました。この列車は上りが大阪発８時25分、山田着11時29分、下りは山田発16時14分、大阪着19時18分でした。

いずれにしても現地の滞在時間は５時間くらいで、宇治の内宮（ないぐう）、山田の外宮（げぐう）をまわると日帰りではかなり忙しく、お伊勢参りは現地で１泊というのが普通だったようです。

これを改善するため、すでに大阪上本町と奈良とを結んでいた大阪軌道（大軌）とその関係会社の参宮急行電鉄（参急）とは、大阪東部の布施から奈良県、三重県の山地を縫って国鉄の山田に達し、さらに伊勢神宮の外宮に近い宇治山田駅まで、標準軌（1435ミリ）、直流1500ボルトの高速電車鉄道を建設しました。1930年に榛原（はいばら）まで部分開通、翌1931年に宇治山田まで全通となり、1934年からは伊勢参拝客に便利な特急電車が設定されたのです。

この特急はいくつかの便が用意され、例えば早朝の出発では上本町発６時31分、宇治山田着８時50分、宇治山田発17時、上本町着19時15分というスケジュールで、現地滞在時間は約８時間となりました。これなら内宮、外宮を参拝し、あいまに食事をしてお土産を買う余裕があります。しかも蒸気機関車の煤煙に悩まされることがないのは喜ばれたでしょう。

お伊勢参りが楽に日帰りで可能になったのは、当時の関西地区ではその後の新幹線の開通にも比べられるインパクトがあったのではないでしょうか。

この列車に用いられたのがデ2200系と呼ばれて伝説となった高性能の豪華電車でした。国鉄の２等車並みのゆったりした固定クロスシート、国鉄電車よりはるかに大出力の200馬力のモータ、10キロも続く33パーミルの急勾配に対処した電気ブレーキ。そして伊勢側の編成端にはデトニと呼ばれる、荷物室と２つのコンパートメント（区分室）を備えた車両が連結され、コンパートメントでは紅茶のサービスもありました。運転士は衝撃で紅茶をこぼすことがないように技術を磨いたということです。

もちろん修学旅行のお伊勢参りもこの電車の利用が定番になります。少年の日にこの電車のスタイル、設備、速度に魅了されて絶対のファンになった人も多かったといわれます（図7-1）。

1939年、国粋主義に染められた我が国が無謀な戦争を拡大させて破滅に墜ちていく直前、我が国の文化は最後の光芒を放っていました。とくに関西地区は日本紀元2600年（西暦1940年）の祝賀行事で沸き立っていました。

この年、新デ2200系と呼ばれるモデルチェンジ形が導入されました。高度な性能はそのままに、シートを転換クロス

シートにサービスアップした新デザインの豪華電車は、やはり喝采を浴びました。

　この電車はそのスタイルも見るべきところがあります。スラリと長く見える外観、窓の大きさが揃って線の乱れがないゆったりしたサイドビュー、この端正な側面と貫通幌できりっとしまった正面との整合、これをしっかり支える巨大な、しかし大き過ぎない台車。「飾り」に類するものが見えない実用本位の外観ですが、これほどバランスに優れたデザインの電車は、その後の我が国の鉄道車両には生まれていないのじゃないかと、筆者は思うのです（図7-2）。

　大軌、参急などは1940年に合併し、さらに戦時合併で拡大して1944年に近畿日本鉄道となりましたので。これらの電車は近鉄モ2200系として知られています。凡百の他の車両たちとは比較にならない歴史的価値の高い名車両なのですが、この系列の電車がただの1輛

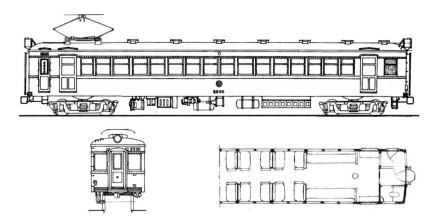

図7-1　参宮急行電鉄　デ2200形
1930年にデビュー。大阪からのお伊勢参りを飛躍的に便利にした。
国鉄の2等車並みのゆったりしたシートと高性能を生かした俊足が特徴

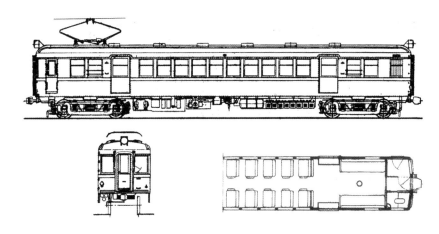

図7-2　参宮急行電鉄　新デ2200形
1939年にデビュー。日本文化が破滅に向かう直前の光芒を放っていた時代の象徴とされる
名デザイン。快適な転換式クロスシートには料金不要の急行電車でも座ることができた。

も保存されていないのは本当に痛恨の極みと、筆者は考えています。

現代の近鉄特急は都市間連絡、観光いずれにも対応するネットワーク

　戦時合併で近畿地方一円の電鉄を統合した近畿日本鉄道は、1945年に戦争が終結して、いよいよ世の中が復興に動き出したときにはかなり大規模な鉄道のネットワークを保有しており、大阪〜宇治山田間の大阪線のほか、途中の伊勢中川から分岐して名古屋に至る名古屋線も傘下に収めていました。名古屋線は大軌、参急とは無関係だった会社が建設を開始した線区なので狭軌（1067ミリ）で、標準軌（1435ミリ）の大阪線とは直通できず、乗客は三重県の伊勢中川で乗換えとなっていましたが、一応名阪間の電車路線がつながっていたのです。

　まだ戦後の混乱から抜け切れていなかった1947年、近鉄が国鉄や他の私鉄に先駆けて特急運転を開始したとき、その使命には昔からの伊勢への観光輸送のほか、大阪〜名古屋間の都市間連絡が加わることになりました。「すずか」、「かつらぎ」という名阪特急の愛称は戦後復興のシンボルとして人々に記憶されます。

　車両にはまず戦前からのものが活用されたのは当然でしたが、名古屋線には1950年に転換クロスシートの新車が導入されました。名古屋線は木曽川、長良川、揖斐川の3大河川を河口付近で渡りますが、当時の鉄橋は明治時代に関西鉄道が建設したものの転用で老朽化しており、しかも単線でした。また四日市駅の前後には非常な急カーブが

ありましたので、この新車も大阪線の車両よりは小形でした。

　一方、大阪線では新車導入は1953年と遅く、それまでは戦前形のモ2200系がクリーム色と青に塗り分けられて使われました。戦前に国粋主義の象徴だった電車が新しい姿で戦後の平和日本にデビューし、やはり人気車両となったのでした。いかに優秀な車両だったかの証明といえますね。

　しかし伊勢中川での乗換はなんとしても不自然で、近鉄では1960年の実施を目指して1957年から名古屋線の標準軌（1435ミリ）への改軌を準備していました。四日市駅の移転による急カーブ廃止の事業は1956年に完成し、さらに3大河川の鉄橋の架け替え、全線複線化が進められていました。

　新しい鉄橋が完成した直後の1959年9月末、三重県、愛知県などは激烈な「伊勢湾台風」に襲われました。風速75メートルといわれる強風と未曾有の豪雨による大洪水。犠牲者は約5000人を数え、近鉄名古屋線も約2か月にわたって運行不能になりました。

　復旧に当たって完成したばかりの鉄橋の被害がチェックされました。これが軽微だったので、近鉄は名古屋線の標準軌化を前倒しし、1959年11月の復旧は標準軌で実施する方針を打ち出しました。現場は色めき立ったことでしょう。

　台風の被害で運休状態だった区間を含む線路の改軌工事は通常よりはスムーズだったと思います。車両のうち電動車の台車の多くは、傘下の近畿車両がスイスのシュリーレン社から技術導入して製造していた円筒案内式の新型台車に交換されました。モータを持たない台車は幅に余裕があったので、そのまま標準軌の車軸に交換されました。

　こうして災を転じて福とした近鉄名古屋線の改軌は語り草になっています。1961年には伊勢中川駅をショートカットする特急専用線が完成し、名阪特急は方向転換なしに直通できるようになりました。

　1958年、名古屋線の改軌の前年に、大阪線に「ビスタカー」と呼ばれる画期的な特急専用車が導入されました。ダブルデッカ（2階建）の2車体を含む無動力の3車体連接車を2両ユニットの電動車が前後から挟んだ7車体の編成で、高速電車ではわが国で初めての2階建て（ダブルデッカ）部分を含んでおり、また窓を開閉しない二重ガ

写真7-1　初代ビスタカー　10000形
1958年にデビューした本格的な特急専用車。ダブルデッカ車を含む7車体の編成。奥野利夫撮影

写真7-2　新ビスタカー　10100系
1959年にデビューした特急専用車。中央にダブルデッカ車体を含む3車体編成で、大阪側が流線型、名古屋、伊勢側が貫通式の編成（A編成）、その逆の編成（B編成）、両側とも貫通式の編成（C編成）の3種がある。奥野利夫撮影
（左）流線型側　（右）貫通式側

ラス窓として常時エアコンを用いる現代的な構成としたのは国鉄東海道線の「こだま」片特急電車より少し早く、わが国の電車で最初でした。(写真7-1)。

これに続いて名古屋線が改軌された1959年から導入された「新ビスタカー」は中間車体をダブルデッカとした3車体連接車で、車端は一方が流線型、他方が貫通路を持つ構成で、乗客の多寡に応じて列車の両数を加減できるように配慮されていました。(写真7-2)。

1961年から導入された量産モデル「エースカー」はダブルデッカを廃止し、通常のボギー車2両ユニットの電動車編成と西向きの制御車の組み合わせになり

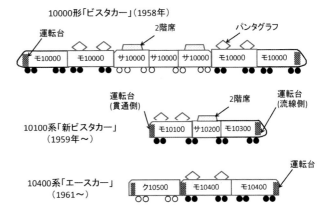

10000形「ビスタカー」(1958年)

10100系「新ビスタカー」
(1959年〜)

10400系「エースカー」
(1961〜)

図7-3　初期の近鉄特急の列車編成の変遷
10000系「ビスタカー」は7車体固定編成だったが、その後の特急車は編成の長さを自由に選べるようになった。「エースカー」のクは2両まで連結可能

ました。電動車編成に制御車を1両又は2両連結した編成、電動車編成を新ビスタカーと連結した編成など、近鉄特急には多種多様な列車が見られるようになります(図7-3)。

こうしたフレキシブルな輸送力を採用した背景としては、1964年に開通する新幹線の影響で乗客の数の減少と変動幅の増大の予想があったように思われます。

その後の近鉄特急はボギー車の固定編成が定着して4、6、8両編成となり、南大阪線、京都線などにも進出してほぼ全線を網羅するようになりました。

筆者は今でも近鉄特急に乗る機会があるとなんとなくわくわくします。今の名阪特急には停車駅の少ない便で約2時間5分、たくさんの駅に停まる便で約2時間20分で新幹線よりは遅いのですが、快適なことと退屈しないことは保証できます。

何より、車窓の景色が素晴らしいのです。

一言でいえば、伊勢中川を境にして名古屋線は「川線」、大阪線は「山線」です。

名古屋を出た名阪特急は平坦な濃尾平野を走り、木曽川、長良川、揖斐川の長い鉄橋を渡ります。右手前方に遠望される鈴鹿連峰は、とくに晴れた日の夕方の姿が絶景です。電車は四日市を過ぎてからは伊勢路の田圃や集落を縫って快適に走り、伊勢中川の短絡線を経て大阪線に入ります。

ほどなく電車は青山峠に向かって約10キロ続く33パーミルの連続勾配を猛然と登り始めます。ここでスピードが落ちないのが参宮急行以来の高性能の伝統です。車窓は丘陵地帯の雑木林となり、冬には木々が雪をかぶっています。しかし新幹線の関ケ原付近より雪は浅いようで、クリスマスツリーのような姿が印象的です。長い青山トンネルを抜けると伊賀盆地に入り、名張の街を通り抜けます。

ふたたび山地となり「女人高野」室生寺に最寄りの室生口大野を通過します。奈良盆地に入った電車は、我が国のふるさととうたわれる飛鳥の丘陵や大和三山を眺めて大和八木を通ります。そして万葉集にも詠まれた二上山の北を抜け。大阪平野の住宅地を高架線から見下ろして地下線に入り、大阪ミナミの盛り場なんばに到着します。

写真7-3　近鉄名阪特急の新型車「ひのとり」80000系(2020年)
名阪連絡特急には専用の車両が使われる。停車駅の少ない速達便に使われる「ひのとり」は深紅の車体が印象的。河内国分、2021年9月、大賀聡撮影

停車駅の少ない速達便には2020年にデビューした新型の「ひのとり」80000系が使われます。6両又は8両編成で、両端の車両はゆったりした2＋1列のシートのデラックスカーとなっています(写真7-3)。

たくさんの駅に停まる便に使われる21020系「アーバンライナーnext」、又は21000系「アーバンライナー」は白い車体の6両編成で、「ひのとり」より少し安く乗れますが十分に快適です。名古屋寄りの1両が2＋1列のシートのデラックスカーとなっています(写真7-4)。

近鉄特急のネットワークは首都圏から奈良盆地の多くのお寺を訪れるにも便利です。

写真7-4　近鉄名阪特急の21020系「アーバンライナー next」（2002年）
名阪連絡特急専用にデビューした車両。河内国分、2014年12月撮影

近鉄橿原線の西ノ京にほど近い2つの古寺、2009年に平成の大修理が完了した西ノ京の唐招提寺と2019年に東塔の大修理を終えた薬師寺を首都圏から訪れてみましょう。近鉄名古屋駅で西ノ京までの特急券が買えます。大阪行の特急に座って大和八木で下車し、高架線の下の橿原線のホームに下りるとほどなく京都行の特急がやってきて、西ノ京には10分くらいで着きます。

その先の大和西大寺まで乗って奈良行に乗り換えると、東大寺、興福寺など近鉄奈良の地下駅のすぐ近くにある奈良の名刹にも行けます。近鉄特急での人生を豊かにする旅も鉄道ファンの楽しみの一つではないかと、筆者は思います。

小田急の特急ロマンスカー
私鉄特急の代表選手は国鉄電車の先生

写真7-5　小田急の戦後最初の特急1910系
1949年にデビューした固定クロスシートの3両編成。中間車には喫茶スタンドを設置。後に2000系に改称された。
生方良雄、諸河久「小田急ロマンスカー物語」、保育社（東京、1994）

東京圏の観光特急としては日光、鬼怒川へ行く東武特急と箱根を目指す小田急「ロマンスカー」が双璧でしょうね。ここでは小田急に注目しましょう。

　戦時合併で東急に入れられていた小田急が分離独立したのは1948年で、そのときに箱根登山鉄道と江ノ電が小田急グループに入りました。

　翌1949年、小田急は2扉セミクロスシートの1910形3両編成の特急を運行します。この中間車には「走る喫茶室」と呼ばれた紅茶のスタンドが設置されました。車体を黄色と青色に塗り分けたのは先行していた近鉄特急の影響といわれています（写真7-5）。

　そして1950年より、小田急は国鉄東海道線との競争で有利になるように、小田原から箱根湯本まで箱根登山鉄道の勾配の緩い区間（といっても最大40パーミルの急勾配ですが）への特急と急行の乗り入れを開始します。

　この乗り入れは小田急電車の片乗り入れなのですが、最近の阪神と近鉄の相互乗り入れ以上に規格の異なる同士の乗り入れでした。よくまぁ実行したものです。

- **軌間（ゲージ）が違う**。小田急は狭軌（1067ミリ）、箱根登山鉄道は標準軌（1435ミリ）
- **架線の電圧が違う**。小田急は1500ボルト、箱根登山鉄道は600（今は750）ボルト
- **車両の大きさが違う**。小田急は最大長さ16〜20メートル、幅2.7〜2.8メートル。一方の箱根登山鉄道は長さ14メートル、幅2.6メートル。

　軌間の相違はレールを3本敷くことで解決しました。地上施設や架線に車両の中心位置がずれることへの配慮が必要となり、またポイントは見るからにややこしい構造になりました（写真7-6）（図7-4）。

　電圧の相違は小田原〜箱根湯本間を1500ボルトに昇圧し、登山鉄道の車両には複電圧切り替え装置を装備して対処しました。ちょうど品川〜横浜間の600ボルト区間と横浜以南の1500ボルト区間を直通していた京浜急行が全線を1500ボルトに統一した時期だったので、不要となった複電圧切り替え装置が流用できたと聞きます。一方、この電圧の変更で小田原駅前〜箱根板橋間の路上に生き残っていた路面電車線（600ボルト）に給電するのが難しくなってしまい、路面線の廃止が早まりました。

　新宿〜箱根湯本間に設定された小田急の特急（上記の1910、2000系）と急行（通勤型の3扉サイドシート）は人気を呼びました。

写真7-6　箱根登山鉄道区間の3線ポイント
以前に見られた3線同士の複雑なポイント　箱根板橋、生方良雄撮影

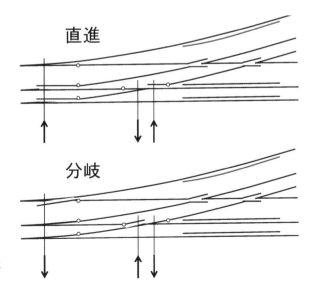

直進

分岐

図7-4　3線同士のポイントの構成
3か所を動作させる複雑なもの

そして1951年、小田急は転換クロスシート、トイレ、喫茶カウンタ付の特急専用車デハ1700系を「ロマンスカー」と名づけて投入します。放送室からは女性アナウンサによる生放送で観光案内とレコード音楽が流され、東京圏では最高レベルの豪華特急電車として多くの人に小田急特急を印象づけました(図7-5)。

筆者の小田急ロマンスカーの初体験はこの第1編成のデビュー直後でした。小学生時代でしたが今でも鮮明に記憶しています。

しかし、国鉄は1950年から長距離形の「湘南電車」モハ80系を東海道線に投入し、電気機関車牽引だった特別急行「つばめ」、「はと」に匹敵するスピードの準急行電車を設定して攻勢をかけてきます。この電車は第5章で述べたように、ブレーキへの電気指令の導入、弁装置の工夫などで16両という長編成に対応した以外は、技術的には戦前の電車そのままでしたが、多数の長大な機関車列車が行きかう東海道本線が我が国の鉄道線路の中で最も規格の高い線路をもっていたのでのびのびと走りました。特別急行より速い準急行まで出現したのです。

一方、これを迎え撃つべき小田急をはじめとする私鉄電車の線路は、国鉄より

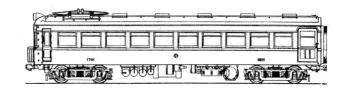

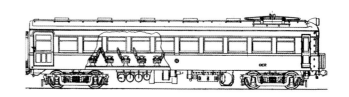

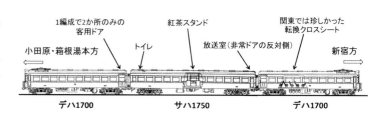

図7-5　小田急の特急ロマンスカー 1700系
３両編成でドアが2か所という特急専用編成。喫茶スタンドを持つ中間車は国鉄電車の台枠を流用したので長い20メートル車となった。

はレールも細く枕木も道床も虚弱、また終戦直後なので保守も万全とはいえませんでした。こうした貧弱な線路でも高速で走れる電車の実用化が待望されることになったのです。

当時の鉄道車両の技術開発の環境は、戦前に比べて大幅に変化していました。仕事を失った大量の航空機技術者たちが鉄道技術の分野に流れ込んできていたのです。

よく知られているように、戦前の日本の飛行機、とくに軍用機の設計製造技術は世界有数の高レベルでした。高速軽量の極限を追求する航空機設計では、従来の静荷重設計のみならず、振動、共振現象、金属疲労、空力特性まで視野に入れた高度な動力学的な設計が不可欠で、そうした素養を身につけた技術者が大勢育っていたのでした。

日本の敗戦で進駐した米国軍は、航空機関連の技術開発と製造を禁止しました。このため、この分野の技術者は自動車、鉄道などの世界に散っていき、これがその後の日本の工業の発展のための大きな技術基盤をもたらしたのです。鉄道分野では国鉄の鉄道技術研究所（鉄道技研）や先進的なメーカでこうした人たちが腕をふるい、日本の私鉄電車や地下鉄に目を見張るような技術革新を実現しました。

鉄道技研の研究者たちは、研究の成果をどこかで試験し、実用化につなげたいと考えました。しかし、国鉄内部の現場は大組織のため動きが鈍く、また線路が良いこともあって革新的な技術改革への意欲は乏しかったようです。そこでメーカと私鉄のグループに新技術を提案します。

その大きな受け皿になったのが、皮肉にも東海道線との競争に危機感をもっていた小田急でした。制御振り子方式、操舵（舵取り）台車などの黎明期の技術の試験は、小田急の線路上で行われました。当時の政府は産業復興のための民間の技術の育成に熱心で、こうしたプロジェクトにも運輸省の援助が得られました。

1954年から行われた鉄道技研の協力による小田急の画期的な軽量高速電車の実用化では、下記のような設計方針が決められました。

- **特急用に特化する**：近鉄モ2200形のように急行やローカル列車にも使えるようにすると高速設計が不徹底となるという判断です。
- **軽量化を徹底する**：線路への負担、消費電力を可能な限り減らすためで、もちろん重心も低く安定になります。このため車体は飛行機のようなモノモック構造とされ、台車や制御装置も軽量なものが選ばれました。
- **空気抵抗を減らす**：航空機の設計では常識だった風洞実験も行われました。
- **連接車編成とする**：連結部に台車を置く構造はイタリア国鉄の特急電車、スペイン国鉄のタルゴ列車などの先例により軽量化、高速化に適当と予想されました。
- **走行中はミュージックホーンを連続鳴動させる**：多数の踏切のある小田急での事故予防のためですが、高速特急のPR効果もありました。

　最高時速125キロ、平地均衡時速147キロという当時破天荒な高性能を与えられて1957年5月に就役した8車体9台車の連接車「SE（スーパーエクスプレス）車」3000形は大人気を博し、特急の乗客は急増しました。沿線の子供達はミュージックホーンの音が聞こえると、
　「あ、新型の特急がくる」
とわくわくしながら待ち、連接車特有の走行音を印象深く聴きました。鉄道友の会はこのSE車に第1回のブルーリボン賞を授与しましたが、この賞はむしろこの電車を顕彰するために創設された感があります。
　小田急はその後も、冷房装置の搭載を試行するなど改良を進めていきました。
　国鉄の技術陣はこの成果を興味深く見ていたのでしょう。運輸省の仲介もあり、1957年9月に小田急からSE車を借りて、線路条件の良い東海道本線の静岡県東部で高速度の限界をテストしたのです。
　この試運転では時速145キロという狭軌鉄道の世界最高速度の記録が樹立され、SE車が所期の性能を持っていることが立証されたのでした。小田急と鉄道技研、ここに参集した航空機技術者あがりの新進の技術者たちの勝利でした（写真7-7）。
　こうした着実な技術革新の流れが我が国の鉄道界に定着し、1964年の世界最初の高速鉄道「新幹線」の成功の源泉になるのです。

写真7-7　国鉄線上で行われた小田急SE車の高速度試験（1957年）
屋根上でパンタグラフの点検が、床下では台車の点検が行われている。沼津
生方良雄、諸河久「小田急ロマンスカー物語」、保育社、1994

私鉄の成功を見届けて、国鉄もこうした新しい技術を用いた電車を導入しました。私鉄とメーカによる試行錯誤の結論をほぼそのまま取り入れたので、通勤用から特急用まで最初から大量生産が可能でした。なかでも1958年から東京〜大阪間を6時間30分で結んだ電車特急「こだま」151系は、技術的には小田急SE車ほど徹底した高速設計ではありませんでしたが、社会的な影響力の大きさは評価されます。

現代の小田急ロマンスカーは前面展望を大切に

　現代の小田急ロマンスカーのキーワードは「前面展望の楽しめる電車」でしょう。特に小田急の下り列車の前面の景色は、なかなか楽しめるものなのです。

　早春のよく晴れた日に乗ってみましょう。景色の主役はもちろん青空を背景にした真っ白な雪をいただく富士山です。電車がカーブを切るごとに右に左に動きながら少しずつ近づいてきます。東京都内は家並みを見下ろしながら高架の複々線を快走、多摩川を渡って神奈川県に入ると丘陵地帯になります。新百合ヶ丘で多摩線を分岐し、玉川学園の下をトンネルでくぐって繁華な町田市街と下を抜けるJR横浜線を眺めます。相模大野には広大な車両基地と工場。このあたりから右手に迫ってくる三角形の大山は東京や埼玉からも見えるランドマークで、江戸時代から参拝旅行のメッカでした。海老名で左に相模鉄道、右に車両基地とロマンスカーニュージアムを眺めるとすぐに相模川の長い鉄橋、そして厚木市の街並みと高層ビル。丹沢山塊の南端の丘陵地帯に入って弘法山のトンネル、そして川音川を縫

うように何回も渡って新松田。酒匂川の鉄橋あたりでは富士山が大きく見えますが、ここからは丸い金時山と手前の箱根外輪山とが立ちはだかります。電車は外輪山の明神ヶ岳。明星ヶ岳を右に見ながら小田原に到着します。

　こうした観光資源を生かすべく、小田急の特急の次のエピソードは運転台を階上に追い上げて最前部まで展望席を設ける形式の特急電車となりました。

　運転台を上げて最前部まで展望席を設ける電車の元祖は、イタリア国鉄が1953年から営業を開始した「イル・セッテベロ」（美しき7両）と呼ばれるETR300とされています。名前は実はトランプゲームの役から来ているのだそうですが。

　この電車は2車体3台車、3車体4台車、2車体3台車の3組の連接車編成を連結したもので、10台の台車のうち6台が電動台車の動力分散方式でした。営業最高時速160キロ、設計最高時速200キロの高速性能には驚かされます（写真7-8）。

　小田急は早くからこの前面展望構造に注目し、運転台を上にあげるか下にお

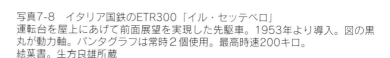

写真7-8　イタリア国鉄のETR300「イル・セッテベロ」
運転台を屋上にあげて前面展望を実現した先駆車。1953年より導入。図の黒丸が動力軸。パンタグラフは常時2個使用。最高時速200キロ。絵葉書。生方良雄所蔵

写真7-9　前面展望室を取り入れた小田急ロマンスカー NSE車3100系
開閉しない広窓、冷房装置を床下に装備、空気ばね台車と近代化された。小田原、1994年2月撮影

ろすかなどの基礎検討を進めていましたが、我が国で前面展望の構成を最初に導入したのは、1961年にデビューした名古屋鉄道の「パノラマカー」7000系で、運転台を上にあげる方式でした。全部が電動車で転換クロスシートの豪華電車ながら、多数が生産されて特別料金不要の列車に広く用いられ、気軽に乗れたのが印象的でした。

しかし、前面展望車は車窓の景色の素晴らしい小田急にこそふさわしいものでした。

1962年から導入された新型3100系「NSE車」では、名鉄と同じく運転台を上にあげたスマートな全面展望室が採用されました。やはり連接車構造を採用し、全長が箱根湯本駅のプラットホーム一杯の144メートル、11車体と長大でした。乗車定員をSE車より3割増加させたのは、小田急ロマンスカーの人気沸騰に対応するものでした。その後しばらく、前面展望室をもつ連接車高税は小田急ロマンスカーの定番となります（写真7-9）。

2005年から導入された白いロマンスカー 50000形「VSE車」は小田急伝統の前面展望室を持つ連接車の決定版といわれます。「前面展望ができるから小田急ロマンスカーを選ぶ」という乗客も多いということです。車両の魅力もさることながら、小田急沿線の景色の美しさも大きな要素になっているのじゃないでしょうか（写真7-10）。

50000形は交流モータ、VVVFインバータ制御装置の現代的なシステムですが、小田急が1960年代に試験した歴史のある、空気ばねによる

写真7-10　箱根登山鉄道に乗り入れた小田急ロマンスカー VSE車50000系
入生田～箱根湯本間の3レール区間をゆっくり走る。2012年4月撮影

車体傾斜制御によりカーブの通過をスムーズにする装置が用いられているのが注目されます。また1950年代に試験を行った操舵台車も取り入れられました。連接車なので台車の空気ばねを車体の間の高い位置、すなわち重心に近い位置に設置でき、こうしたシステムを使いやすかったようです（図7-6）。

その後の小田急ロマンスカーとしては、国鉄（→JR東海）御殿場線への乗り入れ、地下鉄千代田線への乗り入れ、通勤ライナー的な用途のため途中駅での解結などの事情で全面展望室のない通常のボギー車による特急用車両も作られ、多様化しました。2008年から導入された60000系MSE車は20メートルのボギー車6両＋4両編成で前面は運転台です。連結部は貫通幌で結合できる構成となっており、近鉄の新ビスタカーを思い出させます（写真7-11）。

しかし、小田急ロマンスカーの特徴だった連接車編成に、これから逆風が吹くことになりました。乗客の安全のために駅にホームドアを設置すると、ドアの位置が通勤電車とは異なる連接車編成が使

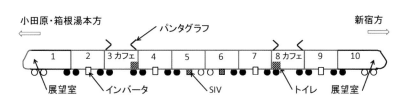

図7-6　小田急VSE車50000系の編成
4個のモータを1台の制御器で制御している。後述のようにホームドアへの対応が難しいため最後の連接車編成になるかもしれない。

写真7-11　小田急MSE車60000系
東京メトロに直通して東京東部の北千住などに発着し、「地下鉄のロマンスカー」として知られた。JR東海の御殿場線にも乗り入れる。写真の反対側の車端は貫通式となっている。
箱根湯本、2016年4月撮影

写真7-12　小田急GSE車70000系
4ドアの通勤電車のためのホームドアに合わせたドア配置のボギー車7両編成。海老名車両基地、2016年4月鉄道友の会新車見学会で撮影

いにくくなるのです。

　2018年の代々木上原〜登戸間の複々線化完成とともに導入された新ロマンスカーの70000系GSE車がこの問題に解を与えました。この新特急は前面展望室は持っていますが連接車ではなく、通勤電車と同様の20メートルのボギー車の7輌編成で、ドアの位置は4ドアの通勤形のドア位置に対応しています。車端にできるスペースは大きなトランクの置き場に活用しています。今後の小田急の特急の姿を示唆しているといえそうです(写真7-12)（図7-7)。

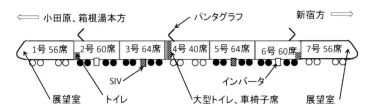

図7-7　小田急GSE車70000系の編成
20メートル車7両編成は箱根湯本駅のホームに入れる最大長。

　一方、引退した小田急の特急電車は長野電鉄などでも使われています。小田急とは異なる山国の景色のなかを行く豪華電車も見ごたえがあります(写真7-13)。

写真7-13　長野電鉄1000系「ゆけむり」
元は1987年にデビューした小田急ロマンスカー HiSE車10000系。側面の展望のため客席の床を高くしたのでバリアフリー化に対応できず2012年に引退。11車体を4車体に短縮して長野電鉄に移籍。夜間瀬、2012年9月撮影

第8章
路面電車も立派な鉄道

都電32系統の170型電車（元王子電車）
1927年製、1942年に王子電車が都電に吸収された後も長く使われた。今は荒川線となっている鬼子母神前～学習
院下の雪の日、目白通りの千登世橋をくぐる。1967年2月撮影

JRや郊外私鉄の車両より小さく軽い電車を路面または簡易な構造の軌道に走らせる鉄道には、どうもうまい総称の日本語がありません。これまでは「路面電車」と呼ばれてきましたが、ほとんど路面に出ないで専用軌道ばかりという例も数多く見られます。

本当はLRT（Light Rail Transit）を使うべきなのでしょうが、我が国ではLRTというと新しい低床の電車を運転している線区を指し、古くから大きな変化なく運行している線区に使うにはやや違和感があります。法律などの呼称は「電気軌道」でしょうが、いささか堅苦しいですね。英語には「トロリーライン」などの使いやすい言葉があるのですが。

ひと頃わが国で「軽快電車」という言葉が使われました。1980年前後にすすめられていた業界の新型電車の実用化プロジェクトの固有名詞のように理解されてしまっていましたが、筆者は一般名称としてすてきな表現だなぁと感心した記憶があります。英語のLRV（Light Rail Vehicle、LRTのための車両）の訳語としてぴったりなのです。

乗客にとって「軽快」とは何でしょうか。たぶん長い階段やエスカレータなどの昇降なしに地上の生活の場から気軽に利用できることに通じるでしょう。ここでは首都圏、近畿圏で軽快な電車を運行している例を観察しましょう。

都電荒川線　おしゃれで軽快な電車は床がわりあい高い

筆者が20歳台だった1970年頃まで、品川、新宿。池袋、赤羽を結ぶルートの束側の東京の街には東京都電の稠密なネットワークがありました。

都電の先祖は馬車鉄道で、1372ミリ（4フィート6インチ）という軌間（ゲージ）は世界的に珍しいものでした。実はこの軌間のルーツはよくわかっていないようです。

しかし、当時世界的に使われていた馬車鉄道には都市交通の基盤としては問題がありました。多数の馬を飼わなければならず、飼料の確保、不衛生な排泄物、さらに馬の伝染病のため突然運行不能になるなど、欠陥の多い交通機関だったのです。

米国でF. J. スプレイグが実用的な電車を発明し、1888年よりリッチモンドの街に導入して成功してからは、馬車鉄道の電車化の嵐が米国から世界中に広がりました。東京も同じで、1902年よりやはり米国の電車をコピーした路面電車に代わり、発達していきます、当初は複数の電鉄会社が競合しましたが、1911年に都心部の各線が市営化されて東京市電となり、1943年に東京市と東京府とが東京都に改組されるとともに東京都電になりました。

しかしその後の自動車交通の大発展のためニューヨーク、パリ、ロンドンなど巨大都市の路面電車は急速に廃止されます。東京も例外ではなく、1972年を最後にほとんどの路線が廃止されました。

いま生き残っている「荒川線」は実は当初からの東京市電ではなく、1911年に旧東京市の北の周辺を縫うようなルートを開通させた王子電車という私鉄の路線でした。荒川区の三ノ輪橋、王子駅、赤羽という路線（旧27系統）と、王子駅から大塚駅を経て早稲田までの路線（旧32系統）がありましたが、今は三ノ輪橋〜王子駅〜早稲田の一本道になっています。

写真8-1　都電7000形の今昔
（a）都電で最もスマートな電車だった昔の7000形
塗装変更後の姿。デビュー当初は青の濃淡の涼しげな色だった。渋谷、1961年撮影

（b）東京都電荒川線の改装7000
形
新製された車体に交換されたが
台車などには古い部品も使われ
ていた。その後、新しい走行機器
に交換して7700形とする脱皮
が2017年に完了。荒川車庫前、
2009年12月撮影

　王子電車が東京市電に吸収されたのは1942年、市電が都電となる前の年でした。軌間などの技術的な規格を都電に合わせてあったので都電の一部として違和感はなく、路面よりは専用軌道が多いのが特徴で自動車の邪魔にならず、また並行する道路が万年渋滞状態ということで生き残ったものです。当然ながら都電時代にスタイル、使い勝手などが優れていた比較的新しい電車が選ばれてここに集結し、鉄道ファンには楽しい線区になりました。

　ここではまず都電の盛んな時代に「都電で最もスマートな電車」といわれ、ながく使われた7000形の昔の姿（写真8-1（a））と、荒川線に来て新製された車体を載せた姿（写真8-1（b））を比べてみましょう。昔の方が素敵なスタイルだったという方もいるかもしれませんね。

　車体新製後の7000形は冷房装置が搭載されるなど近代化されましたが、一部はすでに引退し、残った車両も2016年から新しい制御装置などへの交換が始まり、7700形に変わっています。

　新旧の7000形を比べて一目で変化がわかるのは、客用ドアの下辺の高さの違いです。最近の路面電車の世界的な課題は、乳母車でも車椅子でも気軽に利用できる「バリアフリーのサービス」で、種々の工夫が見られ、ドアの構造の変化もこれに対応しているのです。

　7000形の床の高さはレール面から78センチありますが、昔は道路面または低い安全地帯から乗降していたので、道路からなら3段、安全地帯からでも2段のステップを昇り降りしていました。これに比べ、新型ではドアの下辺は車内の床面と同じ高さで、ステップはありません。

　理由はご存知の通り、今では各停留所に電車の床の高さに合わせたプラットホームが完備しており、段差なしに乗降できるのでバリアフリーのサービスが可能になっているのです。考えてみると普通の高速電車と同じ様式になったわけですね（写真8-2）。

写真8-2　都電荒川線の9002号
レトロなスタイルの電車が荒川
線の名物となっている。もちろ
ん走行装置は最新技術のもの。
荒川車庫前、2009年12月撮影

写真8-3　ドレスデンの5車体連接の超低床車
ジーメンス社の技術によるモデル　1、3、5番目の車体がそれぞれ4つの車輪をもち、これにドアを持つ2、4番目の中間車体が渡されている。この構成の超低床車は現代の欧州の路面電車の標準となっている。シアタープラッツ、2012年5月撮影

　我が国のほか、米国でもこうした形式をとる路面電車があります。例えば、ロスアンジェルスのLRTでは道路の中央の線路際に高い安全地帯が設けられていて、横断歩道からスロープで昇降するようになっています。
　バリアフリー化には別の解も普及してきました。欧州の多くの路面電車ではレール面から20 ～ 30センチの高さの平らな床をもつ「超低床車」により、路面または歩道程度の高さの安全地帯からの段差なしの乗降を可能としてバリアフリーのサービスを実現しているのです。確かに歩道から段差なしに乗降できるのは安心できます。
　しかし、このように低い床ですと車軸が邪魔になってしまうので普通の構造の台車が使えません。一つの解決策として、欧州では車体の中央部だけ低床にした車両も多数見られます。しかし、我が国のワンマンカーでは欧州とは異なり乗客に入口から出口まで車内を歩かせますので、全車体を通して平坦な床を持つ「全低床車」が欲しいことになります。
　欧州の全低床車によく見られるのは、両側に車輪を取り付けた車体の間に別の車体を渡す、ブリッジ構造といえる仕組みです。例えばドイツのドレスデンの5車体連接車は床の高さがレール面上23.5センチで、1、3、5番目の車体がそれぞれ4つの車輪をもち、これにドアを持つ2、4番目の中間車体が渡されています(写真8-3)。
　我が国でもこうした超低床車が使われるようになりました。代表例はアネックスA7節で取り上げたいと思います。

東急世田谷線　連接車の伝統と山の手のエスプリ

　1907年(明治40年)に開通した玉川電鉄は、多摩川の砂利を東京市街まで運搬する鉄道で、最初は国鉄と同じ1067ミリ軌間でしたが、東京市電に貨車を直通させるため1372ミリ軌間に変更しました。最盛期には溝の口、二子玉川、三軒茶屋、渋谷、天現寺橋を結ぶ本線のほか、いくつかの支線を擁していました。大部分が路面軌道でしたが、支線の1つの三軒茶屋～下高井戸間はわりあい長い複線の専用軌道でした。
　1934年に東横電鉄などを保有していた五島慶太の経営に移った頃に、多摩川の砂利採取が禁止されたので砂利輸送を停止、1938年に東横電鉄に吸収、1942年には東急の一員となりました。しかし戦後はここでも自動車ラッシュで路面電車が邪魔者扱いされて、ほとんどが専用軌道だった三軒茶屋～下高井戸間を残して1969年に廃止され、残さ

れた部分は東急世田谷線と呼ばれることになりました。廃止された渋谷、二子玉川間には地下の「新玉川線」（今の田園都市線の一部）が作られましたが、開通まで８年間のブランクが空いています。

　路面時代の玉川線では、戦後は２両連結の電車を１人の運転士が操縦し、後の車両に車掌が１人乗務する「連結２人乗り」方式をとっていましたが、路面区間に安全地帯が少なく、路上から乗降する停留所が多かったのが問題点でした。乗降の多い停留所では、電車が着くと鞄を腰にさげたおじさんの職員が歩道から出てきて外から鍵でドアを開け、地上で定期券のチェックや料金収受をしていました。雨の日などは大変でした。

写真8-4　東急多摩川線の200形連接車
床の高さは59センチ　張角構造の軽量車体と1軸の中間台車が特徴。玉電山下、1961年撮影

　そこで、ドアが広くて床の低い連接車が企画され、レール面上59センチと当時の日本では破天荒に床の低い２車体連接車200形が1955年に導入されたのです（写真8-4）。

　この電車は徹底的な軽量構造で、車体は航空機の技術をもとに卵の殻のような「張殻構造」をとったため断面が丸く、台車や電気機器も単純化されていました。とくに目につくのが１軸だけの連接台車で、リンク機構の舵取り装置が与えられていました。現代の目で見ると定格速度が時速29キロと鈍足だったので可能となった構成ともいえるようです。

　200形は意欲的な設計でしたが、やはりこの床の高さでは完全なバリアフリーのサービスはできませんでした。また、床下機器の取付け構造などに特殊な部分が多く、現場では保守に苦労があったようでした。

　現在の東急世田谷線ではやはり300形と呼ばれる、２車体３台車の連接車が使われています。しかし、その設計思想は200形とは異なっています。

　世田谷線では専用軌道区間のみのため路面からの乗降を考慮する必要がなくなったので、都電荒川線と同様に各停留所に床の高さに対応するプラットホームを設け、床の高さをレール面上79センチと旧型路面電車の標準寸法としています。このため300形は200形に比べると保守的な設計ですが、バリアフリーのサービスが可能になりました（写真8-5）。

　300形はステンレス車体ですが華やかにラッピングされ、また広い窓が効果的で、世田谷の瀟洒な住宅地にふさわしいおしゃれな電車になっています。東急の電車ではこれが一番好き、という鉄道ファンもいるようです。

写真8-5　東急多摩川線の300形連接車
ステンレス製の車体に全面ラッピングを施したおしゃれな車体。床は高いが同じ高さのプラットホームを設けてバリアフリーとしている。山下、2015年8月撮影

鎌倉、江の島観光は江ノ電に乗って

　東京圏から訪れやすい観光地の鎌倉、江の島かいわいに江ノ島電鉄、通称「江ノ電」と呼ばれる小さな電車が走っているのは、このところよく知られるようになりました。

　江ノ電の藤沢〜江の島間の開通は1902年(明治35年)、藤沢〜鎌倉を結んだのが1910年と京浜急行に近い老舗です。軌間は1067ミリ。以来京浜急行のように大発展することもなく、全線が単線のかわいいローカル電車として現在に至っています。線路と周辺との境界が希薄で建築限界ぎりぎりまで家や立木があり、まるで線路が道路であるかのようにレールに向かって門を開いている民家も見られました。

　施設や車両の改良は着実に行われてきており、自動信号システムの採用、藤沢駅付近の高架化、鵠沼(くげぬま)の境川鉄橋の架け替え。車両では2軸車からボギー車、2車体3台車の連接車、そして旧型電車2両を組み合わせて連接車化し、一部を除いて2編成4車体で運行するなどの脱皮がありました。

　他の路面電車と同じように江ノ電も、1960年代には自動車ラッシュにおされて乗客が減少し、存廃を問われる危機にさらされました。しかし大部分が単線ながら専用軌道なので安定な運行を続けていたところ、今度は自動車が増えすぎて道路の渋滞や駐車場難がひどくなり、定時運転している電車が見直されたのです。そして車窓風景の楽しみが広く知られるようになると定常的に乗客が集まるようになり、休日には乗車待ちの列ができるほどの人気となりました。

　1979年にしばらくぶりに投入された新車1000形が、並み居る国鉄や大手私鉄の新車を抑えて1980年の鉄道友の会ブルーリボン賞を獲得したのは鉄道ファンを驚かせました。古風な吊掛け式のロングシートの電車がなぜ? というわけです。実際には広い窓、すっきりしたデザインなど、低迷していた路面電車の世界からの脱皮の意欲が随所に感じられ、多くの人々が江ノ電を見直したのが評価されたのでした(写真8-6)。

　この後、江ノ電には鉄道そのものを観光資源にしようという意欲が支持され、電車目当ての観光客が訪れるようになります。

　江ノ電の列車は12分間隔(1時間に5本)で運行され、全線10キロを所要34分。途中で5回の列車交換があります。車両は2車体3台車の連接車で、大部分の列車がそれを2ユニット連結した4車体編成です。車体の幅は2.5メートル、床の高さは1.1メートルと通常の私鉄電車に近い大きさなので車内はわりあいゆったりしています。

写真8-6　江ノ電1000形連接車
現代の江ノ電の先駆けとなった車両。機構はやや古風だが、1980年の鉄道友の会ブルーリボン賞を受賞して鉄道ファンを驚かせた。七里ヶ浜、2010年1月撮影

写真8-7　腰越付近の路面区間を行く2000形連接車
江ノ電には短距離だが路面を走る区間がある。ステンレス鋼を多用した車体、平行カルダン駆動と新技術を取り入れた2000形が行く。2016年8月撮影

　このところ、それぞれの編成が形も色も個性的になっているので、
　「今度は何が来るかな」
　と待つのも楽しみになりました。
　鎌倉を出るとしばらく人家をかすめて走ります。長谷（はせ）は大仏様と長谷観音の最寄駅。トンネルを抜けた極楽寺には車庫があります。稲村ケ崎の先から海が間近に見えて車内で歓声が上がります。外国にまで名所として知られるようになった鎌倉高校前駅は、天空海闊といいたい七里ヶ浜の真正面で江の島が目の前、晴れた日には伊豆大島も望むことができます。漁港のある腰越を出ると短い路面区間があり、名物「江ノ電最中（もなか）」本舗の前を通りますが、近頃はここが人気スポットになっています。江の島駅はこの電車の観光中心。鵠沼（くげぬま）は高級住宅街。そして藤沢の高架駅に到着します（写真8-7）。
　七里ヶ浜界隈の駐車場は鎌倉市街の駐車場よりも広いので、そこにクルマを置いて江ノ電で鎌倉、江の島を観光、というのもいいアイデアかもしれません。

「路上電車」湘南モノレールは電車の世界のスポーツカー

　鎌倉江の島の観光の折には、江の島と大船とを結ぶ湘南モノレールに試乗されるのが興味深いと思います。
　モノレールというと羽田空港に行く東京モノレールや伊丹空港に行く大阪高速鉄道のような跨座式モノレールを思い出しますが、湘南モノレールは我が国では珍しい懸垂式（ぶら下がり方式）のモノレールです。
　実は鉄材で組まれた線路からぶら下がって走行する懸垂式モノレールの歴史は古く、1901年に開通したヴッパタール（ドイツ）の「空中鉄道」は今でも営業しています。これはフランジを両側に設けた「溝車輪」（次章のケーブルカーの項を参照）をレールの上面に乗せる「ランゲン式」と呼ばれるものでしたが、これをゴムタイヤに置き換えた方式の上野公園（東京）のモノレールが1957年より2011年まで営業し、わが国最古のモノレールとされています。
　これに対して、1970年から運行している湘南モノレールは「三菱サフェージュ式」と呼ばれる、鉄の箱状の線路にゴムタイヤの車輪を持つ台車をはめてぶら下がる形式をとっています（写真8-8）。
　これは千葉のJR駅前にジャングルのように線路をめぐらせている千葉モノレールと同じ方式ですが、湘南が先輩です。大船から湘南江の島まで6.6キロ。ルートの多くの部分が道路の上なので、路面電車ならぬ「路上電車」というべき存在です。

写真8-8　湘南モノレール5000形
モノレールとしては古い懸垂式だが特徴の多い方式　大船、2016年3月撮影

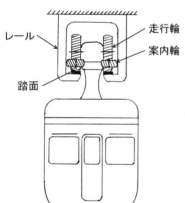

レール
走行輪
案内輪
踏面

図8-1　湘南モノレールの車両の走行部分の構成
ゴムタイヤの走行輪と案内輪とをもつ。箱状のレールの中におかれるので雨や雪の影響が少ない

　列車の基本構成は3両編成、直流1500ボルトの電車なのですが、車両はそれぞれ2つの台車を持つボギー車です。当然ながら台車は屋根の上、連結器も屋根の端にあります。走行輪は2軸のゴムタイヤの車輪ですが、その前後に案内輪と呼ばれる小さなゴムタイヤの水平車輪をもち、これがレールの横壁に接してカーブやポイントで車両の舵取りをしています(図8-1)。

　この方式の問題点は列車の進路を切り換えるポイントでしょう。巨大な鉄の構造物を動かす必要があり、大仕掛なものになります(写真8-9)。

　湘南モノレールの線路は最急勾配74パーミル、曲線半径100メートルと、まさに登山電車並みの厳しい条件なのですが、スリップしにくいゴムタイヤの車輪、しかも踏面が鉄の箱の中なので雨や雪の影響が少ないため加速、減速が鋭く、急坂も楽に昇降し、また構造的に究極の自然振り子?方式で案内輪もあるので、カーブをあまり減速せずに曲がることができ、走行中の振動もあって最高時速75キロの走りはなかなかスポーティです。「電車の世界のスカイラインGTR」と評した鉄道ファンもいました。

写真8-9　湘南モノレールのポイント
巨大な鉄の構造物を動かして進路を切り換える　目白山下、1992年8月撮影

全線の所要時間は14分。全線単線なのに7～8分間隔（1時間に8本）という高頻度で運行し、途中4回交換します。江の島と大船を行き来するにはとても便利です。

湘南江の島の駅入り口は江ノ電の江の島駅より山側のビルの高いフロアで、ややわかりにくいのでご注意ください。発車するとすぐトンネル。そしてバス道路の横や上をたどります。高級住宅地として知られた西鎌倉と、大仏前から藤沢に至る道路に近い湘南深沢との間は距離が長く、また長いトンネルがあります。高い位置からの眺望とスポーティな走行を楽しんでください。そのまま道路上を走って丘を越え、JR横須賀線を飛び越えて大船に着きます。

ゴムタイヤ車輪でわりあい高速で走るので走行音が独特です。かん高いシャーという連続音を聴いて、やはりゴムタイヤを使っている札幌やパリの地下鉄を思い出す方もいるでしょう。

江の島の近くを走るちょっと変わった電車。楽しんで乗ることをお勧めします。

京都の嵐山電車　文化の故郷を行く大型の路面電車

京都で最も古くから拓かれたという洛西にネットワークを持つ京福電鉄嵐山線（通称嵐電：らんでん）は、地元のみならず首都圏の人々にもよく知られた路面電車です。京都の中心からはやや外れますが、数多くの観光スポットのある洛西地区をめぐるのに高い利用価値のある電車です。

京福電鉄というのは京都と福井を結ぶ大私鉄みたいな名前ですが、戦前に京都電灯会社の傘下のローカル電車をまとめた会社で、親会社が京都地区と福井地区の間に電力線を設けていたのでこんな名前になったと聞きます。今は分離したり第三セクタになったりしてここ嵐山本線と北野線、そして比叡山のケーブルカーとロープウェイだけが残り、福井県の鉄道とは無縁になりました。

嵐山本線は、阪急京都線の来ている四条大宮（しじょうおおみや）を起点とし、有名な渡月橋に近い嵐山駅までの全線複線で、多くは専用軌道ですが路面を走行する区間もあります。支線の北野線は途中の帷子ノ辻（かたびらのつじ）から東に分岐して北野白梅町（きたのはくばいちょう）まで。全線が専用軌道ですが単線区間があります。

この電車は古都らしく駅名の読み方が独特です。読みながら沿線をたどってみましょう、

四条大宮を出た電車は西に向かい、次の西院（さい、すぐ近くの阪急京都線の駅名は同じ漢字で「さいいん」ですが）

写真8-10　嵐山電車モボ300形
やや古いモデル。車体が大きく、床がことさら低く見える　嵐山、2009年11月撮影

から北に向きを変え、西大路三条から三条通の路面を西に行きます。2008年に京都地下鉄の東西線が延伸されて三条通に達し、太秦天神川(うずまさてんじんがわ)駅を設けたので、嵐電も三条通の山之内の先に嵐電天神川(らんでんてんじんがわ)の新停留所を設けました。ここには京阪京津線の列車も滋賀県の大津から直通してきますので嵐電との乗換え客も多いようです。この停留所は次の蚕ノ社(かいこのやしろ)までは200メートルくらいの近所です。

　その次の太秦(うずまさ)は、飛鳥仏の代表作の繊細な弥勒菩薩像に会える広隆寺の近くですが、映画ファンには太秦映画村も見逃せません。次の帷子ノ辻が北野線との乗換駅です。ここからは有栖川(ありすがわ)、車折神社(くるまざきじんじゃ)、鹿王院(ろくおういん)、嵐電嵯峨(らんでんさが)を経て終点嵐山に達します。

　本線は全線7.2キロを所要22分。古都らしい多様な景色の変化が楽しめます。

　帷子ノ辻から分岐する北野線は更に味わい深い線区です。常盤(ときわ)、鳴滝(なるたき)の桜の名所を経て高雄口、そして宇多野。次の御室仁和寺(おむろにんなじ)の北に桜の見事な仁和寺がありますが、旧駅名は御室で、自動改札機などの製品で知られるオムロン社の名前のルーツでもあります。続く竜安寺(りょうあんじ)から北に歩くと、枯山水の石庭で名高い竜安寺があります。時間をとってゆったり拝観したいお寺です。妙心寺、等持院はそれぞれの名の寺院への最寄駅。そして終点の北野白梅町まで3.8キロを11分。終点は北野天満宮に近い場所で、西大路通に面しており、バスの便の良いところです。

　ここの電車は大部分が専用軌道のため、車体幅約2.5メートルと大型なのですが、停留所のプラットホームが歩道くらいの高さなので床がレール面上約80センチと路面電車と同等の高さで、「大きな車体に小さな台車」が特徴です(写真8-10)。

　いつ乗っても楽しい嵐山電車ですが、とくに桜の季節がお勧めです。寒さの厳しい冬を抜けた京都の街がほっと輝くような季節はまた格別です。北野線の鳴滝〜高雄口間では電車が桜のトンネルをくぐるような場所があり見事です(写真8-11)。プラットホームで満開の桜の見られる停留所もあります。

　嵐山、仁和寺、竜安寺など沿線の桜の名所と合わせて楽しむのをお勧めしたいと思います。

写真8-11　嵐山電車北野線　満開の桜とモボ621形
北野線には単線の専用軌道が多い。花曇りの鳴滝、2010年4月撮影

第9章
特殊な電車もおもしろい

箱根登山鉄道の旧型電車
天下の嶮と謳われる箱根の山に挑む登山電車。素朴なスタイルの旧型電車が親しまれてきたが、いよいよ近代的な新車との全面的な交代が近くなっている。大平台、2013年3月撮影

鉄道の大きな障害は急な勾配と急なカーブです。山岳地帯の観光地にはこうした悪条件を克服する鉄道が見られます。また都市の中でも急勾配や急カーブを駆使してビルの間を器用に縫って走る路線もあります。ここでいくつかの例を取り上げてみましょう。

80パーミルの急勾配に挑む箱根登山鉄道

　鉄の車輪で鉄のレールの上を走る普通の鉄道は坂道が苦手です。傾斜のきつさは「パーミル」（1000メートル行くうちに何メートル昇降するか）で表しますが、機関車列車の走る線区では25パーミル（25/1000＝1/40）、電車だけの線区では35パーミルが最急勾配のようです。1997年に廃止になった信越線の碓氷峠（群馬県横川〜長野間軽井沢）は66.7パーミル（66.7/1000＝1/15）でした。あまりにも急勾配なので、1883年の開通時から1963年まではレールの間に歯形軌条（ラックレール）を敷いて特殊な機関車で昇降する「アプト式鉄道」となっていたのが知られています。

　ところが、神奈川県西部の箱根登山鉄道は1919年の開業以来、ラックレールなど使わないで80パーミル（1/12.5）の急勾配を昇降しています。登山鉄道の本場のスイスでもラックレールなしでこれだけの急勾配を運行する例は多くないようです。

　小田原駅では、箱根湯本方面へのプラットホームに登山電車のシンボルカラーの赤い電車が4両編成で待っています。実はこの電車は小田原〜箱根湯本間を往復している小田急の1000形電車です。箱根湯本までは小田急の特急を乗り入れるため線路が狭軌（1067ミリ）、架線の電圧が1500ボルトとなっており、本来の登山電車は標準軌（1435ミリ）のため小田原には来られません。

　2006年まではレールを3本設置して、小田原までの普通電車には登山電車の車両を使っていたのですが、2両編成だった登山電車を3両編成化したときに車両が不足したので、箱根湯本までは普通電車

写真9-1　箱根登山電車 出山信号場
80パーミルの急坂の途中にあるスイッチバックの信号場。1969年5月撮影
（上）登り、降り電車の交換　前方右の林の間が箱根湯本に降る線路、左が強羅に登る線路。
（下）早川鉄橋を見下ろす。　電車は左のトンネル内で向きを180度変えながら信号場に登ってくる。

にも小田急の大型車両を使うようにしたのです。このため箱根湯本での乗換の手間が増えたのですが、輸送力は大幅に増加し、またホームと電車との間の広過ぎる隙間を解消してバリアフリーサービスに対応できました。

　箱根湯本まではさして急勾配には見えませんが、それでも40パーミルの勾配区間があります。箱根湯本の1つ手前の入生田（いりゅうだ）には箱根登山鉄道の車両基地があるので、ここから箱根湯本までは狭軌、標準軌の両方に対応できる3レール区間となっています。また登山電車はここだけのために架線電圧750ボルトと1500ボルトの切り替え装置を持っています。車両基地を箱根湯本より奥に作ることができればいいわけですが、そうした施設を天下の嶮の国立公園の中に設けるのは制約が多いということです。

　箱根湯本には強羅（ごうら）行のかわいい、しかし重装備のりりしい姿の登山電車が待っています。

　箱根湯本からはいよいよ標準軌間750ボルトの登山電車専用線です。駅を出外れるとすぐに80パーミルの上り勾配。乗っていても急勾配を実感できます。トンネルに挟まれた塔ノ沢を過ぎると早川を渡る高い鉄橋。この橋のトラスは明治期に東海道本線の大井川鉄橋に使われていたものです。鉄橋の部分だけ水平なのは無理な力がかかるのを避けたためでしょう。電車は登りながらカーブしたトンネルをくぐり、向きをほぼ180度変えたところでスイッチバックの出山信号場に着きます。さっき渡った早川の鉄橋を見下ろすことができます（写真9-1）。

　運転士と車掌とが場所を交代して向きを変えた電車は、林の中を上って大平台（おおひらだい）駅。ここでスイッチバック、すぐ上の上大平台信号場でまたスイッチバック。全線で3回向きを変えますので、箱根湯本を発車するときの先頭車と強羅を発車するときの先頭車は同じ車両になります。

　箱根登山電車はまたカーブがきついのでも知られています。次の仙人台信号場から彫刻の森駅までの間に半径30メートルの急カーブがあります。

　宮ノ下駅、小涌谷（こわきだに）駅は周囲に旅館や人家が多く、乗降も盛んです。彫刻の森駅は広大な野外美術館の最寄駅。この美術館は大規模で、また名作が多く見ごたえがあります。そして終点の強羅駅に到着します。箱根湯本駅は海抜96メートル、そこから8.9キロを約36分で登ってたどり着く強羅駅は海抜541メートル。気温も天気も下界とは明らかに違います。

　多くの乗客はケーブルカーに乗り換えて早雲山に向かいますが、この沿線にも公園や保養所などが多く、ケーブルカーには珍しく4つの中間停留所があります。観光客向けにはさらに早雲山でロープウェイに乗り換え、大涌谷を経て芦ノ湖のほとりの桃源台に至り、湖上遊覧船で国道1号線最寄りの箱根町、元箱根へと回遊する観光コースができています。

　箱根登山鉄道の車両は長さ14.7メートル、幅2.59メートルと小型ですが多種多様で、またいずれも魅力的で楽しめます。どの車両にも共通しているのは、急勾配に備えて普通の電車にはない機器を装備していることです。

　まず目に付くのが車端の床下の水タンクです。急カーブでは雨の日以外はレールに水をまいて摩擦をおさえているのです。

　ブレーキは通常の電車のもっている空気ブレーキのほか、下り坂でモータを発電機にして連続的にブレーキをかける発電ブレーキを常用しています。起こした電気は屋根の上の大きな電気抵抗器で熱にしますので、箱根湯本に着いて電車から降りてから屋根を見上げるとゆらゆらとかげろうが立っています。

　さらに、どの車両も特殊なブレーキシューをレールに押し付けて停止できる保安ブレーキ（カーボランダムブレーキ）を備えており、2つの車輪の間をよく見るとレールを押さえるシューが見えます。台車の中にこのブレーキのための圧縮空気シリンダを装備しています。

　2014年に2両導入された新型の3000形「アレグラ」は2015年の鉄道友の会ローレ

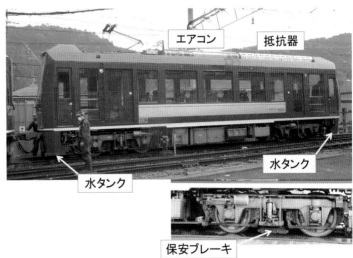

写真9-2　箱根登山電車3000形、「アレグラ」の1次モデル
床下にも屋根の上にも機器が満載されている。運転台下に水タンク、台車中央にレールを押さえつける保安ブレーキが見える。屋上はエアコンと抵抗器。入生田車庫、2015年4月撮影

写真9-3　箱根登山電車1000形　「ベルニナ」
30年以上活躍しているが古さを感じさせない。運転台下の水タンクの下面にはATSシステムの車上コイルが取り付けられている。強羅、2015年4月撮影

ル賞を受賞しました。思い切り広い固定ガラス窓、広くはないが座りやすいクロスシート、最新のVVVFインバータ制御装置に交流モータと現代の登山電車にふさわしい車両です。これまでの車両は屋根上には大きな抵抗器があるためエアコン装置を置くスペースがなかったので、車内の連結部付近を区切って設置していましたが、「アレグラ」は発電ブレーキに加えてブレーキで発電した電力の一部を架線に返す「回生ブレーキ」を装備したため抵抗器が小型になり、エアコンを屋根上におくことができました（写真9-2）。

　「アレグラ」の初期型は両側に運転台を持って1輌でも走れる構造なので、2000形「サンモリッツ」のうちの2両編成のもの（俗称ニモリッツ）に増結されて走ることが多いようです。さらに2017年には片運転台、2両連結編成の新しい3100形「アレグラ」が増備されました。

　現在の主力車両としては「アレグラ」のほかに、2000形「サンモリッツ」3編成と1000形「ベルニナ」2編成があります。いずれもおしゃれなヨーロッパスタイルで、眺めの良い広い窓と観光電車らしいクロスシートが特徴です。制御器は旧型の抵抗制御で、台車とモータには近代的な平行カルダン形を使っていますが、回生ブレーキを持たないので発電ブレーキで発電した電力のすべてを抵抗器で消費するため、大きな抵抗器が屋根の上を占領しています（写真9-3）。

　上記のように新車「アレグラ」ができたので、ほとんどすべての列車が3両編成になりました。

　箱根湯本で登山電車から下車したらそのまま帰りの小田急の電車へ走らないで、振り返って屋根の上に立ちのぼるかげろうを見上げ、登山電車の旅の終わりを実感してください。

南海電鉄高野線　大阪から直通して50パーミルの勾配を登る

　箱根登山電車の勾配80パーミルは別格として、50パーミルという条件ですと関西の南海高野線と神戸電鉄が該当します。いずれも乗ってみるとかなりの急勾配と実感できます。ここでは南海高野線に注目しましょう。

　「高野」を「こうや」と読むのは常識だったはずですが、近頃は「たかの」などと読まれかねませんね。もちろん弘法大師の拓いた高野山金剛峰寺に由来しています。2016年に開山1200周年を迎えたということです。

高野線の前身の高野鉄道の開通は1898年（明治31年）の昔でした。もちろん蒸気機関車の牽く鉄道で、直流600ボルトでの電化は1912年。その後大阪高野鉄道と改称して1925年には高野下（こうやした）まで開通します。その前に1922年、南海鉄道に吸収されて南海高野線となっていました。大阪方のターミナルは汐見橋駅でしたが、乗客の流れに従って難波駅の比重が大きくなり、戦後は難波駅が事実上の起点となります。

高野下から先の勾配50パーミル、曲線半径100メートルの登山線は別会社の高野山電鉄が建設し、海抜538メートルの極楽橋（ごくらくばし）までが1929年に全通しました。この線は直流1500ボルトで南海高野線とは方式も車両も異なり、乗客は高野下で乗換えました。1930年には極楽橋から高野山までのケーブルカーが完成し、現在のルートが出来上がりました。

高野山電鉄の登山電車は全長14メートルの小型車でしたが、当時最高級の全鋼製電車で、半径100メートルの急カーブに対応して大きな2つのヘッドライトをもち、また連続する急勾配に対応して回生ブレーキ、電磁レールブレーキを備えていたそうです。

高野下での乗換は箱根湯本での小田急と箱根登山電車との関係を思い出させますが、両社は直通運転が必要と考えており、1932年より高野山電鉄の区間の架線電圧を600ボルトに落として難波から極楽橋までの直通運転が始まりました。これは大変なプロジェクトだったようです。高野山電鉄は全車の制御器を付け替えました。南海も比較的新

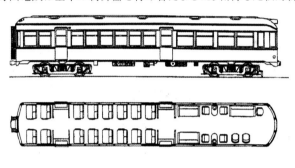

しい木造電車の制御器などを付け替えて登山電車に変身させました。

ここで採用された制御器は先進的な自動加速式のもので、平坦線では弱め界磁で高速運転でき、山岳線では回生ブレーキ又は電気ブレーキが使える高性能なものでした。それ以来、箱根登山電車にも比肩すべき本格的な登山電車が、大阪から60数キロを直通することとなりました。南海側の車両としては鋼鉄製、2扉15メートル級で広い窓をもつ整ったスタイルのモハ1251形が1938年から量産され、高野線の主力になりました。

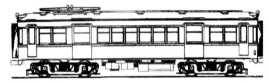

しかし、意外なことに高野下以北と以南とは1947年まで別会社のままでした。南海鉄道は戦時合併で近畿日本鉄道の一部となり、戦後これが独立するときに、高野山電鉄を南海電気鉄道と改名して旧南海の線区を引き取ったという興味ある歴史があります。

1951年から運転が始まった特急「こうや」は、季節運転で冬は運休でしたが画期的なものでした。南海電車には戦前に貴賓車として製造したものの戦争の激化で死蔵していた豪華展望車（クハ1900号）がありましたが、これと転換クロスシートをつけた1251形を使用した全席指定席の特急「こうや」が1953年から運行されて看板列車となったのです（図9-1）。

図9-1　南海高野線の最初期の特急「こうや」用1251＋1900号1953年から1251＋1251＋1900号の3輌編成で使われた。1900号の旧貴賓室には豪華なソファ。普通室と1251の車内は転換クロスシート。

戦後の新型で車の時代になってからも特急「こうや」専用の車両が投入され、現在の車両は流線型の30000形が3代目、正面貫通式の31000形が4代目になります（写真9-4）。

写真9-4　南海高野線特急用30000形1983年より運行。直流モータ、抵抗制御。橋本、2011年8月撮影

写真9-5　南海高野線　2000形「ズームカー」
1990年より運行。交流モータ、VVVFインバータ制御。橋本～紀伊清水間で紀ノ川を渡る。2011年８月撮影

　1973年に南海全線が1500ボルトに昇圧され、古い車両が大幅に淘汰されました。部内で「大運転」と呼ばれる高野線の難波～極楽橋間の急行列車も車両が交代し、現在は2000系、2300系というVVVFインバータ制御装置を持つ17メートル級の新形登山電車が専用に用いられています。平坦線を高速で、山岳線を安全に走れる設計のため、南海電鉄は「ズームカー」と呼んで高性能を誇っています（写真9-5）。

　車両の改良とあわせて線路の改良もすすめられました。河内長野から橋本までの紀見峠越えの区間は高野山の区間に比べれば勾配はゆるやかでしたが、やはり単線で急カーブの多い山越え区間でした。ここのほぼ全面的な線路付け替え工事が1995年に完成し、全線複線、長大なトンネル、ゆるいカーブで道路とは立体交差と、新幹線を思わせる近代的な線区に変身しました。このため所要時間が15分も短縮され、また橋本までは南海標準型の20メートル４扉車が来るようになりました。南海電鉄は美加の台、林間田園都市など新設の駅の周囲の宅地を盛んに開発し、特急「りんかん」など高野山と無関係な優等列車も新設しました。これらは橋本以北の列車なので、前述のとおり和歌山に至る南海本線と同じ長さ20メートルの大型車が使用できます。

　小田急の特急は新宿から箱根湯本までで、箱根登山電車の強羅までの直通はしていません。これに比べ、南海高野線はなぜ全線の直通運転が必要だったのでしょうか。

　まず、高野山への乗客は多くが難波方面からの長距離客です。これに比べ、箱根登山電車にはJR東海道線や新幹線で小田原まで来て流れ込む乗客も多いのです。

　また別の観点として、高野下～極楽橋間の沿線には人家やホテルなどが少なく、線内の乗降の需要が少ないことがあげられます。高野下から入る乗客はほとんどすべてが極楽橋まで来てケーブルカーで高野山に登るのです。一方、箱根登山電車の沿線には温泉街、ホテル、民家、著名な美術館など箱根観光の要素の多くが点在し、線内の乗降需要も旺盛です。強羅から早雲山までのケーブルカーにも途中駅があり、多数の乗降があります。

　直通運転の必要性が南海と小田急、箱根登山でかなり異なっているのです。

　小田急では新宿～箱根湯本を直通する列車は特急だけになりました。ところが南海高野線でも特急以外の全線直通列車はこのところ減少気味です。小田急と同じように高野山への乗客はなるべく特急に誘導しようとしているのでしょうかね。

ケーブルカーはどんな「電車」か

　我が国では山岳地域での観光輸送の主力はケーブルカーかロープウェイで、スイスで普及しているようなラックレールを持つ急勾配の鉄道は少数派です。

　これは我が国の山岳観光地の歴史がスイスより新しいためのようです。我が国で山岳観光地の交通機関が作られたときには、すでに鋼鉄のワイヤロープの信頼性が十分高くなっており、建設費が高価で保守も大変なラックレール鉄道を用いる必要がなくなっていたのでした。

　ロープウェイは鉄道よりはエレベータの方に似ていますが、レールの上を走るケーブルカーは電車の仲間に見えます。ここでケーブルカーに注目してみましょう。

　我が国では、電車に似た2輌の車両がロープでつながれ、昔の井戸の「つるべ」のように地上のモータで交互に昇降する山岳用のものをケーブルカー(法令では鋼索鉄道)と呼びます。車両にはモータなどの動力はなく、非常の場合にレールを挟んで停まるブレーキがあるだけですが、電灯などのためにパンタグラフが架線に接触していたりしていますので外観は電車によく似ています。こうしたケーブルカーの一目でわかる特徴は、車体が急勾配に合わせて斜めの形で作られていることです(写真9-6)。

　しかし、欧米ではケーブルカーというと別のものを指すようです。都市の路面の線路のレール間に溝を設けてワイヤロープを通し、これを地上の蒸気機関や電気モータで常時一定速度で動かしておき、車両はこのロープを「てこ」で握ると動きだし、放してブレーキ(もちろん手ブレーキ)をかけると停まる、というシステムで、路面電車が普及する以前には都市の交通機関として広く使われました。大きな特徴は急勾配でも問題なく運行できることで、急な坂道が多い米国サンフランシスコに今でも生き残って使われているのはよく知られています。

　これに比べ、我が国で普及している2つの列車が交互に昇降する「つるべ」方式のケーブルカーは、欧米ではフニキュラと呼ぶ方が通りがいいと聞いたことがありました。

　「つるべ」方式では2両の車両が途中ですれちがいます。ここでワイヤロープが絡まったりしないように車両と線路に工夫が必要となります。

　左右の車輪は別の形とします。片方はフランジを両側に設けた「溝車輪」とし、もう片方は踏面の平らな「平車輪」とするのです(写真9-7)。

　2両の車両が交換する場所にはもちろんすれ違いのためのポイントがありますが、レールは完全に固定で可動部分はありません。溝車輪がそれぞれの車両を正しい線路に案内し、ワイヤロープと溝車輪のフランジとが通るためのレールの隙間を平車輪が踏み分けて通るのです。同じ車両は必ず同じ側を通るので、右側通行、左側通行といったルールはないことになります(図9-2)。

写真9-6　車両メーカで完成直後のケーブルカーの車体
1930年に製造された近鉄西信貴ケーブルの旧車両。300パーミルの勾配に合わせて設計されている。日本車両の工場内で撮影。日本車両カタログ　昭和5年前半(1930)

写真9-7　ケーブルカーの溝車輪と平車輪
両側にフランジのある溝車輪が車両を案内する　近鉄西信貴ケーブル　信貴山口

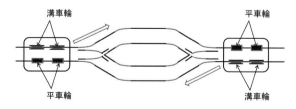

図9-2　ケーブルカーのすれ違いの仕組み
溝車輪が車両を案内し、溝車輪のフランジのためのレールの隙間を平車輪が踏み分ける。

実際には車体を引っ張り上げるロープの通り道も必要なので、ポイント部は複雑な形になりますが、一般の鉄道のポイントのような可動部分はありません(写真9-8)。

我が国では大規模なケーブルカーは関西地区に多いようです。近鉄生駒駅からは生駒ケーブルの鳥居前～宝山寺間、宝山寺～生駒山上間の2つのケーブルカーを乗り継いで生駒山に登れますが、下側の鳥居前～宝山寺間0.9キロに2つのケーブルカーシステムが並んでいるのは壮観です。また、比叡山に琵琶湖側（東側）から登る比叡山坂本ケーブルのケーブル坂本～ケーブル延暦寺間2.0キロは我が国のケーブルカーで最長といわれます。

一方、関東地区のケーブルカーはリニューアルが盛んのようです。このところ外国の人にも大人気の高尾山に登る高尾登山ケーブル清滝～高尾山間は、我が国の鉄道の最急勾配608パーミル（角度31度余り）という急勾配を昇降していますが、2008年に車両が更新されました。また、1921年開業で我が国最古のケーブルカーといわれる箱根登山鉄道の強羅～早雲山間のケーブルカーは1995年に線路まで全面的に更新され、ヨーロッパ風のおしゃれな2車体連結の車両になりましたが、2020年には更に更新されました。更に、丹沢山塊の大山に登る大山寺～阿夫利神社間の大山ケーブルは2015年に運休して更新しました。ハイキングがてら試乗する楽しみが増えたことになります。

写真9-8　ケーブルカーのすれ違い部の線路
ロープの通り道も必要なので複雑な構成になるが可動部分はない。箱根登山鉄道ケーブル(更新前)、中強羅、2016年4月撮影

無人運転の新交通システム「ゆりかもめ」

湘南モノレールの項でお話したように、急な坂を登り降りするのに有効なのはゴムタイヤです。バスやトラックが鉄道よりも急坂に強いのはゴムタイヤによる路面の強いグリップのおかげです、

鉄道の世界でも、コンクリート面や表面処理を施した鉄板の上をゴムタイヤで走る例は、羽田空港に行く東京モノレールや伊丹空港に行くモノレール（大阪高速鉄道）など多数あります。ただし、これらは軌道交通機関ではあります

写真9-9　新交通システム「ゆりかもめ」
東京都江東区のお台場地区の足となっている無人運行の新交通システム。
豊洲、2015年6月撮影

が線路はコンクリートです。「鉄道」と呼んでいいかどうか一瞬迷いますね。

　ここでは、東京の下町でお台場の盛り場、博物館。そして東京ビッグサイトへの足となっている新交通システム「ゆりかもめ」に注目してみましょう。空港に行くモノレールとは異なり、路面電車のような都市の内部の交通機関となっています（写真9-9）。

　「新交通システム」と呼ばれる公共交通機関は都市交通のための新システムとして法制化され、補助金制度もできて1983年に標準仕様が決められました。1995年に開業した「ゆちかもめ」はこの仕様に基づくシステムで、眺めの良い高架線に2軸車の6両編成の列車を走らせていますが、特別の場合を除いて無人の自動運転（ATO）となっているのが特徴です。

　新橋のターミナルはJRの新橋駅の東側の高架線上にあります。無人運転なので通常の電車なら運転席となる最前部にも展望満点の座席があり、人気を呼んでいます。

　発車すると汐留のビル街を縫って竹芝桟橋の客船や日の出桟橋の貨物船を眺め、ループを描いてレインボーブリッジに登って隅田川の河口を渡ります、一望千里の眺めはこの線の景色のハイライトでしょう。

　お台場海浜公園を眺め、未来都市のような風景の中を左に右にカーブしながら駅に停まるごとに近隣のビルや博物館への乗客が動きます。特に東京ビッグサイトの最寄り駅の国際展示場正門では多くの乗り降りがあります。車両基地の先の有明はJR埼京線につながるりんかい線の国際展示場駅に接続しています。

　そこから東京メトロ有楽町線の来ている豊洲までは、築地からの市場の移転やオリンピック関連の施設などでにぎやかになりました。今は豊洲が終点ですが、更に勝どきまで延長して都営大江戸線に接続する計画があると聞きます。

　「ゆりかもめ」のもう一つの特徴はリニアモータ駆動で走行していることです。

　リニアモータというとJR東海が実用化を進めている超伝導マグネットを用いた超高速鉄道を思い出します。超電導マグネットの吸引力で浮上し、リニアモータの電磁力で走行するシステムです。

　これに比べ、「ゆりかもめ」では走行はゴムタイヤの車輪を持っていますので磁気浮上は不要で、通常の電磁力による誘導モータ（アネックスA11を参照）を平らに開いたような単純なリニアモータを使って走行しているのです。東京の都営大江戸線、大阪の鶴見緑地線は普通の鉄車輪に鉄レールの地下鉄ですが、同じ方式で駆動されています。地面と車両との間に駆動力が直接発生するので、急勾配でもレールと車輪との間のスリップの影響がありません。

　そんなわけで、「ゆりかもめ」は車端の座席から線路を眺めると通常の鉄道とはかなり違うのがわかります（写真9-10）

写真9-10　新交通システム「ゆりかもめ」の線路
中央はリニアモータのリアクションプレート（鉄板）、その両側に並行している路面がゴムタイヤの踏むレール、左右の低い壁は案内レール、その上に細い電力供給レールが3本。汐留、2015年6月撮影

線路は東京モノレールや大阪高速鉄道のような「中央案内式」ではなく、両側の壁のようなレールで案内される「側方案内式」です。これが「新交通システム」の標準仕様となったのは、車両の走行路がほぼ平面になるので災害時に避難する人々の歩行に使える、という判断があったためと聞きます。反面、雪が降ったときには中央案内式の方が除雪しやすいと思いますが。

　中央にある白い板はリニアモータの一部で、通常の誘導モータでは電機子に当たるリアクションプレートと呼ばれる金属板です。界磁にあたる磁気回路とコイルとが車両の台車の中に設けられ、リアクションプレートとの間に回転磁界ではなく移動磁界を発生させて駆動力を得るわけです。

　リアクションプレートの両側にゴムタイヤの踏むレール（路面）があります。その外側に低い垂直な壁が見えます。これが車両の走行方向を規制する案内レールです。その上に3本の細い給電レールがあり、車両の集電シューに三相交流の電力を供給しています。給電レールの間隔が狭いので電圧は600ボルトと、交流給電にしては低い値です。

　こうした「新交通システム」で興味深いのは、その方向制御を行う「舵取り機構」です。

　ゴムタイヤの車輪は左右に長い案内バーに結合されており、その動きで自動車のハンドルを動かしたときのように左右両輪の向きが変わります。案内バーの先端には小さな案内輪があり、地上の案内レールで動かされると車輪の向きが変化します。ポイント部では案内レールが可動式となっており、車両がさしかかると案内バーを一定の向きに動かして走行方向を制御するわけです（図9-3）。

　案内バーは車両の下部に左右に取り付けられているので案内レールに隠れていますが、ポイントの所ではバーの先端の案内輪を見ることができます（写真9-11）。

　ポイントの場所では案内レールの一部が左右に動きます。直進側の時は線路に平行になっていますが、分岐側になるときは内側の案内レールが線路中心の方に動き、その溝に車両の案内輪が入って内側に引っ張られてゴムタイヤ車輪の向きを制御されることになります（写真9-12）

　ゆりかもめは車体が小型で、また速度が高くないためこうした仕組みがうまく機能するので、ポイントは小規模のもので済みます。

　一方、速度の高いゴムタイヤ走行システムでは、湘南モノレールのように別にゴムタイヤの水平車輪を用意し、これを案内レールで直接案内してしまう方が走行が安定のようです。例えば、東京モノレールや大阪高速鉄道はやはりゴムタイヤ走行ですが、中央に厚い壁のような案内レールを設けて車両がまたがり、これを水平車輪が左右から挟み込む「中央案内式」で、比較的高速で急なカーブを曲がっています。ポイント部は中央の大きな案内レールそのものを動かして方向を制御しますので大仕掛なものとなります（写真9-13）。

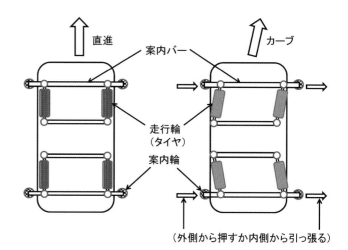

図9-3　ゆりかもめの舵取りの仕組み
案内バーを左右に動かしてゴムタイヤ車輪の向きを制御する。

写真9-11　新交通システム「ゆりかもめ」の車両の案内バー
案内バーの端部には小さな案内輪がついており、地上の案内レールで左右の位置を制御されている。ポイントの箇所では案内レールがないので案内バーを見ることができる。豊洲、2015年6月撮影

案内レール
先端は赤色に塗られている

案内レールが線路中心の方に動き、案内バーの
先端の案内輪を導いて車輪の舵取りを行う

写真9-12　新交通システム「ゆりかもめ」のポイント
ポイント部では案内レールが左右に動く。直進の時は線路に並行に置かれているが、分岐の時は内側の案内レールが動き、車両の
案内輪をはさんで内側に誘導する。
（上）直進の状態　　（下）分岐の状態

写真9-13　モノレール（大阪高速鉄道）の大掛かりなポイント
線路そのものを動かす。写真の右は直進側、左は分岐側が選択されている。

第10章
鉄道の博物館と
鉄道趣味の雑誌

万世橋にあった旧交通博物館と都電
大宮の鉄道博物館の前身は秋葉原電器街にほど近い千代田区万世橋の交通博物館。その前の大通りは銀座から上野に至るメインストリートだった。都電1系統のスター5500形が行く。1958年撮影

他の多くの趣味と同じように、鉄道趣味もただ見て乗っているだけでは知識も思考も深く系統的なものになりません。博物館を見学したり趣味誌を購読したりして趣味活動を深めるのは大切なことといえます。

　ここではまず特徴のある鉄道関連の博物館をご紹介します。また、鉄道趣味の雑誌なども見ることにしましょう。

京都鉄道博物館（京都）　2016年春に新装開館

　既設の梅小路蒸気機関車館に、大阪弁天町の交通科学館を吸収して2016年春に開館した「京都鉄道博物館」に注目しましょう。

　博物館はやはりまずその展示物で評価されます。技術史、社会史、文化史に照らして影響が大きかったものを展示している博物館は価値のある博物館ということになるのです。多くの人から、

　「あの博物館にはあれが展示されているから見に行く価値がある」

　といわれるのが良い博物館の条件なのでしょう。

　展示物の価値は次のように分類されると思います。

　(a) 世界的なエポックをもたらしたもの。外国の人にも見ることを勧めたい展示物。

　(b) 国内的なエポックをもたらしたもの。例えばそれによって世界水準に追いついたもの。

　(c) それほどの価値はなくても他所では見られないので展示しておきたいもの。

　日本の鉄道には残念ながら(a)ランクの例は数少ないのですが、1964年10月1日に開業した東海道新幹線は文句なしに世界に誇れる(a)ランクといえます。

　第1章で述べたように、東京オリンピックに先駆けて東京〜新大阪間に開通した東海道新幹線は、世界の鉄道関係者を驚愕させました。しかし、実は当時の日本には時速200キロを超える鉄道を安定に運行する独自技術は十分に整っていたのです。

　新幹線が証明した高速鉄道の利点と実用性は世界の認めるところとなり、鉄道先進国が高速鉄道の開発を本格化しました。フランスのTGVの高速新線が開通して新幹線を上回る速度で運行を始めたのは17年後の1981年、ドイツのICEの高速新線は1991年の開通でした。

写真10-1　東海道新幹線のいわゆる0系
開通時から活躍した4両が京都鉄道博物館に保存展示されている。2016年5月撮影。
(a) 先頭車　　(b) 室内のシート

写真10-2 京都鉄道博物館に保存展示されているC621号
我が国最大の幹線用機関車。49輌が東海道本線、山陽本線、呉線、常磐線、函館本線などで使われた。2010年1月撮影

　そんなわけで、新幹線が世界の鉄道の新しい発展の起爆剤になったことは世界の認めるところです。世界最大といわれる英国ヨークの鉄道博物館では後述のように、東海道新幹線のいわゆる0系の先頭車が重要な展示物となっています。

　その東海道新幹線の開通と同時に活躍を開始した下り側先頭車、ビュッフェ(軽食堂)車、グリーン車、上り側先頭車の4輌が、大阪環状線の弁天町の高架下に設けられた交通科学館に大切に保管されていました。これが京都鉄道博物館に移設展示されたのです。外国の鉄道ファンにも胸を張って、

　「あれは見ておくといいですよ」

　と勧められます(写真10-1)。

　この博物館のいま一つの目玉は梅小路蒸気機関車館に保管されていた多数の蒸気機関車のコレクションです。動態保存機が多いのは世界的に見ても圧巻といえます。

　我が国の蒸気機関車は残念ながら世界レベルの性能を持つものがほとんどありませんでした。歴史上、特別急行でも最高時速が95キロで、時速100キロの設定速度の蒸気機関車列車がなかったというのは世界的には軽便鉄道のレベルです。

　しかし、1919年に幹線に急行旅客列車用として投入された18900形の直径1750ミリの動輪は、当時狭軌では世界最大で、性能的にも高い水準でした。後にC51と改称され、中でも最も大切にされたお召列車用機関車C51239号が京都鉄道博物館に保存されています。

　また、1948年から東海道線に導入された我が国最大の蒸気機関車C62は、性能的には世界水準とはいえませんでしたが、その整った力強いスタイルは「米国の蒸気機関車の上品かつ優雅なミニアチュア」と評されて知られていたようです。これもC621、C622、C6226の3輌が保存展示されています(写真10-2)。

　1935年から建造されて我が国で最も成功した貨物用蒸気機関車D51も気になりますね。機関車の性能などのランクは世界レベルでは(b)級で、総計1120輌とい

写真10-3 京都鉄道博物館に保存展示されているC56160号
地方線専用の軽量な機関車。操車場での入替用としても重宝された。2016年5月撮影

う輌数も外国の標準設計の機関車の数分の1ですが、現場に受け入れられて台湾やサハリンでも使われ、極東狭軌標準型といえる名設計ではありました。京都にはD511とD51200の2輌が保存されていましたが、D51200は整備されて2017年に動態に復帰し、C571号とともに山口線で活躍しています。

一方、軽量機関車C56は、国内では簡易な支線用または操車場での入替用でしたが、戦時中に東南アジアの1メートル軌間の鉄道に送られたものは堂々たる幹線用機関車として使われていたと聞きます。日本の機関車の多様性の証として保存展示する価値はありそうです（写真10-3）。

筆者はこれまでも梅小路、弁天町いずれも訪れて充実感を感じていました。梅小路に統合されて新装開館となったのを歓迎したいと思います。

鉄道博物館（大宮）　最大の見ものはすぐそばを通る現代の鉄道

東京地区では、千代田区神田にあった交通博物館を移設拡大した大宮の鉄道博物館が親しまれています。JR東日本の設立20周年記念事業として2007年に開館しました。JR大宮駅から新交通システム「ニューシャトル」で次の駅「鉄道博物館」まで行くのが便利です。

展示物は交通博物館時代のものと新規導入されたものとがありますが、筆者には、車両に関してはどうも目玉となる展示物が乏しいように思われます。

新幹線についてはJR東日本がスポンサとなっている博物館らしく、当初から東北、上越新幹線200系が展示されていました。

200系は1982年の東北、上越新幹線の開業でデビューしたのですが、東海道新幹線に18年遅れたのに最高時速は同じ210キロでした。その前年にはフランスのTGVが高速新線を時速260キロで走り、すぐに270キロにスピードアップしていましたので、200系は「世界最高速」ではありませんでした。したがって展示物としてのランクは(b)でしょうね（写真10-4）。

写真10-4　大宮鉄道博物館に展示されている東北新幹線200系
1982年開通とともにデビュー。アルミ製車体、耐雪構造など特徴がみられたが、すでに世界最高速度ではなかった。
2018年2月撮影。

絶対（a）ランクの東海道新幹線0の1号車（新大阪方の先頭車）が2009年に導入され、丁寧に展示されているのは歓迎できますが、この車両にはパンタグラフもトランスも整流器もありません。0系の走行機器は2両1組でした。ペアの相手となる2号車も展示してほしかったと思います。

　蒸気機関車の展示はどうでしょうか。わが国最初の機関車とされる1号機関車（150形）にはそれなりの日本歴史的な価値はありますが、技術的には19世紀の英国植民地タイプで世界史的な特徴はありません。何より、わが国の蒸気機関車を代表するC62、D51が館内に展示されていないのは鉄道総合博物館としては「飛車角落ち」でしょう。

　名機C51の5号（旧番18904号）が野外から屋内に移されたのは歓迎できますが、下回りが見にくい隅っこに置かれています（写真10-5）。

写真10-5　鉄道博物館に展示されているC515号
1919年に製造された急行旅客用の蒸気機関車。当初の番号は18904号。
（上）青梅鉄道公園に野外展示されていた頃の姿
　　　雨ざらしだったが全体を眺めることができた。
（下）鉄道博物館の屋内に展示されている現在
　　　狭い場所に入れられて全体を見るのが難しい。2018年2月撮影。

　その他の展示物も「その時代の鉄道技術や鉄道産業を代表しているか？」という目で見ると首をひねるものが多いのです。例えば、来日した外国の友人に「あれは見ておくといいよ」と勧められるものが乏しいのです。皇室用客車が多数保管されていますが、英国ヨークの鉄道博物館とは異なりガラスの向こうに置いてあって詳しく見られません。保存しているが展示はしていないように見受けられます。

　むしろ、この博物館の最大の特徴はその立地条件かと思います。周囲に新幹線をはじめ種々の鉄道線が通っており、パノラマデッキからじっくり眺められるのがうれしいところです。

　ここで見られる東北、上越、北陸新幹線は東海道新幹線よりはるかに多様で楽しめます。大宮駅に近いので速度が遅く、じっくり眺められます。また、その手前に新交通システム「ニューシャトル」の線路があります。派手な塗装の小さな車両は新幹線とは好対照です（写真10-6）。

　東側の地上には通勤電車の埼京線（ここは複線区間）と中距離電車の高崎線とが走り、種々のステンレス車体の電車が行き交います。時には特急列車や電気機関車の牽く貨物列車もやってきます。

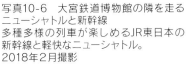

写真10-6　大宮鉄道博物館の隣を走る
ニューシャトルと新幹線
多種多様の列車が楽しめるJR東日本の
新幹線と軽快なニューシャトル。
2018年2月撮影

この場所にしばらくいると東日本の主要な現役の列車のいくつかを観察できるのです。ここで見られる車両を解説するパネルが設置されているのは適切なことと思います。

親子連れがここに来ると親御さんとお子さんとが、

「そろそろ中に入ろう」

「いやだ。もっと見たい」

とやり取りしています。お子さんの方がこの博物館の価値をわかっているようですね。

この博物館のもう一つの特徴は、国鉄時代から長年にわたって蓄積された図書や資料のコレクションが学芸部のライブラリにあることです。大部分は閉架式ですが希望すると出してもらえます。担当の職員が蔵書に精通しており、抽象的な要求にも親切に対応してくれるのがうれしく、筆者も来館すると1時間くらいここの資料室に座ります。

しかし、コレクションの内容は公開されておらず、利用したいときにはあらかじめFAXなどで目的の資料の有無を確かめることになるのがまことに不便です。また資料のコピーはできません。いずれも時代遅れですね。

国鉄時代からの図書、文書や写真のコレクションは貴重な社会資産で、JR内部で秘匿してよいものではありません。今では大学の図書館の多くが蔵書のディジタルインデックスを整備してインタネットから検索できるようにしており、また著作権の問題のない範囲でコピーを認めています。この博物館のライブラリも早急にこうした世間並みのレベルに追いついてほしいと思います。

原鉄道模型博物館と京急ミュージアム（横浜）
横浜駅に至近のスポット

このところ、横浜駅の周辺に鉄道に関する特徴ある博物館が見られるようになりました。交通の便が極めて良いので一見の価値があります。

一つは個人コレクションをもとにした鉄道模型の博物館「原鉄道模型博物館」です。鉄道模型はあまり先入観や予備知識がなくても気軽に楽しめるものですね。

よく知られているように鉄道模型には大小さまざまな縮尺のものがあり、とくに動力を内蔵した走行可能な模型では、商品の部品を共通化する、複数の愛好家が集まって同じ線路で運転を楽しむなどのために種々の規格が知られています。基礎になるのは軌間（ゲージ）で、これがそろっていれば同じ線路で種々の車両の運転ができるわけです。

こうした規格の多くは主要なメーカの製品が元になった慣習的なものですが、米国には協会組織の規格もあります。ここで、室内で走らせて楽しむ鉄道模型の大きさの規格のうち、よく使われるものをおさらいしておきましょう。ここで、「日本型」は国鉄やJR在来線、私鉄などの模型が対象で、新幹線の模型は「米国および欧州大陸型」に準じて作られているようです。また、軽便鉄道の模型には別の体系があります。

1番ゲージ：軌間45ミリ。おそらく屋外（庭園など）で最小、屋内で最大の鉄道模型。縮尺は英国型が1/30.5、米国、欧州大陸型は1/32、日本型は1/30が一般的。JR電車なら長さ65センチくらいの大きさになる。

0番（れいばん）またはO（オウ）ゲージ：軌間32ミリ。縮尺は日本や欧州では1/45、米国では1/48が一般的だが20世紀前半の日本では1/40の例もあった。JR電車なら長さ44センチくらいになる。

16番またはHOゲージ：軌間16.5ミリ。縮尺は英国型が1/76、米国および欧州大陸型は1/87、日本型は1/80が一般的。JR電車なら長さ25センチくらいになる。英国型はOOゲージ、米国型はHOゲージ、日本型は16番と呼ぶのが正しいといわれるが区別はあいまいになっている。最近の我が国では数10万円に達する高価な手作り製品が多いが、プラスチック成型による安価な量産品も売られている。

Nゲージ：軌間9ミリ、縮尺は英国型が1/148、米国および欧州大陸型は1/160、日本型は1/150が一般的。JR電車なら長さ13センチくらいになる。現在もっとも一般的な規格で、多種多様な製品が量産されて安価に販売されており、多くのユーザは量産品の表現の細密度や走行性能に満足している。

Zゲージ：軌間6.5ミリ、縮尺は1/220が一般的。JR電車なら長さ9センチくらいになる。精密機械のようなおもむきの製品なのでやや高価となっている。

鉄道模型を走らせるジオラマは「レイアウト」と呼ばれます。博物館の常設展示などやや大規模なものではHO（16番）ゲージが、個人やクラブなどの規模ではNゲージのレイアウトが多く見られます。

　当然ながら博物館のレイアウトで走る模型車両はおおむねその運営主体に関連する車両に限られます。JR東日本の博物館ならJR東日本の車両、市営の博物館なら地元の車両というわけです。

　横浜駅にほど近いビルの2階に設けられた原鉄道模型博物館は、そうした制約があまり感じられない個人のコレクションを基盤とした鉄道模型博物館です。

　コレクションの主の原信太郎（はら のぶたろう）（1919～2014）は幼少の頃から裕福な家庭に育ち、また豊富な鉄道の知識とすぐれた模型車両の工作技術を発揮して数千点の創作品や既製品の改造のコレクションを残しました（写真10-7）。

　この博物館は原コレクションを中心に展示、運転しているものですが、運営主体がビルのオーナの不動産会社ということもあって、特定の鉄道会社や自治体の制約がないのが大きな特徴です。

写真10-7　金剛山電鉄の2、3等、荷物合造電車の1番ゲージの模型
戦前の朝鮮半島中部にあった長さ117キロ、最急勾配50パーミルの雄大な登山電車の車両。1929年より当時の日本の一流私鉄と同形の車両を導入したが、1950年代に朝鮮戦争で徹底的に破壊されて消え去った。この模型は原信太郎の秀作。
原鉄道模型博物館写真

　博物館の中心となっているのは30メートル×10メートルと巨大なレイアウトで、今では世界的に希少となった1番ゲージ（軌間45ミリ）の巨大な車両が長編成を組んで走るのは迫力があります。日本のほか欧米の車両にも造詣の深かった原のコレクションなので、レイアウトの建築や風景などは欧州タイプですが、特別な国籍を感じさせることがなく、日本型が走っても違和感がありません。

　特筆されるのは電車、電気機関車を愛好した原の趣味を反映して、多くの線路に架線が張られ、架線集電にも対応していることで、駅や橋などの景色が極めて自然なものになっています（写真10-8）。

写真10-8　阪神電車311号の1番ゲージ模型が橋を渡る
原信太郎は実物通りの機構にこだわった。電車の模型の多くは架線から集電して走ることもできるようになっている。
原鉄道模型博物館写真

写真10-9　東急ミュージアムに展示されている236号と駅ホームのモデル
1930年の湘南電鉄開業とともにデビューして1978年まで活躍したデハ230形、旧デ1形の1両。横に設置された駅ホームのモデルとともに1970年代の姿に復元されている。

　原の活動した時代を反映して新しい新幹線やブルートレインなどはなく、そのため少し前の良き時代の鉄道の雰囲気に浸ることができるのも特徴といえましょう。訪れる観客には家族連れのほか、横浜駅に至近の土地柄のため、デートのカップルや息抜きを求めるサラリーマンの姿も見られます。

　むしろ鉄道模型ファンでない方々にお勧めしたい博物館です。コロナ禍の影響などにより現在休館中ですが、再開が大いに期待されます。

　原模型博物館から歩道橋を渡った先に京浜急行の本社ビルが新設され、2020年から供用開始となりました。この1階に「京急ミュージアム」が設置されています。

　入場してまず目につくのが保存車輌236号です。1930年、湘南電鉄の開業とともにデビューした25両のデ1形の1両で、第5章で述べたように京浜急行デハ230形として1978年まで活躍しました。1979年に埼玉県川口市に静態保存されたのですが、雨ざらしだったためもあり錆びて荒廃していたのを京浜急行が買い戻し、1970年代の姿に復元したものです。横に設置された駅ホームのモデルも1970年代の姿を復元しており、貴重な展示物といえます（写真10-9）。

　もう一つご紹介したいのはここに設置された運転台シミュレータです。鉄道関係の博物館に置かれた運転シミュレータにはいくつもの例がありますが、やはり第5章で述べたように京浜急行の運転台からの展望には極めて興味深いものがあり、これをつぶさに味わえるこのシミュレータは体験する価値があります。

　また、中央に設置されたHOゲージ模型のレイアウトは京浜急行の駅や沿線の施設が要領よく模型化されており、沿線に住む人たちには人気が高いようです。

　コロナ禍の昨今ですがインタネットで予約することにより見学できます。広くないので比較的短い時間で見られますので横浜散策のついでに一見されることをお勧めします。

鉄道趣味の雑誌を読む

　どんな分野でも趣味活動がある程度進むとその分野の雑誌を購読したくなります。しかし書店で最初から読みたい本を的確に選ぶのは難しいですね。

　鉄道模型誌を別にすると、現在我が国でポピュラーな鉄道趣味の月刊誌としては下記の6誌が刊行されています。

鉄道ピクトリアル：1951年～

鉄道ファン：1961年～

鉄道ジャーナル：1967年～

鉄道ダイヤ情報：1972年～

とれいん：1974年～

レイルマガジン：1983年～

　いずれもインタネットサーフィンだけでは得られない系統的な情報と鮮明な写真が特徴ですが、この6誌には鉄道当局が共通の情報を流しているようで、新車の紹介記事などは互いによく似ています。ですから全誌を購読する必要はなく、自分の興味の範囲に合ったものを読んでいればよいことになります。さらに毎月購読する必要もなさそうで、書店で見たりインタネットのホームページで内容を調べたりして興味のある号だけを購入するのがよいと思います。最近は町の古書量販店に既刊号が出回るようになり、過去の記事も読みやすくなりました。

　そういう筆者は鉄道ピクトリアル、鉄道ファン、鉄道ジャーナルの3誌を定期購読していますが、これは意地か惰性みたいなものです。いずれも創刊号から揃えており、1960～70年代には記事や写真を投稿したりコンクールに入選したりしていたので、どうにもやめられなくなったものです(写真10-10)。

写真10-10　老舗の鉄道雑誌3種の2021年10月号
鉄道ピクトリアル：通巻991号、￥1136(本体価格)
鉄道ファン：通巻726号、￥1045(本体価格)
鉄道ジャーナル：通巻660号、￥927(本体価格)

　最初に手に取る1冊としては「鉄道ファン」誌がよさそうです。新車の情報などをあまり省略しないで取り上げており、また毎月最新の話題が特集となっていますが、最大の特徴は写真が鮮明で美しいことでしょう。日本の鉄道趣味誌は外国の趣味誌に比べ印刷の質が段違いに優れていますが、とくにこの雑誌の印刷は見事です。

　少し系統的な解説、読み物が見たいときには老舗の「鉄道ピクトリアル」誌がお勧めです。学術雑誌のような重厚な記事もあり、読んだあと保存したくなる雑誌です。この雑誌は次章で述べるように、鉄道ファンのボランティアによってつくられた1950年代から2012年までの目次データがインタネットで公開されており、キーワード検索ができて

便利です。

　一方、鉄道と社会とのかかわりのような切り口では「鉄道ジャーナル」誌に読み応えのある記事が見られます。

　しかし、こうした鉄道趣味専門誌は鉄道趣味の世界を狭くし過ぎている感があります。似たような記事が並んだ「金太郎あめ」状態のように見えるのです。

　さらに問題なのは、最近に至ってこうした雑誌の売れ行きがじり貧状態となり、経営が圧迫されていることです。例えば、鉄道ピクトリアル誌が毎年９月ごろに刊行していた増刊号「鉄道車両年鑑」はJR、私鉄を問わずその前年に新製された形式、消滅した形式を網羅した資料で、最近のものには本誌の何月号に詳細記事が掲載されているかの表示もあって便利だったのですが、ついに2016年版を最後に休刊とアナウンスされ、多くのファンをがっかりさせました。

　この「年鑑」は情報としての価値のほか、その年の鉄道技術を評論する記事も客観的かつ啓蒙的で読みごたえがありました。鉄道図書の揃った書店や古書量販店ではわりあい入手しやすいので、必要な年の号を購入しておくのも一案かと思います（写真10-11）。

　一方、鉄道趣味誌以外の雑誌にときどき興味深い記事が発見できます。とくに「週刊 東洋経済」誌はたまに鉄道の特集を刊行し、鉄道趣味誌とはまったく異なる社会派的な立場で切り込んだ興味深い記事を発表しています。

　この雑誌がインタネットで公開している「東洋経済 鉄道最前線」も新鮮で面白い、また考えさせられる話題が多く、チェックする価値があります。

　また、インタネットで公開されているホームページ、とくに鉄道専門家から大学の教員になった先生の研究室の記事には、雑誌にはない観点の記述があります。これも要チェックといえましょう。

　大人の鉄道ファンの条件は、鉄道趣味誌以外にも関心を持つこと、といえるかもしれません。

写真10-11　鉄道ピクトリアル誌
臨時増刊号「鉄道車両年鑑」2016年版
2016年版限りで休刊となってしまったので、これが最後の号となった。

第11章
鉄道ファンの集まりに参加する

PENDELZUG

ペンデルツーク2020－12　74号

ノルウェー王国・オスロ・ホルメンコーレンを登る木造電車　1993年10月　　　大賀　寿郎

海外鉄道研究会

INTERNATIONAL RAILWAY SOCIETY OF JAPAN

海外鉄道研究会の機関誌「PENDELZUG」2020年12月号
海外の鉄道を愛好するファンによる全国組織の研究会の機関誌。2冊/年。
この号では筆者撮影のノルウェイの電車が表紙に掲載された。

鉄道趣味は個人に閉じたものになりがちですので、同好の友人を積極的に作るのは望ましいことです。そうした友人との情報交換や討論が趣味活動の良き栄養になります。

　友人を作る早道は鉄道趣味人の団体に参加することです。鉄道趣味の団体は、幅広いものから海外の鉄道や特定の私鉄のファンの集まりなど数多いのですが、ここでその代表的な組織を眺めてみましょう。

老舗の全国組織「鉄道友の会」

　1953年以来の歴史をもつ鉄道友の会は、たぶん我が国で最大の鉄道趣味人の団体で、前年に登場した新車の中から選定して授与する「ブルーリボン賞」「ローレル賞」は権威ある表彰として知られています。また鉄道趣味界に貢献する出版物の著者と出版社を顕彰する「島秀雄記念優秀著作賞」も定着しています。

　鉄道友の会の内部には下記のようないくつかのサブグループが設けられています。

研究会：客車気動車、東急、小田急といった専門分野別の組織
支部：東京、静岡、阪神というような地域別の組織
サークル：支部の中のサブグループ。

　例えば東京支部には私鉄、JR電車、写真といった専門別の部会と神奈川、埼玉、千葉、大田というような地域別サークルとがあります。

　会員全体へのサービスとしては隔月発行の機関誌「RAIL FUN」があります。通常の号には鉄道ピクトリアル誌以上に特殊なテーマに絞った専門的な記事が多く、普遍的とは言い難いようですが、一般の会員には毎年投票が行われるブルーリボン賞、ローレル賞の選定への関心が高いと思います。毎年4月のRAIL FAN誌に掲載される候補車両の一覧は、前年に登場した新車のガイドとして有用です（写真11-1）。

Japan Railfan Club
2021.4　　**No.783**

写真11-1　鉄道友の会機関誌「RAILFAN」2021年4月号。ほぼ隔月刊。例年4月号にはブルーリボン賞、ローレル賞の候補となる前年に登場した新車が紹介される。

　一方、会員として最も利用価値があるのは、随時開催される「見学会」でしょう。とくに私鉄の新車の見学会ではブルーリボン賞への投票を期待してか手厚く便宜をはかってくれることが多いようです。外国在住の会員が見学会を目当てに来日することもありました。また、引退直前の人気車両の見学会も、みんなで思い出を語るなど楽しい雰囲気になります。本書に掲載した写真のいくつかも鉄道友の会見学会で撮影したものです（写真11-2）。

写真11-2　西武電車の新しい特急車001系「Laview」新所沢車両基地での鉄道友の会見学会にて。車内外や展望席を撮影し、運転台などを観察することができた。2019年7月撮影

見学会には全国規模で周知されるものと支部の中で開催されるものとがありますので、地元に支部があれば情報を得るために加入しておくべきでしょう。

鉄道友の会のサブグループでもっとも身近なものは、地域単位の支部またはサークルではないかと思います。会員なら地元在住でなくても自由に参加できます。場所によって盛んなところと低調なところがありますが、筆者が毎月の例会に参加している東京支部内の神奈川サークルでは、女性や関西在住の会員も含む15〜20名ほどが参加し、最近見てきた車両のディジタルスライド映写、最近放送されたテレビ番組の鑑賞、新聞記事の切り抜きの回覧など多種多様なプログラムをみんなで楽しんでいます。コロナウィルス禍以前には例会終了後の居酒屋での二次会もなかなかの人気でした。

老舗の鉄道友の会。なんといっても多数の熱心なファンを友人に持つことができるのは大きな利点といえましょう。

インタネットの鉄道フォーラムに参加する

自宅のパソコンで参加できるインタネット上での情報交換、交流システムも大いに利用したいものです。しかし数多い個人レベルのホームページやブログの情報は玉石混交、どうも玉より石の方が多いようで選択に困ります。

ここでは歴史が古く信用できるものとして、鉄道ジャーナリストの伊藤博康氏が主宰する「鉄道フォーラム」に注目しましょう。

1987年4月、まだインタネットが一般的ではなかったときに、当時の語長16ビットのパソコン（NEC PC9801など）を電話回線などによりサーバに接続して楽しむ「パソコン通信ネットワーク」が開設されました。そのプロバイダの一つだった「ニフティサーブ」が設けた多くのフォーラムの中にFTRAIN（エフトレイン）というタイトルの鉄道趣味フォーラムがあったのです。当時オンラインでやりとりできるのはもちろん文字だけでした。

これに参加した多くの鉄道ファンがオンラインフォーラムの楽しさを知りました。フォーラムにはシステムオペレータという世話役がいて、おかしな書き込みをチェックしてくれたので、安心して問答ができたのです。雑誌などで有名なライタも参加し、高いレベルの討論が展開されました。ときにはオフライン会合と称して有志が集まってパーティを開いて盛り上がり、今でも交流のある多くの親しい友人を作ることができました。

その後インタネットの時代になってこうした通信回線でのフォーラムサービスは下火になりましたが、鉄道フォーラムだけは形を変えてネット上の独立組織として存続しているのです。世話役の管理のもとに運営されているので安心して討論や情報交換ができるのが利点で、会員は安価な会費（今は月額250円＋税）を払って参加すると、掲示板だけではなく週刊のメールマガジンが配信され、また交友社（雑誌「鉄道ファン」の出版社）の出版物の閲覧などができます。さらに前述のように会員のボランティアワークで作られた「鉄道ピクトリアル」誌の総目次がここから公開されており、キーワード検索に便利です。

鮮度の高い多種多様な情報を安心してやり取りできる「鉄道フォーラム」（http://www.railforum.jp/）。参加を考えてみる価値があると思います。

学生なら大学の鉄道研究会に参加を

芝浦工業大学付属高等学校（東京都江東区）は戦前に鉄道省が設置した「東京鐵道中学」の流れを汲む高等学校で、鉄道関連の展示物や資料を集めた「しばうら鉄道工学ギャラリー」が設置され、在校生も運営などに参加しています（写真11-3）。

ここまで大規模ではなくても、あなたが学生でしたら学校のクラブかサークルで「鉄道研究会」があるのではないでしょうか。

写真11-3　芝浦工業大学付属高等学校の施設「しばうら鉄道工学ギャラリー」
入口のロビーに設置され、在校生も運営などに参加している。

学校の鉄研の特徴は会員の年齢層がわりあい狭く、自分と同年輩の気の置けない友人が大勢出来ることです。

何かの本に、

―子供の頃の友達はけんか友達
―少年の頃の友達は同じ趣味を持つ仲間
―青年の頃の友達は同じ人生観をもつ友人

と記してありましたが、特に大学のクラブの仲間は、

「人生観が似ているので結果として趣味が同じになった」

という同志が多いようで、卒業後ずっと交流を続ける生涯の友人ができます。

また、青年時代は柔軟性に富んでいるので、興味の対象がやや異なる友人と付き合うといつの間にか自分の趣味の世界が広がります。筆者は少年の頃から絶対の電車ファンでしたが、大学の鉄道研究会で蒸気機関車が大好きな仲間たちと付き合って「朱に交わって赤く」なり、社会人になって小遣に余裕ができると連れだって冬山装備で厳冬期の北海道に出かけ、吹雪をついて走る蒸気機関車列車を撮影して雑誌に投稿する、ということをやったので、趣味の幅が大いに広がりました。

学生時代は人生でもっとも柔軟で向上しやすい時期です。ぜひ積極的に活動して視野を拡げ、また多くの友人を作ってください。

第12章
特徴ある
遠方の鉄道を見に行く

高松琴平電鉄が1952年に導入した新車10000形
我が国の電車技術の大変革に先駆けて彗星のように現れた、歴史に残る独創的な技術の電車。写真は製造当初に近い
初期の姿。1970年、大高正昭撮影

ここまでは新幹線のほかは、ファンの多い東京圏、近畿圏の鉄道に注目してきました。鉄道趣味は日頃利用する鉄道に乗り、観察して楽しむことから始まるもの、という思い入れがあったのです。

　ここで積極的に遠方の鉄道を見に行くことを考えましょう。もちろんそれが目的の旅行でも観光旅行や業務の出張のついででも結構です。

高松琴平電鉄
「讃岐の阪急」の意気込みと中古電車の有効活用

　興味深い地方私鉄の例として、香川県の高松琴平電車に注目しましょう。四国の高松は新幹線と瀬戸大橋を渡る快速列車を利用すれば近畿圏からは日帰り可能で、東京圏からでもそれほど不便ではありません。

　香川県の歴史には5つの電鉄が登場します。大都市圏以外では破格の多数で、現在までにただの1キロも電気鉄道のなかったお隣の徳島県とは大きな違いです。そのうち高松市内に路線を持っていた3社が、高松琴平電鉄に統合されて現存しています（図12-1）。

　高松市は元城下町で、街の南には大名庭園だった広大な栗林（りつりん）公園が、街の北部の瀬戸内海岸には高松城址があります。瀬戸大橋が開通する以前は、高松城址のすぐ西に岡山県の宇野とを結ぶ国鉄宇高連絡船の発着する港がおかれていました。

　国鉄の駅は連絡船に最寄りの高松桟橋駅と街の玄関の高松駅に分かれており、多くの列車は高松桟橋発着でした。徳島方面への高徳本線の高松の次の駅が公園の東寄りの栗林（りつりん）でした。

　高松で最初の電車は1911年に今橋から東の志度（しど）に至る郊外線を開業した東讃電軌で、標準軌（1435ミリ）600ボルトの市内電車仕様で4輪単車が使われました。路線は延長され、瓦町から公園前を経て街を縦断し、国鉄の高松桟橋駅に隣接する築港前に至ります。公園前〜築港前は路面電車で、1929年には複線化されてボギー車が走りました。また志度方面も集落が多く、源平合戦で知られた観光地の屋島への客も利用して賑っていたようです。

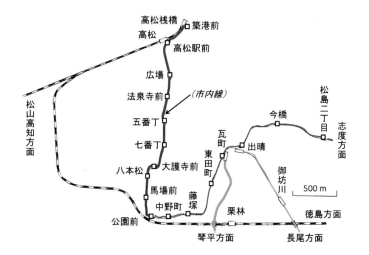

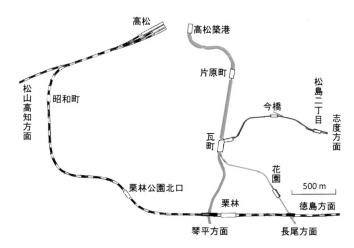

図12-1　昭和初期と現在の高松市の鉄道の地図
路面線と琴平方面の一部（太線で表示）は複線、他は単線
（上）1929年（昭和4年）
街を南北に縦断する路面電車線の複線化が完成していた。電車は志度方面へ直通。
（下）現在
路面線は廃止され、琴平方面と長尾方面の電車が高松築港まで直通し、志度線は他線とは線路が分離されて瓦町発着となっている

　翌1912年に開業した高松電軌は、東讃電軌の瓦町の次駅の出晴（ではれ）から南東の長尾に至る狭軌（1067ミリ）600ボルトのローカル電車でした。

　一方、瓦町から金刀比羅宮で有名な南西の琴平へ向かう琴平電鉄が1914年に開通しました。標準軌（1435ミリ）1500ボルトの電車線で、「四国の阪急」を目指して高いレベルの地上設備を持つ高速電車線をねらったと聞きます。瓦町から次駅の栗林公園までは複線で、その先も複線の用地がある程度確保されていたようです。

この３社は1943年に戦時統合されて高松琴平電鉄（略称は琴電）となりました。折から太平洋戦争の激化に伴い乗客が増加し、長尾線は車両の融通のため1945年に標準軌に改軌されて瓦町へ延長されます。

　ところが1945年７月４日、高松市は米軍による大規模な空襲を受けて焦土となりました。市内電車線は街とともに大きな被害を受け、そのまま廃止されてしまいました。

　市内線に代わって瓦町から片原町を経て高松築港に至る鉄道線が複線で建設され、戦後の1948年に開通します。複線といっても単線２本の並列で、西側は1500ボルト電化で琴平線が、東側は600ボルト電化で志度線が使いました。志度線が1500ボルトに昇圧されたのは1966年で、翌年から新設区間は本来の複線運行になります。一方、長尾線は1951年に瓦町駅に南から合流するように変更されて1976年に1500ボルトに昇圧、さらに1994年には瓦町駅の改修で分断された志度線に代わって高松築港に直通するようになります。

　国鉄の駅も改修が進み、高松桟橋駅は1959年に高松駅に統合されました。結果として汽車と連絡船との乗り換え通路が長くなり、座席取り競走が激しくなりました。筆者も親の郷里の徳島からの帰途、土産に持たされた味噌樽（阿波の味噌はおいしいのですよ）を抱えて全力疾走した記憶があります。

　1988年に瀬戸大橋が開通して岡山への直通列車が走るようになり、宇高連絡船が廃止されると乗り換えの座席取り競走が解消され、駅を海岸から離すことができます。現在の駅は高松桟橋駅が別にあった昔の高松駅に近い位置に作られた９線のホームを持つ巨大な駅で、高松琴平電鉄の高松築港駅との間には広大な駅前広場があります。

　戦後の混乱が収まる前、乗客が増加するのに車両の増備がままならなかった1948年に、琴電は思い切った応急措置をとりました。国鉄から２軸の貨車（車掌室付有蓋車ワフ25000形）を購入して改軌し、車掌室を運転台として貨物室（荷重８トン）に窓をあけ、シートを設けて客室にしたクハ11000形を導入し、1953年頃まで琴平線で使用したのです。最高時速は65キロに制限されましたが、２軸貨車の板ばねは鉄のかたまり同然でクッション効果が乏しく、走行中はごつごつと強烈な振動が伝わって悪評を呼んだと聞きます（図12-2）。

　そして戦後の混乱がどうやら終息した1952年に、琴電は一転して最新技術を用いた新型電車10000形を製造しました。この電車の走行機器は日立製作所の意欲作で、最新の制御器、ブレーキ装置、モータを装備して高速性能に優れ、時速100キロに達することもあったそうです。特に運転台の主幹制御器の１つのハンドルで加速、電気ブレーキ、電気指令の空気ブレーキの操作を指令できるシステムはわが国で最初のものでした（タイトル写真）（図12-3）（写真12-1）。

　しかしこの電車は先進的に過ぎたようで、運転操作などが在来の車両と異なるため現場から不評で、1980年に制御器、ブレーキを戦前からの電車と同じものに換装するなどの改造を受けました。けれども旧型の手動制御器はオリジナルの高速モータとの相性が悪く、ついに1986年に廃車されてしまいます。琴電の電車では異例の短命でした。

　なお、琴平線の形式番号と現車の車番表示の関係は独特で、車両には形式番号の1/10の数字が表記され、番号の送り方も特殊でした。例えば、10000形は1001と1002の２両編成、11000形は1110、1120・・・1160の６両でした。この付番法は1960年代前半まで継承されます。

　こうした経緯から琴電の仏生山（ぶっしょうざん）工場は車両の整備、改造を的確に行う技術を培い、その後の琴電は大都市で使用済みとなった中古電車と部品を購入し、自社工場で整備して長く用いるようになりました。購入先は多岐にわたりますが、数年ごとに何

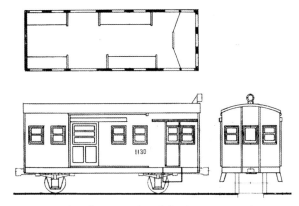

図12-2　貨車を購入して電車に改造したクハ11000形
車輌不足をかこっていた1948年に国鉄ワフ25000形貨車を購入し、窓を開け、シートを設けて電車とした前代未聞の珍車。

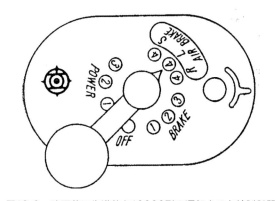

図12-3　破天荒に先進的な10000形の運転台の主幹制御器
加速、電気ブレーキ、空気ブレーキすべてを１つのハンドルで制御
平田憲一、平田喜六：「高速電車用電空併用ブレーキとその試験結果」、日立評論、1952年７月

写真12-1　1973年に部分的な手直しをした後の10000形
ヘッドマーク撤去など。更にこの後1980年に大改造を受けて旧性能化されてしまう。高松築港、1978年、吉村光夫撮影

度も購入しているのは東京圏の京浜急行の電車です。同じ1435ミリ軌間で車両の大きさも手頃なためでしょう。京急
ファンからは名車両の動態保存先として喜ばれています。

　例えば志度線で1968年まで使われた66号は1913年に京浜電鉄が製造した古典的な木造電車で、1952年に琴電に入
線し、正面の雨樋の曲線、外吊りドア、サイドの明かり窓、そして珍しいテーラー台車まで原型のまま走っていまし
た（写真12-2）。

写真12-2　志度線の66号、元京浜急行
1913年製、1952年移籍、1968年廃車。木造車としては異例の長寿命。春日川、1963年3月撮影
（左）車体の外観　（右）テーラー台車

　第5章でお話しした戦前の湘南電鉄、京浜電鉄の名車両デハ230形も1977年から1980年にかけて多数が入線しま
した。しかし、そのままでは使わないのが琴電らしいところでした。16メートル級の小型電車なので急カーブの多い
志度線、長尾線で使うこととして制御器、ブレーキを古典的なものに換装し、モータは小出力のものに、台車も軽量
な古い台車に交換して虚弱な鉄橋などの地上施設に対応させたのです。一方、取り外した京急オリジナルの高性能
のモータや台車は阪神電車、名古屋鉄道などから購入した18メートル級の車体と組み合わせて琴平線で用いました。
こうすれば狭軌の名鉄の電車も琴電で走らせることができたわけです（写真12-3）（写真12-4）。

写真12-3　志度線の33号＋34号、元京浜急行230形
1930年から1936年までに製造されて名車両と謳われた電車。台車や動力系を古い旧型に交換して志度線、長尾線で2000年頃まで使われた。春日川、1978年8月、吉村光夫撮影

写真12-4　琴平線の1051号、元阪神電車「ジェットカー」試作車5001号
1958年に製造された急加速、急減速が特徴の試作車。1977年に車体を当時の瓦町駅の急カーブのホームに対応して2扉化して購入、台車などに京急230形のものを用いて琴平線で2008年まで使われた。高松築港〜片原町、1978年8月、吉村光夫撮影

写真12-5　琴平線の1080形、元京浜急行旧1000形
京浜急行の代表車だった電車。1988年から入線。車
体下半を緑に塗られて長尾線でも使われている。羽間
～榎井、2018年8月撮影

写真12-6　長尾線の1200形、元京浜急行700形
京浜急行で最大出力のモータを装備して各駅停車など
に活躍した電車。2003年から入線。車体下半をオレ
ンジイエローに塗られた仲間が琴平線でも使われてい
る。平木、2018年8月撮影

　各線で現在走っている車両はいずれも中古電車ですが、優秀な電車を選んで導入している「目利き」ぶりに感心さ
せられます。カルダン駆動、冷房装置搭載の新型電車の時代になってからは部品の流用はあまり見られなくなりまし
たが、琴電流にきっちりと整備されて活躍する姿は素敵です。
　数が多いのはやはり元京浜急行の車両です。目立つのは京浜急行でも代表車だった3扉の旧1000形（第5章を参
照）で、多数が使われています。また、4扉でラッシュ向きの700形だった車両もおなじみです。いずれも琴平線、長
尾線の両線で使われていますが、車体下部の色を琴平線はオレンジイエロー、長尾線は緑として使用線区を区別し
ています。高松築港、瓦町間は両線が入り混じって走り、また運転間隔が異なるので交互に来るとは限らない現状
では、色で区別するのは乗客にはありがたいことです（写真12-5）（写真12-6）。

写真12-7　琴平線の1100形、元京王電車5000形
京王電車の1500ボルト昇圧、スピードアップに合わせて1963年からデビューした名車両。1969年に製造された最終グループが1995年から琴電に入線。羽間〜榎井、2018年8月撮影

　琴平線では旧京王電車の5000形も使われています。伊予鉄道、一畑電鉄、富士急行、銚子電鉄、岳南鉄道にも譲渡されて活躍している名車両です（写真12-7）。
　一方、急なカーブのある志度線には大型の電車が使えませんので、名古屋の地下鉄東山線、名城線で走っていた15メートル級の電車が1997年から入線しました。台車回りには大きな変更はありませんが、電気機器の1500ボルト化、コレクタシューを外してパンタグラフを搭載、制御器やブレーキ装置の琴電仕様への手直し、中間車への運転台設置、また冷房装置をつけて琴電の電車に生まれ変わりました。よく見ると中古品を集めた冷房装置の形状がまちまちなのが面白いところです（写真12-8）。
　以前には兼業のデパートの不振などで経営危機が取り沙汰された琴電ですが、現在は積極経営に転換しているようです。琴平線の栗林公園から仏生山あたりまで複線化用地が確保されているように見えることは上述しましたが、三条、太田間の道路をまたぐ高架化工事では橋に複線分の線路幅が確保されていました。2020年にこの区間が晴れて複線となり、高架線上に伏石駅が開業しました。いずれ栗林公園から仏生山まで、又はその先で区間運転の終点となっている一宮まで複線になることを期待したいと思います。
　東京圏や近畿圏の大手私鉄に比べれば小規模だけれど、3つの線区それぞれが個性的で充実感に満ちた琴電。楽しんで見聞されるのをお勧めしたいと思います。

写真12-8　志度線600形、元名古屋地下鉄
名古屋地下鉄東山線、名城線の小型電車が1990年代後半から入線した。パンタグラフや冷房装置を搭載、1500ボルト化、中間車への運転台取り付けなどの改造を受けている。
八栗、2018年8月撮影

黒部峡谷鉄道　千尋の峡谷に踏み込んでいく電気機関車列車

　永六輔作詞、いずみたく作曲、デュークエイセスの歌唱による「にほんのうた」は、都道府県ごとに1曲、計50曲の連作ですが、群馬県の「いい湯だな」、京都府の「女ひとり」などのヒット曲を生みました。しかし、富山県の「黒部四代」もこれらに劣らぬ名曲です。

　北アルプスの山奥から富山湾にそそぐ黒部川の上流は人跡まれな険しい峡谷です。ここに水力発電所を設けるプロジェクトが数10年にわたって実行され、最上流には巨大な黒部第四ダムまで建設されました。この歌は、壮大な黒部開発に命をかけた男たちへの賛歌として印象的なのです。

　この難所への資材運搬のための鉄道が建設されました。峡谷の入口の宇奈月温泉（うなづきおんせん）まで富山地方鉄道が来ていたので、その先に軌間762ミリの軽便鉄道が作られたのです。1937年には欅平（けやきだいら）まで開通しましたが、歩いてたどるのも困難な峡谷にトンネル、鉄橋、急カーブで挑んだ産業鉄道なので災害も多く、便乗扱いで利用する乗客の乗車券には、

　「御便乗中万一ノ災害ニ対シテハソノ責ヲ負ヒマセン」

　と記されていました。生命の保証はしない、ということですかね。

　電源開発が一段落してからは旅客輸送も行う一般的な鉄道となりました。1953年には地方鉄道免許を獲得し、1971以降は関西電力の傘下の独立の鉄道会社として営業しています。（写真12-9）。

　この種の鉄道としては乗客、貨物いずれも輸送需要が大きく、多くの車両を擁し、宇奈月駅には広大な車両基地が設けられています。2015年の北陸新幹線の開通で、富山地方鉄道と交差する箇所に「黒部宇奈月温泉」駅が、電車の「新黒部」駅とともに新設されて首都圏から来やすくなったので、さらに発展が期待されます（写真12-10）。

　しかしやはりこの峡谷が難所であることに変わりはありません。黒部峡谷鉄道は例年11月30日で運行を終了し。雪崩の被害を防止するため山間部の1か所では鉄橋を外してトンネル内に収納してトンネルの出入り口の扉を閉め、

写真12-9　黒部峡谷鉄道
宇奈月にほど近いアーチ橋。2009年8月撮影

写真12-10　黒部峡谷鉄道の宇奈月車両基地
軽便鉄道らしからぬ大規模でよく整備された車両基地。富山地方鉄道の宇奈月駅に隣接している。2009年8月撮影

写真12-11　黒部峡谷鉄道の電気機関車EHR形
軽便鉄道規格の小さな車体で最大の力を発揮する設計。台車に取り付けられた滑り止め用の砂箱が目立つ。

春になって再開するということを行っています。スイスなどに見られる「スリーシーズン鉄道」なのです。冬季運休中に発電所などにアクセスする職員のため、線路に沿って歩道、またそのための歩行トンネルまで設けられています。

　黒部峡谷鉄道は全線が直流600ボルトで電化されていますが、観光客のための列車のほか工事資材や発電所の保守機材のための貨物列車も運転されるので、列車は電車ではなく電気機関車の牽く列車となっています。軽便鉄道規格の狭い車両限界の中で強力な機関車を実現したため、その外観は実用一辺倒の力強いものでなかなか魅力的です（写真12-11）。

　これに牽かれる客車もなかなか多彩で、リラックス車（R車、ガラス張り転換クロスシート）、特別客車（A車、ガラス張り固定クロスシート）、普通客車（B車、開放式ベンチシート）があります。1、2、3等車というわけですね。発電所のための専用列車では職員がB車のベンチにごろりと寝そべっているのが愉快です（写真12-12）。

写真12-12　黒部峡谷鉄道の客車
（左）リラックス客車（R車）　ガラス張り窓、暖房付
（右）普通客車（B車）　軽便鉄道らしいオープン客車

写真12-13　黒部峡谷鉄道の列車
電気機関車が長大な客車と貨車からなる列車を牽く。わが国では珍しい光景。宇奈月〜鐘釣。2009年8月撮影

終点の欅平（けやきだいら）までの乗車時間は約75分。列車にトイレはありませんが途中の笹平でトイレのための休憩停車があります。

新緑のさわやかさ、紅葉の美しさ、また夏の涼しさを味わうため、この一風変わった鉄道を訪れるのはよい楽しみになるでしょう。できれば宇奈月温泉で一泊してゆったりと散策されることをお勧めします（写真12-13）（写真12-14）。

なお、黒部峡谷には非公開ながら欅平終点より200メートルくらい高い別のトンネル内から更に上流の発電所に向かう「上部軌道」と呼ばれる地中鉄道が設けられています。途中に地熱のため以前には岩の温度が160℃に達した場所があり、ダイナマイトが自然発火するなど建

写真12-14　欅平終点
宇奈月から約75分。深い峡谷の別天地。2009年8月撮影

設工事は難航しました。これを題材とした吉村昭の小説「高熱隧道」は読み応えがあります。

今は40℃くらいにまで冷却されているということですが、やはり異常な線区で、内燃機関では燃料が発火する恐れがあり、また金属の腐食のため電化もしにくいので、蓄電池を動力源とした車両が使われています。一方、ほとんど全線がトンネルなので冬でも運行が可能なのは欅平までの本線より好条件です。

一般人がこの鉄道に乗るには関西電力が主催する「黒部ルート見学会」に応募して当選する必要があり、いささかハードルが高く、筆者はまだ乗車を体験していません。

2002年の大晦日のNHK紅白歌合戦で、歌手の中島みゆきが上部軌道の終点の先の道路トンネル内で歌って全国放送されました。その時に歌手が使った茶碗などが記念に展示されていると聞きます。興味のある方は見学会に応募

してみてはいかがでしょう。

　一方、下界から宇奈月温泉まで登ってくる富山地方鉄道も、西武電車や京阪電車の特急だった車両が使われているなどなかなか素敵な電車です。前述の北陸新幹線の黒部宇奈月温泉駅に接続する新黒部駅は宇奈月温泉駅から30分程度ですが、ここに停車する新幹線の列車は限られています。時間があれば富山で乗り換え、富山地方鉄道の電鉄富山～宇奈月温泉間約100分の電車旅行を楽しむことをお勧めします。

JR東日本仙石線　震災復興とハイブリッド車両

　仙台市内のあおば通から地下線で仙台駅をくぐり、陸前原ノ町の先で地上に出て石巻まで走るJR東日本の仙石（せんせき）線は仙台圏のローカル電車ですが、2011年の東日本大震災での被害が報じられて以来、全国的に知られる線区となりました。

　仙石線の前身は「宮城電鉄」という私鉄でした。1924年（大正13年）に部分開業、翌年に西塩釜まで開通し、1928年に石巻まで50キロ余りが全通しました。愛称は「宮電」だったそうです。沿線の矢本に海軍の航空隊基地が設けられたため、戦時特別措置で国に半強制的に買収されて国鉄仙石線となったのは1944年でした。

　日本三景の一つの松島、奥松島地区を沿線にもつ戦前の宮電は、極めて意欲的な私鉄でした。その施設の立派だったことは語り草になっています。

　仙台駅とその付近の280メートルほどは東北本線の下へ入りこむ地下線で、東京地下鉄の上野～浅草間開通に先立つこと2年、実に日本最初の地下鉄道でした。また電気方式は現在わが国の標準となっている直流1500ボルトで、日本最初の1500ボルト電化鉄道だった大阪鉄道（今の近鉄南大阪線、第5章を参照）に遅れることわずか2年。鉄道省での1500ボルト採用（1925年末、東海道本線東京～小田原間）に先行していました。当時は木柱が常識だった架線柱は高級な防食処理を施された鉄柱で、多数が20世紀末まで使われました。大都市の大手私鉄と同じシンプルカテナリイ架線、色灯信号、時速50kmで進入できる10番両開き分岐、軸重15トン相当の頑丈な鉄橋、一部とはいえ米国製の幹線用50kgレールと6ツ孔の継ぎ目板の採用・・・いずれも当時の最先端の施設というべきです。さらに仙台～西塩釜間の大部分と赤井～石巻間には複線用地が確保されていました。

　車両も意欲的でした。最初の鋼鉄製車両の導入が1927年というのは地方私鉄では早い方です。観光輸送には特に熱心で、ガイドガールの乗務、熱い紅茶のサービス、さらに木造ながら展望電車まで走らせました。

　1936年から導入されたモハ801形は窓の広い軽快なセミクロスシートの鋼鉄製車体で、16メートル両運転台の中型電車ですが、車体幅は大都市私鉄並みの2700ミリで、地上施設の質の高さがうかがえます（図12-4）。後続のモハ810形は資材不足のため完成したのは国鉄買収後でしたが、ドアが拡幅されていました（写真12-14）。

　こうした意欲的な私鉄が、戦時買収によって国鉄の地方ローカル線になってしまったのでした。

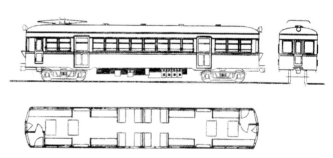

図12-4　宮城電鉄モハ801
1936年から導入されたセミクロスシートの電車。当時の大都市の大手私鉄に迫る洗練されたデザイン。

写真12-14　国鉄モハ2320（元宮城電鉄810）
パンタグラフ、台車、制御器などが国鉄標準に換装されて1960年代まで使われた。
陸前原ノ町　1958年1月　江本廣一撮影

直流1500ボルトが東京、関西地区の国鉄電車と同じ方式だったため、その後の仙石線は都会で働いていた中古電車の巣となり、1946年から2015年まで69年間、ただの１輌も新車が投入されなかったという信じがたい歴史をたどります。

　しかし仙石線は観光輸送のみならず、大都市仙台の郊外電車としてJR地方線には珍しい大きな輸送需要をもつ線区に成長しました。沿線には松島海岸の先まで仙台のベッドタウンが点在し、また多賀城、塩釜、矢本など地方工業地帯が立地しています。そのため、混雑が激しいのは数十年来東京圏など巨大都市の電車と同様でした（写真12-15）。

図12-15　1966年に見た松島海岸駅の朝の上り電車の混雑
（左）17メートル車４両編成の電車に乗り切れるのか。
（右）大都市と同じ押し込みで何とかドアが閉められた。

　そのため、その後東塩釜までは複線化され、連続立体化工事も行われて列車が高頻度で運行されるようになりました。車両は17メートル車から大型の20メートル車に置き換えられました。

　しかし、車両は東京圏、近畿圏で働き疲れた中古の通勤型電車でした（写真12-16）

図12-16　1966年代以降の仙石線の車両
全て大都市の中古電車、編成輌数は4両で変化していない。
（左）17メートル車と置き換えられたのは戦時設計の73系初期型。仙台、1966年撮影
（右）その後に置き換えられた103系の多くは近代化に伴って東京圏から押し出された初期型。
大震災で移転する前の野蒜、1983年10月撮影

　しかし、全線を直行する快速電車が設定されたのは評価できます。2/3が単線区間という悪条件ながら東京の中央線の特別快速並みの速度で走り、沿線の乗客のほか松島への観光客にも親しまれていました。1983年からは最高時速が85キロから95キロに引きあげられます（写真12-17）。

　その後、車両は山手線などで走っていたステンレス車体の205系（3100番台）に統一されました。中古車ながらわりあいきれいに更新されて車椅子でも使えるトイレも設置され、快速列車用に座席を近鉄や東武のようなクロスシート・サイドシートコンパチブル形に変更した車両も導入されました。2000年には仙台駅の下をくぐって繁華街のあおば通まで地下線で延伸されました。宮城電鉄時代からの夢が実現したといえましょう（写真12-18）。

図12-17　地下化前の宮城野原駅とお化粧直しされた103系
103系は快速列車「うみかぜ」にも用いられたが高速性能には不満があった。1998年11月撮影
（左）右の架線柱は宮城電鉄時代からの鉄柱
（右）宮城電鉄の6つ穴の継ぎ目板。新幹線以前には4つ穴が標準だった。

写真12-18　現在の仙石線の電車はステンレス車体の205系
山手線の中古車両で相変わらずの4両編成だが、一部の編成は近鉄などで用いられているクロス/ロングコンパチブルの回転式
シートを装備し、快速電車の客にサービスした。福田町～陸前高砂　2003年3月撮影

　この仙石線に襲いかかったのが2011年3月11日の東日本大震災でした。とくに津波の被害が顕著で、海岸を走って
いた中北部の区間が壊滅的な被害をこうむったのです。
　復旧に当たり陸前大塚～陸前小野間を高台の別線に付け替えることになったので、市街地の再建計画との関連も
あって時間がかかり、ようやく4年後の2015年5月30日に全線復旧となったのです。距離は1.2キロ短くなりました。
　復旧に当たり大変革がありました。松島海岸～高城町間で東北本線塩釜～松島間と並行する場所に渡り線を設け、
仙台～石巻間の快速列車は仙台から渡り線までは東北本線経由となったのです。確かに東北線の方が全線複線で線
形もいいので少し時間短縮になりますが、仙石線内の最初の停車駅は高城町になり、仙石線の中心といえる本塩釜
も松島海岸も通らないことになりました。
　このルートは「仙石東北ライン」と名付けられました。
　ここで問題になったのは電気方式の違いでした。東北線は交流20000ボルト、仙石線は直流1500ボルトです。普通

写真12-19　東北本線、仙石線を直通するハイブリッド車HB-E210系
ディーゼルエンジンで発電して電池に貯めた電気で走る電車。客室の一部が機械室で占められている。高城町、2018年7月撮影

には渡り線にデッドセクションを設け、車両は交直両用の電車を使うところですが、ここでは渡り線には架線を設けず、快速列車には架線がなくても走れるディーゼル・電気ハイブリッド車HB-E210系を用いることになったのです。おかげで高城町以北には69年ぶりにピカピカ新車が入ることになりました（写真12-19）。

　JR東日本の実用化しているディーゼル・電気ハイブリッド車は自動車業界では「シリーズハイブリッド方式」と呼ばれる方式で、電車からパンタグラフを取り除いてディーゼルエンジン、発電機、蓄電池を加えた「発電所と電池とを持つ電車」ですので、通常の電車に比べ非常な重装備で、客室の一部まで機械室になっているのが異様です。制御方式もこれまでの電気式ディーゼルカーに比べ、電池の分だけ複雑なものになっています（図12-5）（写真12-20）。

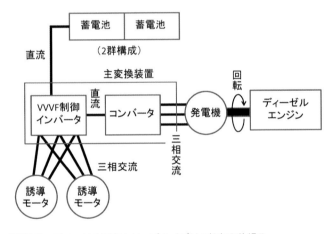

図12-5　ディーゼル電気シリーズハイブリッド車の仕組み
電車からパンタグラフを外してエンジン、発電機、蓄電池を加えた形式。

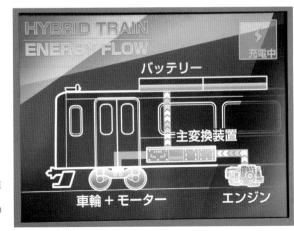

写真12-20　仙台東北ラインのHB-E210ハイブリッド車の車内モニタ画面
停車中なのでモータは停止し、エンジンは回転して屋上の蓄電池（バッテリー）に充電している。2015年9月撮影

- 発車前の停車中にエンジンを回して蓄電池をフル充電状態にしておく。
- 発車するときは蓄電池でモータを駆動する、ある程度加速してからエンジンを起動して充電する。
- 最大限に加速するときは発電機、蓄電池の両方からモータに電力を供給する。
- 負荷が軽いときには発電機のみ、蓄電池のみでモータ駆動することもある。
- 下り坂などを走行中にはモータを発電機として用いて蓄電池に充電する。
- ブレーキをかけるときも同様に蓄電池に充電する。

ハイブリッド車による快速はほぼ1時間ヘッドで、「特別快速」、「赤快速」、「緑快速」の3種があります。特別快速は途中の塩釜、高城町、矢本に停車、赤快速は塩釜、高城町を経て仙石線内の数駅に停車、緑快速はさらに東北線内が各駅停車になります。

発車はモータで静かに起動し、すぐにエンジン音が聞こえて本格的に加速します。上り坂でもエンジンが動作します。また停車中でもエンジンが回って充電します。エンジンの役割は蓄電池への充電ですので、回転速度は走行速度とは無関係に一定です。そのため、エンジン音がいつも同じなのが普通のディーゼルカーに比べて目新しいところです。

ハイブリッド車が非電化区間にも入れることを利用して、2016年からは快速列車の一部が石巻線の終点の女川（おながわ）まで足を延ばすようになりました。

一方、快速列車が仙台東北ラインに集約された結果、仙石線の南部、最も乗客の多いあおば通、高城町間の列車は各駅停車のみになってしまいました。昼間の列車密度は途中駅止りを含め1時間当たり4本です。また、クロスシート、サイドシートコンパチブルの車両はサイドシートに固定されてしまいました。

筆者はこの措置にはいささか疑問があります。

この区間には松島観光の拠点となる本塩釜、松島海岸があります。松島観光のメインコースは新幹線から仙石線に乗り換えるルートです。大震災の前には海側がクロスシートとなっている快速に乗ることができましたから明らかなサービスダウンです。

また、この区間の距離は25.5キロ。東急東横線の渋谷〜横浜間、JR南武線の川崎〜府中本町間に匹敵します。1時間当たりでは東横線には昼間は4本の特急、4本の急行、8本の各駅停車が走っていますし、同じ私鉄買収線区の南武線でも2本の快速と6本の各駅停車が設定されています。

1950年代から長年にわたり4輌編成のままというのも問題です。乗客はずいぶん増えています。あおば通駅のすぐ近くを走る仙台地下鉄南北線は仙石線と同じ4両編成ですが、列車の本数は1時間当たり8本で仙石線の2倍です。乗り比べると仙石線の昼間の列車は地下鉄より明らかに混雑しています。

また、このままではこの区間は新車投入ゼロの記録を更新し続けます。

筆者は中古電車を否定するものではありません。指摘したいのは、

「中古電車は受け入れる側の論理で選ばれるべきである」

ということです。実際、前述の高松琴平電鉄は中古電車の「目利き」で、目的に合った車両を的確に選択して使いこなしています。

仙石線の問題点は、

「中古電車が送り出す側の論理で決められている」

ことと考えます。これまでに投入されてきた中古電車の多くは大都市で働いていた4ドアのサイドシート車で、大都市では使えなくなったけれどまだ廃車するには早い、という論理だけで投入されてきたように見えるのです。

巨大都市の4扉ロングシートの電車は、冬の寒さの厳しい仙台地区には不向きです。すぐそばを走る東北本線も仙山線もすべて3ドアの新車で、大部分がクロスシートなのです。

実は仙石線にも3ドアのクロスシート車が走ったことがありました。快速電車のために関西の京阪神間で用いられていた54系が投入されたのです。入線にあたって屋上の通風器が新型電車と同じ押し込み式に改良されたのは親切な措置でした。おそらく混雑時に使いにくいという理由で早く淘汰されてしまいました。編成両数や列車の頻度を増して対応しなかったのが残念です（写真12-21）。

一方、大震災から復興した仙石線にさらに新しい話題が加わりました。あおば通、東塩釜間でATACS（アタックス）と呼ばれる、無線通信システムを活用したまったく新しい移動閉塞方式の信号システムの試用が始まったのです（アネックスA15を参照）。大きな特徴は列車の間隔を大幅に短縮し、列車数を増加できることです。

すでにCBTCと呼ばれる類似のシステムがパリ、北京など世界の地下鉄などに普及し、列車の運転間隔の短縮に貢

写真12-21　仙石線で一頃用いられていた3ドアクロスシートの54系
快速電車用として近畿圏から移ってきた戦前型。仙台、1970年9月撮影

献していますが、これがスマホなどに使われるWi-Fiの技術によるローカル通信システムを用いているのに対して、ATACSは本格的な広域通信システムを用いており、また踏切警報機の制御まで包含しています。

　前述のように、筆者は仙石線のサービス現状には問題が多いと考えます。最大の問題は国鉄時代以来の当局の消極的な姿勢でした。仙台地下線の駅のホームは4両分しかなく、開通当初から6両分が確保されている地下鉄南北線のホームに比べ消極的でした。また。以前に車両基地のあった陸前原ノ町駅の地下駅に普通電車が快速を退避する副本線が設けられなかったのも痛恨事でした。

　こうした貧弱な地上設備でのサービスアップの有力な武器として、新しい信号システムATACSの活用に期待したいと思うのです。

　後述のようにパリの地下鉄はCBTCを導入し、列車の本数を増やしました。仙石線でも「新システムのおかげでサービス改善」を実感させてほしいです。

　まずあおば通、高城町間の区間にも快速電車を復活し、仙台口の複線区間では南武線並みの、1時間に普通6本、快速2本を運行したいところです。さらに観光客への対応も考慮して、電車をクロスシートの新車に置き換えるべきではないかと考えます。

　鉄道ファンの仲間たちにはハイブリッド車の快速列車のほか、ぜひ各駅停車の電車にも試乗して観察し、いろいろ考えてみていただきたいところです。

第13章
外国の都市の電車を見る

エッフェル塔を眺めながらセーヌ川を渡るパリ地下鉄
6号線Bir Hakeim、Passy間、車両はMP73形。2006年7月撮影

外国旅行はずいぶん身近になりました。観光旅行や仕事の出張のおりに外国の町を訪れた体験のある方も多いと思います。

　多くの外国の町には路面電車や地下鉄などの「街の鉄道」が走り、便利な足となっています。これに乗るとその町の市民の日常の姿を観察することができるので極めて興味深いものです。

　一般の海外ツアーでは、公共交通機関はわかりにくいし危険だからなるべく使わないようにと案内しているようです。確かに世界一安全な日本の街よりは注意が必要ですが、日ごろ乳母車を押した家族連れが乗っている電車ですから、普通に乗る分には気後れすることはないと筆者は思います。日本の地下鉄や私鉄電車よりは利用者にわかりやすいシステムが多いのです。

　筆者とカミサンは外国の町に着くとまず路面電車や地下鉄の回数券や1日パスなどを買って滞在中乗りまくります。油断してスリにやられたこともありましたが、振り返ると乗車体験にはマイナスよりプラスの方が断然多かったというのが実感です。

　町に到着してホテルに荷物をほどき、街に飛び出すとまず電車の切符を買うのですが、我が国の鉄道趣味誌には一般的な切符の買い方の情報がほとんど書かれていません。外国の町の鉄道のレポートも載るのですが、VIP待遇だったり鉄道当局などが案内する視察だったりで、庶民レベルのレポートは少ないようです。趣味誌は6誌もあるのですから1誌くらいは定常的に乗り方の情報を載せてもいいと思うのですがね。

　外国の都市の電車の乗り方については鉄道趣味誌よりは旅行案内書によい情報があります。筆者はダイヤモンド社から毎年発売される「地球の歩き方」を参照しています。最新号の情報は料金額が古いことがある以外は信頼できます。アブナイ場所の情報もチェックできます。

　ここではフランスのパリと英国のロンドンの地下鉄、そして米国のサンディエゴの市内電車に注目することにしましょう。

パリのメトロ
華の都らしいデザインとゴムタイヤ、鉄輪併用の電車

　筆者は。

　「ヨーロッパで最初に訪れる街はどこがいいでしょうか」

　とたずねられるとフランスのパリを勧めています。パリはやはり華の都でいろいろ揃っており、ヨーロッパの街の基準になるような気がします。パリを知っていると他の街を、

　「パリと比べてこう違うな」

　という形で観察ができてわかりやすいのです。

　公共交通でもパリは多様で、また完備しています。1900年に開業して以来すでに120年を超える歴史を持つ地下鉄の緻密なネットワーク、最近周辺部で成長を続けているLRT(路面電車)、東京のJR電車に当たるRER(エルエーエル)、いずれも便利な交通機関として定着しています。さらに街の風物となっている路線バスもあげておくべきでしょう。

　パリの地下鉄は、昔の経営母体の略称からメトロポリタン、略してメトロと呼ばれます。東京をはじめ世界の地下鉄に「メトロ」の名をはやらせたのはロンドンの地下鉄メトロポリタン線ということになっていますが、パリの影響も大きいようです。今は市内のLRT、市内バスとともにRATP(パリ交通公団)が経営しています。

　この組織のシンボルカラーが特徴ある青緑色で、地下鉄の車両も町を行く路線バスもあか抜けたこの色と白に塗られ、見かけるとただちにRATPの車両とわかります。

　パリ地下鉄の各線は数字で呼ばれており、1号線から14号線まであります。

　観光客に最もなじみ深いのは凱旋門広場(エトワール)からシャンゼリゼ通りの下を走り、ルーブル美術館、ノートルダム寺院のあるシテ島に近いシャルトル、バスティーユを経てリヨン駅に至る1号線でしょう。無人運行の新しい電車がどんどん来ますが他線に比べて混雑し、スリの多いのも特徴といわれますのでご注意。

　鉄道ファンにはエトワールから南下し、東に曲がってエッフェル塔を見ながらセーヌ河を鉄橋で渡り、モンパルナス駅を経てナシオンでまた1号線と出会う6号線も、地上区間が多いので試乗向きです。

　またモンパルナス駅から北上してサンミシェルからシテ島の下をくぐって1号線の来るシャルトル。そしてパリ東駅、パリ北駅に至る4号線も高い利用価値があります。北駅の次の駅で2号線に乗り換えると観光名所モンマルト

にも行けます。

　切符は自動販売機で買い、改札機に入れて刻印してから抜き取ると横棒が可動になって中に入れます。たまに検札があるので切符は捨てないで持っている方がよろしい。

　切符の料金はゾーン制で、パリの街中はほとんどゾーン1に入っていますので均一です。10枚組の「カルネ」という回数券があり、3割引くらいになりますのでお勧めです。カルネを買うと自動販売機から1回券と同じ切符が10枚出てきます。

　パリの地下鉄は道路交通と同じ右側通行なので要注意です。フランス国鉄（SNCF）はライン河沿いのアルザス地区（鉄道開通の頃はドイツ領でした）を除いて左側通行で、パリ市内を行く国鉄電車RERもSNCFの一部のため左側通行ですのでときどき混乱します。

　パリ地下鉄の車両は長さ約15メートルの小型電車で、編成の輌数はいろいろですが1号線ですと6両編成なので東京メトロ銀座線くらいの列車規模になります。軌間は1435ミリ、電気方式は第三軌条に直流750ボルトと大阪地下鉄御堂筋線などと同じです。列車は全電動車編成ではなくモータなしの車両も組み込まれています。

　いずれの車両も扉間はクロスシートで、ドア部には跳ね上げ式の補助椅子があります。正面にはヘッドライトらしいものはなく、2つ並んだ小ぶりのライトは白色（前）、赤色（後）と使い分けられ、前進でも前照灯といえる明るさはありません（写真13-1）。

　パリ地下鉄で特筆されるのは1号、4号、6号、11号、14号の5路線で、1958年から導入して看板の技術となっている、鉄レールとゴムタイヤを併用した独特の走行機構を用いています。上記の観光に適した路線や1998年の開通当初から無人運行の14号線が含まれているので、観光客にはおなじみの方式です（写真13-2）。

写真13-1　パリ地下説7号線のMF77形
この線は鉄輪のみ、軌間1435ミリ。第三軌条から750ボルトを集電と大阪地下鉄などと同じ。外吊りドアなので戸袋はない。2000年9月撮影

写真13-2　ゴムタイヤ輪と鉄輪を併用するパリ地下鉄1号線
この車両はMP89形の有人運転時代。今は同じ車両で無人運転化され、駅にはホームドアが設置されている。2008年7月撮影

　この方式は通常の鉄レールの走行系の外側にゴムタイヤ輪と、やはりゴムタイヤの水平回転する案内輪を付加した構成になっています。

　線路は通常の鉄レールの外側にゴムタイヤ輪の走行する幅の広い平たいレール、さらに外側に案内輪の接触する垂直の案内レールがあります。案内レールには直流750ボルトが加えられており、車輪の間の集電シューがこれに接触します（図13-1）。

　このゴムタイヤ輪と鉄輪を併用する方式の利点は次のように説明されています。

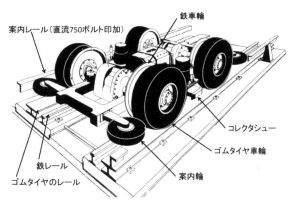

図13-1　パリ地下鉄のゴムタイヤ輪と鉄輪を併用する方式の構成
通常の鉄車輪の外側にゴム平車輪があり、また水平回転する案内輪がある。案内輪が転がる垂直の案内レールには直流750ボルトが加えられ、集電シューが接触する。この例は1モータだが2つのモータを用いる例もある
J. Krivanek, Z. Smid, J. Vitek "Vsechna Metra Sveta"（チェコスロバキア、1986）。

－コムタイヤはレールのグリップ力が強いので急勾配でも昇降できる。

－案内輪があるので急カーブでもスムーズに曲がることができる。

－鉄輪が鉄レールを走るのでポイントは簡便な普通鉄道のものでよい（写真13-3）。

－普通の電車のように鉄レールに走行電流を流すことができるので集電シューは簡単になる。

－鉄レールがあるので信号には普通の軌道回路方式が使える。

そういわれればその通りですが、いささか複雑すぎる構成のような気もしますね。パリ地下鉄の5つの線以外でこの方式を使っている例として、カナダのモントリオールの地下鉄、メキシコシティの地下鉄などが知られていますが、世界に広く普及しているとは言い難い状況です。

一方、パリでは14号線に続いて2012年末から1号線も無人の自動運行になり、駅のホームにはホームドアが設けられました。さらに無線通信と移動閉塞を特徴とする新型の信号システムCBTC（アネックスA15参照）を導入し、最短運転時隔を105秒から85秒に短縮しています。日本の無人運行システム「ゆりかもめ」などに比べ速度が速いので、暗いトンネルの中を突進する最前部で前を見ていると迫力を感じます。

写真13-3　ゴムタイヤ輪と鉄輪を併用するパリ地下鉄のポイント
通常の鉄レールの簡易なポイントでよいし案内レールが切れていてもよい。
6号線Place d' Italie付近、2008年7月撮影

なお、このところパリ市街の周辺部には路面電車スタイルのLRTがどんどん開通しています。長大でスマートな超低床の連接車はなかなか魅力的です。時間に余裕があれば見ておくことをお勧めします（写真13-4）。

写真13-4　パリ周辺部で拡充されているLRT
写真は南部のT3号線。7車体連接車。2008年7月撮影

ロンドンの地下鉄　世界最古の歴史と独特の姿の車両

　前項でパリがヨーロッパの街の基準のようにお話しましたが、英国のロンドンだけは違うようです。ロンドンは独特な街で、近隣に似た街がないように思われます。世界で最初に産業革命を成し遂げ、近隣の国に多大な影響を及ぼした実績と自信の故でしょうかね。

　ロンドンの地下鉄が世界最初の地下鉄であることはよく知られています。1863年（明治元年の5年前）に現在のメトロポリタン線の一部が蒸気機関車列車で開通しました。街の北部を東西に結ぶ鉄道ですが、敷地がなかったので地下化せざるを得なかったようです。駅の部分だけはトンネルを上に吹き抜けにして機関車の煙を逃がしました。電化されたのは1905年でした。

　街の中心部に入るのはさらに大変で、1890年に最初の線が地表から20メートルの深さのところに直径3.56メートルのトンネルを掘って電気機関車牽引で開業しました。当時のシールド工法ではこれが最大限だったようで、チューブ線と呼ばれ、車両の断面寸法は非常に小型になりました。これに対して既存の浅い線はサーフェース線と呼ばれます。

　電車運転のチューブ線は1898年に開業しましたが、1896年に電車運転で開通したブダペストの地下鉄よりは後になりました。

　今ではロンドンの地下鉄ネットワークは地上線で郊外に延びているので、地下線の割合は半分以下のようです。チューブ線とサーフェース線とが地上で並走する区間も見られます(写真13-5)。

写真13-5　ロンドン地下鉄のチューブ線(左)とサーフェース線(右)の並走
チューブ線はピカデリー線1973ストック、サーフェース線はディストリクト線D78ストック。断面寸法の違いが際立っている。レールを4本敷いてあるのに注意。Barons Court、2014年9月撮影

サーフェース線の車両は長さ約18メートル、幅3メートル弱と東京メトロの丸ノ内線くらいの大きさです。一方チューブ線の車両は長さ15メートル、幅2.5メートル、また高さが異様に低く、独特の外観です。チューブ線の車両のドアは屋根の一部にまで達していますが、それでも背の高い人には低すぎるように見えます(写真13-6)。

写真13-6　ロンドン地下鉄ピカデリー線の車両。1973ストック
(左)6両編成、線路は4線式
(右)ピカデリー線のドア
背の高い乗客はドアに首をはさまれそうに見える。

　ロンドンの地下鉄は線路も独特で、レールを4本敷いてあります。通常の第三軌条のほか中央に第四軌条があり、走行のための電源は第三軌条に＋430ボルト、第四軌条に－210ボルトが加えられ、電車は640ボルトで走行しているのです。走行レールは電力供給とは無関係なので信号や列車制御に使いやすいことになります。

　ロンドン地下鉄の切符代は初乗りが日本円で700円以上と、パリや東京の地下鉄に比べ法外に高くて驚かされるのですが、日本のSUICAやICOCAと同様の「オイスターカード」というICプリペイドカードがあり、これを使うと大幅に安くなるほか、1日の支払額に上限が設けられており、乗れば乗るほど得をします。もちろん路線バス(ロンドン名物の赤い2階建てバス)にも共通に使えます(写真13-7)。

　街中の地下鉄各駅には自動販売機があり、日本語にも対応していますので、クレジットカードからオイスターカードへのチャージは簡単です。

　ロンドン滞在の日程に余裕があったら、1日を使ってヨークの鉄道博物館を訪れましょう。キングズクロス駅から東海岸線でヨークまで約300キロ。速い列車(所要2時間くらい)、遅い列車(2時間20分くらい)それぞれ1時間に2本くらい走っており、時速200キロでの巡航は爽快です。この線は昔のロンドン北東鉄道(LNER)の幹線で、スコットランドの首都エディンバラに至り、さらにスコットランドの奥地に達する伝統ある幹線なのです。

　ヨーク駅のすぐ西に設けられた博物館はさすがに広大で、多種の車両などが展示されていますが、目玉といえるものはスチブンソンの「ロケット」号(レプリカ)、時速200キロを出した蒸気機関車「マラード」、そして日本の新幹線の車両のようです(写真13-8)。

写真13-7　ロンドンの市内交通カード「オイスターカード」
割安になる上に1日の合計金額に上限があり、乗れば乗るほど得になる。2014年9月

写真13-8　ヨーク鉄道博物館に展示されている初期の東海道新幹線の車両
世界に高速鉄道の可能性と価値を知らせた名車両として中央に展示されている。

鉄道博物館は普通に見て回っても数時間で終わりますので、お連れがいれば時間をとってヨークの街も歩きましょう。有名なミンスター寺院をはじめ種々の名所が、城壁に囲まれたわりあい狭い街の中に点在し、徒歩で見てまわれます。

米国サンディエゴの赤いトロリー　米国の電車復活の起爆剤

　20世紀初頭からしばらくの間全盛を誇り、全世界に影響を与えた米国の電車鉄道は、自動車の台頭、自動車専用のフリーウェイの完備などのため急速に衰退し、1960年代にはほとんどが消え去りました。

　しかし、増えすぎた自動車のために大気汚染、大渋滞などの弊害が生じていることが問題となり、1980年代になって公共鉄道の利点が再認識されて市内電車が劇的な復活を遂げました。今では米国の多くの街に新しい技術による路面電車や郊外電車が設けられています。

　その起爆剤になった例の一つが、1981年にドイツの技術を取り入れて復活したカリフォルニア州南部のサンディエゴの市内電車でした。1949年に廃止されて以来32年。ドイツの技術による2車体3台車のスマートで高性能な赤い連接車を見た人々は、

　「電車はここまで進化していたか」

とおどろいたようです。バスよりはるかに長大な連接車を、さらに2編成、3編成と連結した電車列車を1人の運転手が運転します。バスより段違いに多数の乗客に対応でき、高速、加速性能はバスに引けを取らず、またはるかに静かで排気ガスも出さない交通機関に電車が進化していたことを、サンディエゴの電車は広くアピールしたのでした。乗客数は順調に伸び、20世紀終期には1日に5万人を超え、米国の他の都市から注目されたわけです。

　成功の大きな要素は「信用乗車方式」の導入でした。東欧からスイスを経て全欧州に波及したこの方式は、乗客が乗車前に地上で乗車券を購入し、電車に乗ると車内の改札機械を使って、自分で切符に日時をスタンプして有効化します。乗務員は原則として現金収受をしませんので、乗客の乗り降りは乗務員とは無関係に自由になります。そのままではタダ乗り自由になってしまいますのでときどき検札があり、日時のスタンプがない、というように有効な切符を持っていないと高額の罰金を取られます。

　現在のサンディエゴの市電はオレンジライン、グリーンライン、ブルーラインの3系統があり、ICカードの乗車券が普及しています。興味深いのはブルーラインで、市街地を出外れると専用軌道を南へ30分あまり快走し、20数キロ先のメキシコ国境のサンイシドロに着きます。広島電鉄の宮島線直通の電車に似ていますが、こちらははるかに高速です。国境のゲートの向こうはメキシコのティファナの繁華街になります。

　車両は1981年の再開以来ドイツのジーメンス系のメーカによるものが使われており、次の3形式があります。

−1000番台：最初に導入されたモデル。正面2枚窓。独特の丸みを帯びたデザインが人気を呼んだ。2車体3台車の連接車・床が高くドアにはステップがあるが、運転席の後に車椅子用のリフトがあって運転手が操作する（写真13-9）。

写真13-9　サンディエゴのトロリーの1000番台の電車
2車体3台車。メキシコ国境サン・イシドロ、1996年11月撮影。

－2000番台：欧州で標準となった正面1枚窓のやや角張った2車体連接車。やはり高床で車椅子用リフトを装備（写真13-10）。

－3000番台：21世紀になって導入された3車体連接の部分超低床車

筆者が汽車でサンディエゴを訪れたのは20世紀の終期でした。一般に交通システムの名前は町により異なり苦労させられます。切符の買い方を知りたくて筆者が立ち寄った駅のインフォメーションのおじいさんはライトレール、トラム、ストリートカーいずれも、

「何だそりゃ」。

トロリーといったらやっと通じました。これがこの町の電車の愛称なのでした。おじいさんは、

「切符はむこうの停留所の自動販売機で買えるよ」

と指さしてくれました。1日券も自動販売機で買えます。

車内は向い合せのクロスシートです（写真13-11）。乗客はやはりあまりお金持ちではない人達のようで車内にはスペイン語が飛び交っています。11月でしたが南のサンデエゴは夏の日差しで、乗客の多くは半袖、女性はノースリーブでへそ出しルックも大勢いますが極めて自然でした。

車椅子用の昇降機はチェーン動作形式で、運転手が出てきて操作します。まだ若い男性が車椅子でやってきて乗りました。足ばかりか片方の目も不自由なようで、反射的に「傷痍軍人」という言葉を思い出しました。この年齢の人がこうなるのは交通事故か戦傷か・・ご存知のとおり、サンディエゴは有名な海軍の拠点のある軍港都市なのです。

写真13-10　サンディエゴのトロリーの2000番台の電車
2車体3台車。乗客が多いので2編成、3編成と連結した長大な列車が多い。1996年11月撮影

写真13-11　サンディエゴのトロリーの車内
2人掛けの向い合せクロスシートなので座席定員は多い。1996年11月撮影

ブルーラインの電車は前述のとおり、専用軌道に入るとなかなかの高速（たぶん自動車道路「フリーウェイ」の最高速度と同じ時速88キロ）でどんどん南下し、メキシコ国境のサンイシドロに着きました。

停留所の前には国境の設備があり、歩いてメキシコに入国できます。小生も30分ほどメキシコのティファナの町に入ってみました。メキシコへ入るのは全くノーチェックですが、米国へ入るときにはわりあい綿密なパスポート検査とカバンの中身の検査があります。

ここの電車の向い合せの固定クロスシートはわりあい大勢座れます。帰りの電車で黒いにぎやかなお兄さんと向かい合わせになり、雑談が始まりました。ロスアンジェルスから1人でやってきてティファナに入ったと話したら

「あんたは勇敢だな、何日くらい居たんだ」

「たった30分だよ。今日中にロスアンジェルスに戻らなきゃいけないんだ」

「30分？何ともったいない。いい女の子が大勢いるんだぞ」

お兄さんは手でグラマーな女の子のシルエットを作ってにやにやしました。これからフットボールを見に行く。職業はガードマンだが来年には海兵隊に入って軍艦でオキナワに行くんだ、と楽しみにしている様子でした。そしてボソッと一言。

「あんたは金持ちなんだろうなぁ」

こちらもボソッと、

「とんでもない。金持ちでないから電車で旅をしているのさ」

第14章
外国の長距離鉄道を見る

ドイツの高速列車ICE
フランスのTGVと並び称される欧州の代表。TGVより大型で室内も豪華。フランクフルト、1996年9月撮影

フランスのTGVは「高速鉄道」の代表

　フランスは電気機関車の牽く客車列車の時代には世界最高速を誇っていました。1964年に開通した日本の新幹線の時速210キロ走行を吟味して、超高速での架線とパンタグラフの関係に危惧を抱いたフランスが選んだ高速走行用の車両はガスタービン車でしたが、1973年末から襲来した石油ショックのため燃料を食いすぎるという理由で挫折し、実績のある電気機関車列車に方針を変更しました。

　新幹線のような高速列車専用の線路（LGV）ができて最初のモデルTGV-PSEが高速走行を始めたのは1981年。新幹線開通の17年後と出遅れましたが、最高時速は260キロと当時の日本の新幹線（210キロ）を突き放し、その後さらに270キロに上昇しました。TGVはTrain à Grande Vitesse（超高速列車）のイニシャルです。

　TGVは新幹線と同じく軌間(1435ミリ)、同じ電気方式（交流25000ボルト、ただし周波数は現在の新幹線が50、60ヘルツの両者に対応しているのに対してTGVは50ヘルツのみ）でしたが、いろいろな点で新幹線とは異なっていました。

－客車編成の前後に電気機関車をつけた「動力集中」方式としたこと。電車が得意だった日本の「動力分散」とは異なる思想でした。

－パンタグラフの数が少ないこと。TGVは前後の機関車に１つずつ。当初の新幹線は２両に１つなので16両編成なら８つでした。

－機関車に挟まれる客車を、連結部に台車を持つ連接車編成としたこと。日本でも小田急ロマンスカーが採用している方式です。

－車両を小型としたこと。車体幅約2.9メートルは日本の新幹線の約3.3メートルより小さく、狭軌の在来線の車両と同じです。既存の線区に自由に乗り入れるためでした。

－車内のシートは固定式としたこと。ヨーロッパでは行き止まりの駅で方向転換することが多く、また転換クロスシートよりはコンパートメント(区分室)の固定座席が好まれるためのようです。ただしTGVは開放室だけですが。

写真14-1　フランス国鉄TGV-POS　パリ東駅発バーゼル(スイス)行
フランス国鉄は左側通行だが、ドイツに近いアルザス地方では歴史的な経緯から右側通行。コルマール駅、2007年10月撮影

TGVは成功して多くの乗客を集め、走行範囲を拡げて種々の種類が誕生しました。

なかでも2006年からフランス東部、ドイツ方面にサービスを開始したTGV-POSは、世界最高速の時速320キロの営業運転速度を実現し、2007年には客車の数を減らした特殊な編成による高速試験で時速574.8キロと鉄レール鉄道の速度の世界記録を樹立して話題になりました(写真14-1)。

TGV-POSは基本的にTGVの当初からの設計方針を踏襲していますが、電気機関車部はVVVFインバータ制御、誘導モータ(先行した別の種類では電磁石を用いた同期モータ)と最新の技術を取り入れ、またドイツ、スイスへの乗り入れを考慮して交流15000ボルト16 2/3ヘルツ、直流1500ボルト、3000ボルトに対応しています(図14-1)。

図14-1　フランス国鉄
TGV-POSの列車編成
乗客が多いときはこれを2編成
連結した長大な列車も走る

そして現在、TGVと新幹線との相違点のいくつかには優劣が見えてきたようです。

−動力集中よりは動力分散が優れている。VVVFインバータ制御の時代になると小型軽量な交流モータを用いることができるので、電動台車の方がディスクブレーキを持つ付随台車より軽くなった。またモータを発電機とする回生ブレーキを常用するので、電動台車の多い方がブレーキが効果的にかかり、また架線に戻す電力が大きく省エネルギーになる。

−パンタグラフは少ない方が架線を傷める可能性が小さくなるので良い。最近は日本の新幹線も給電システムの改良の結果16両編成で3つに減った。

−TGVのシートは評判が悪い。TGVのプラクティスをそっくり輸入した韓国の高速鉄道KTXでは、シートだけは乗客のクレームに対応して新幹線タイプに変更した。日本でも初代の「成田エクスプレス」にはTGVと同じ椅子を輸入して用いたが、高級感がうすく不評だった。

高速鉄道が全世界に普及している今ではその方式も多種多様ですが、日本方式とフランス方式は主要な源流になっているように見えます。

筆者がカミサンとTGV-POSにストラスブール〜パリ東駅間を乗ったのは2007年、世界最初の時速320キロでの営業運転が始まった直後でした。帰りの列車で指定された席は図14-1の右端の機関車の隣で、台車の上のため床の高い向い合せ席の居心地はいささか不良でした。日本の新幹線に慣れているせいか、どうもこれまでTGVの居住性には満足できたことがありません。

向かいに座っていたのはフランス人の若い夫婦で、2歳くらいのルチアちゃんという女の子を連れていました。お父さん子の甘えん坊さんでした。

「ここからスピードが上がるのですよ」

「なるほど。速くなりましたね」

というような雑談をお父さんと交わしていましたが、さすがにルチアちゃんが退屈してきたようでした。そこでメモ用紙を取り出し、折り紙のボートを折ってあげました。実は筆者は折り紙はまったく門外漢で、ボートは数少ないレパートリー？です。

筆者の手もとを興味しんしんで見ていたのはルチアちゃんよりも親御さんの方でした。お父さんは仕上がったボートを手に取ってためつすがめつ観察してから、変形しないようカバンにそっとしまってくれました。

終点のパリ東駅の入口でかなり長い信号待ちがありました。ヨーロッパではよくあることですが、これじゃ時速320キロで走っても意味ないじゃん、と思ったものです。

「中速鉄道」オーストリアのレールジェットと都市の脱皮

ヨーロッパでは、英国などまだ国内に十分な高速専用路線を持たない国でも在来線の線路や駅を整備して、時速200キロ程度での走行の可能な列車を導入しています。オーストリア国鉄も同様で、高速新線が未整備だった2008年末から「レールジェット」と呼ばれる固定編成の高速特急列車の運行を開始しました。7輌編成の赤い客車を専用の

写真14-2　オーストリア国鉄「レールジェット」
客車と同じ赤色に塗られた電気機関車が牽引および推進運転を行う。在来線の高速化に大きく貢献した。ブダペスト東駅、2012年4月撮影

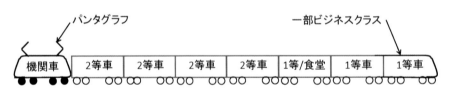

図14-2　オーストリア国鉄レールジェットの列車編成
電気機関車はジーメンス（ドイツ）製の「タウルス」モデル。欧州で使われている多種の電気方式に対応可能。他端の客車には運転台があり、推進走行も行う。

電気機関車が牽引し、また客車編成の一端には運転台があって推進運転も行います（写真14-2）（図14-2）。

　メーカはドイツのジーメンス社で、機関車はジーメンス社で量産されている「タウルス」と呼ばれる汎ヨーロッパ標準型なので、国境で機関車を付け替えないで直通運転ができます。

　レールジェットは国内のほかドイツ、スイス、ハンガリーへの列車にも使用され、整備された線路では最高時速230キロで走っています。

　客車はドイツ系の鉄道らしく大形豪華で、2等車は2＋2列、1等車は2＋1列のリクライニングシートなので日本の新幹線以上にくつろげます。運転台のある客車にはビジネスクラスと呼ばれる区分された室も設けられています。

　筆者とカミサンとは2012年にこれでウィーン～ブダペスト間を往復しました。このときもっとも利点と感じたのは、国境で機関車の付け替えを行わないことでした。オーストリアとハンガリーの鉄道の間にはやや格差があったようで、以前の客車列車時代にはハンガリーに入ると冷房が効かなくなったりしていたのです。

　日本人には、観光旅行先としてはブダペストよりウィーンの方がよく知られています。

　しかし、都市としての規模の大きさや多様性ではブダペストの方が優位です。ドナウ川をはさんで西の政治、観光都市ブダと東の商業、産業都市ペシュトとがそれぞれ活気に満ちた発展を遂げ、都市域の人口もウィーンの2倍程度に達しています。

　ブダペストの街では多種多様な都市鉄道が街をしっかり支えています。

　地下鉄には1896年に開通した世界最初の電車の地下鉄「フランツヨーゼフ線」、第二次大戦後に開通した旧共産圏

写真14-3　ブダペストの市電の停留所
ドナウ河のほとりのやや大規模な停留所。右は観光名所ゲレールト温泉、向こうはブダペスト工科大学。2012年4月撮影

標準型の地下鉄、そして最近一部が開通した新線の地下鉄があり、また日本の私鉄のような郊外電車、ブダ側の山に登るラックレールの電車、その先にある珍しい子供鉄道（ディーゼル機関車の運転手以外は子供が運行している軽便鉄道）。そして大規模なネットワークと多彩な車両を擁する路面電車、と多種多様な鉄道システムが街の発展の基盤となっています。

　鉄道ファンにはいくら時間があっても足りないくらい楽しみの多い街なのです（写真14-3）（写真14-4）。

　一方、東北ドイツ、チェコからクロアティア、イタリアに至る南北交通と、西南ドイツからドナウ河沿いにハンガリー、東南ヨーロッパに向かう東西交通の十字路にあるオーストリアのウィーンの街は、やはり

写真14-4　ブダペストの郊外電車
日本の郊外電車とよく似た雰囲気。旧東ドイツ製の電車が3両単位の編成で走る。写真の北部線の終点センテンドレは著名な観光地で、鉄道博物館もある。2012年4月撮影

中部ヨーロッパの中心といえます。辺境の支配者だったはずのハプスブルク王朝が18、19世紀にあれだけ隆盛を誇り、全ヨーロッパに号令できたのは、東西南北の交通の十字路ウィーンに本拠を構えた成果ではなかったでしょうか。

　いま、そのウィーンが脱皮しようとしています。中立国オーストリアの古典都市から、現代ヨーロッパの中核都市に生まれ変わろうとする動きが感じられるのです。

　その起爆剤が街の東南部、史跡ベルヴェデーレ宮殿の近くに建設されたウィーン中央駅です。広大な土地を再開発し、東西南北の鉄道の結節点となる大きな駅が完成して、その周囲にモダンな街が生まれようとしています。

　私たちは東西ドイツ統一後のベルリンの街の、目を見張るような変化をまのあたりにしました。伝統的なウンターデンリンデン通りの落ち着きはそのままに、ベルリンの壁のために人が寄りつけなかった地帯が再開発されました。

大規模な地下線と高架線が交差する巨大なベルリン中央駅が完成し、その南のポツダム広場には超モダンな街が誕生したのです（写真14-5）。

　ウィーンもそのあとを追い、さらには凌駕しようとしているように見えるのです。考えてみるとウィーンは東西南北の交通の要衝に位置しているほか、ベルリンにはない大規模な空港も持っていて、ベルリンより中核都市としての可能性が大きいように見えます。街を支える路面電車と地下鉄のネットワークも適切です（写真14-6）。

　ブダペスト、ウィーン。そしてベルリン。これらの街の鉄道システムを基盤とした脱皮と繁栄の様子を、これからも見守りたいと筆者は考えています。

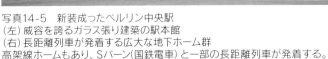

写真14-5　新装成ったベルリン中央駅
（左）威容を誇るガラス張り建築の駅本館
（右）長距離列車が発着する広大な地下ホーム群
高架線ホームもあり、Sバーン（国鉄電車）と一部の長距離列車が発着する。

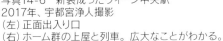

写真14-6　新装成ったウィーン中央駅
2017年、宇都宮浄人撮影
（左）正面出入り口
（右）ホーム群の上屋と列車。広大なことがわかる。

第15章
そして再び身近の鉄道を
観察して考えよう

関西空港駅の「関空快速」
外国から帰国して最初に乗る電車。車両、施設、乗客などの外国と我が国との相違を考えさせられる。
2018年12月撮影

本書では、主として都市に住んで日ごろ鉄道を利用している方々を想定して、
「鉄道に乗って観察し、比べて考えることを楽しむ」
ことを提案しました。

最初は日常用いる身近な鉄道に興味をもち、その幅を次第に拡げ、その中から興味深いテーマを発見したら奥深く追及する、というのが大人の鉄道ファンの楽しみ方なのではないかと考えたからにほかなりません。

さらにすすんで、遠方の鉄道、外国の鉄道など見聞して比べ、いろいろ考え、また身近な鉄道に戻ると、以前には何とも思わなかったいろいろなことに気が付きます。これが趣味活動の醍醐味ではないかと筆者は考えます。

どんな趣味でも活動を継続し、広く深く発展させると、以前には見えなかったことが見えるようになります。よく、
「愛することは知ること」
といわれますが、知ることによってその良さを理解し、さらに良くするには、と考えるのがファンといえる趣味人の姿勢なのではと思うのです。

都市の電車　乗客の顔つき、着ている服の質感、そして車両の対比

たとえば、東京圏と近畿圏の鉄道の駅を比べると、2列幅のエスカレータの立ち位置の違いに気がつきます。東京圏では左側に、近畿圏では右側に立つのが一般的なのです（東京人士の多い新大阪駅、京都駅などでは混乱が見られるようですが）。また、各社の車両やサービスを比べると興味深い相違に気がつくのは本文に述べたとおりです。

さらに、外国の街の地下鉄や路面電車を体験してから我が国の地下鉄や郊外電車に乗ると、以前には何とも思わなかったことに気がつき、考えさせられます。

外国から帰ってからカミサンとこんな対話をしたことがありました。
「日本の地下鉄の客は身なりがいいね」
「みんな新調みたいな服を着ているわ。生地も高級に見えるわね」
もちろん破れたジーンズの若者もいますが、貧乏なのではなくおしゃれにこだわっているように見えます。

外国の地下鉄では、相当な先進国でも乗客が着古した服、汚れた服、いささか安っぽい生地の服を着ていると感じることがよくあります。また何となくとろんとした無表情で活動性の乏しい人、逆に攻撃的な表情の人も目につきます。

外国を見聞することによって、鉄道の多くの乗客が小ざっぱりした服を着てスマホに没頭している日本は、確かに豊かな国なのだろうと実感できるようになったのです。

株式会社組織の私鉄高速電車の隆盛は日本独特

一方、我が国の鉄道の際立った特徴は、「株式会社の形をとって旅客輸送をする私鉄」という、恐らく我が国独特の鉄道運行組織の形に依るところが大きいのではないかと、筆者は考えさせられています。

先進国では旅客を運ぶ長距離鉄道、都市鉄道いずれも完全な国有や自治体所属のものは少なくなり、多くは独立の組織になっています。しかし、その組織の実態は一般に営利会社というよりは国や自治体と関係の深い特殊企業体となっており、国や自治体から（ということは市民の税金から）補助を受けてサービスを継続しています。路面電車など都市の鉄道の新設や改良の財源にガソリン税の一部を使うのは抵抗が少なくなっているようです。また、そのために消費税を一定期間上積みする例、さらには税金を投入するかわりに市街地での乗降を無料とする例まで見られます。

鉄道は完全に公共的な社会基盤と理解されているわけです。

こうした組織では経営陣や従業員は（良い意味での）公務員精神で仕事をしているのでしょう。社会のためになるには、利用者が便利に使えるには、といった価値観です。政治家（例えば市長）への選挙民からの支持を保つには、という価値観もあり得ます。

これに比べ、伝統的に独立独歩の株式会社組織で鉄道事業を展開してきた我が国の私鉄の経営者や従業員は、精神的な基盤がやや違うものになっているように見えます。

一つの例は小林一三の薫陶を受け、「お客様は神様」の精神で乗客や沿線の住民に喜ばれるように仕事をしてきた

阪急電車でしょう。屋根の上まできれいに洗いあげた電車、電車の姿が映るほど磨き上げられたプラットホーム、いずれも公務員の正常輸送の精神とはやや異なる、乗客のもてなしにまで踏み込んだ「前垂れ掛け商売人」の価値観に見えます。

　いま一つ印象に残っている例は1980年頃までの京浜急行です。たとえ30秒でも国鉄より速く乗客を運ぼう。そのために運転士は技術を磨き、線路や信号の担当者は能率的な運行に最善を尽くし、駅や基地の要員は車両の入れ替えや増解結を最短時間で確実に行うように努力する、という「鉄道マン精神」が全社的に感じられました。

　いずれも、いわゆる公務員精神とは異なるものに見えます。

　その代り、営利企業としての電鉄経営を続けるため、我が国の電鉄会社は不動産、デパート、ホテル、娯楽施設などを多角的に経営し、多くの事業の複合体となっています。それでも会社のバックボーンは電鉄サービスだ、というコンセンサスが全社に通っているのが心強かったのです。

　民営化されたJR各社は残念ながらこうした精神が十分に浸透しているとは言いにくい現状です。一方、私鉄として営業してきた鉄道会社も「普通の営利会社」になっていくのが最近の趨勢のように見えます。鉄道会社に鉄道サービス精神を育成させ、継承してもらうにはどうすればいいのでしょうか？

　筆者は利用者が乗客の立場で考えて発言していく必要がありそうな気がしています。

乗客の立場からの「評論」が必要。
それこそ鉄道ファンの役割か

　鉄道サービスの経営や実務が独善的になったり消極的になったりしないためには、他の分野と同じように、乗客が利用者の立場で「評論」する必要があるように思われます。

　自動車の分野では、雑誌などを拠り所にメーカから独立してユーザの立場から発言する評論家が多数見られます。その発言がユーザに客観的な情報をもたらすとともに、自動車業界にも影響を与え、日本の自動車産業の国際競争力の育成に役立ってきたように見受けられるのです。

　カメラの世界も同様です。メーカとは独立した写真作家、評論家がそれぞれの分野で活躍し、写真作家の立場から、又は写真愛好家の立場から評論活動を行い、それらが日本のカメラ業界に良い影響をもたらしています。

　一方、鉄道サービスに対してはこのような独立した評論活動をあまり見かけません。それは不可能なのでしょうか。

　現在の我が国の鉄道趣味誌は鉄道当局の広報誌のような色彩があり、ユーザの立場で鉄道当局に耳の痛い評論を述べるような体質にはなっていません。中には、鉄道当局に敬語を使って読者をしらけさせるような例まで見られます。

　筆者は、日ごろ鉄道を利用している鉄道ファンこそそうした鉄道当局とは独立に鉄道サービスに対する評論を行うのに適した立場にいると思うのです。乗客、利用者がその立場から評論し、意見を述べ、それによって我が国の鉄道サービスが正しい方向に動いていく、というのが望ましい姿のように思われるのです。

　今のところ、鉄道サービスの分野には自動車や写真の分野の雑誌のような、一定の独立性を保つメディアが乏しいのが残念ですが、筆者は少なくともそのように自覚し、日ごろ鉄道を利用しながら考える

「インテリジェントな社会人の鉄道ファン」

　が大勢いてほしいと考えております。

あとがき

　我が国では鉄道趣味はすでに市民権を得ており、その関係の雑誌も書籍も多数出版されています。
　しかしそこで紹介される話題は、めったに乗れない豪華列車だったり、めったに見られない珍しい車両だったり、懐古趣味に過ぎるものだったり、日頃利用している鉄道とは遠いマニアックなものが多い印象です。

　また、身近な列車や車両の記事でも、乗客よりは鉄道当局に近い立場で書かれた記事が多いように見受けられます。

　筆者は東京圏の鉄道を利用しながら、鉄道ファンは日ごろ利用している鉄道の車両やサービスを乗客の立場で観察し、楽しみ、考えることから趣味を出発させるのが本来の姿なのではないだろうかと考えておりました。本書はそうした趣旨で執筆したものです。

　本書は構想から出版までに数年をかけました。その間、生方良雄様。服部重敬様、伊藤博康様、藤田吾郎様、辻泉様、遠山嘉一様、望月泉男様、宇都宮浄人様、矢崎康雄様、また、かながわ鉄道資料保存会の仲間の杉山裕治様、高井薫平様、佐藤良介様、鉄道友の会神奈川サークルの仲間の福井紘一様、赤井きよみ様など多くの方々から有益なご援助、ご意見、情報などをいただくことができました。更に技術的な側面については曽根悟様、三品勝暉様、日本信号（株）渡部晴夫様から適切なご教示をいただきました。あつくお礼を申し上げます。

　また、日ごろ筆者の趣味活動に理解を示してくれている妻直子と、近畿圏の情報や写真を集めてくれる大阪在住の息子聡にも、ここで感謝しておきましょう。

　しかし、本書の記述内容に関する責任はもちろん筆者にあります。誤認や認識不足へのご指摘はぜひいただきたいと思います。また筆者の提起した問題や考え方へのご討論も歓迎いたします。

　最後になりましたが、こうした趣味書の出版に不慣れな筆者に適切なお世話をいただいている（株）フォト・パブリッシング福原文彦様にあつくお礼を申し上げます。

2021年9月
コロナウィルス禍が通り過ぎたらどこの鉄道を見に行こうか、と考えをめぐらせながら
大賀 寿郎

アネックス
電車の仕組みのやさしい解説

ボギー車の例　東武鉄道日光軌道線　100形
1車体2台車。1964年撮影

連接車の例　東武鉄道日光軌道線　200形
2車体3台車。1964年撮影

本書の本文では技術的な言葉が随所に出てきましたが、説明が不十分でした。ここでアネックス（付録）として現代の鉄道に関連するいくつかの技術をながめておきたいと思います。内容は、

「多くの解説書に書かれているけれどこれから使われなくなる技術」

よりは、

「一般の解説書には説明が乏しいけれど、これから広く使われていく技術」

を優先したいと思います。

Chap. 1：基本的な知識

A1. 軌間（ゲージ）のいろいろ

図A1-1　軌間（ゲージ）の定義

鉄道技術で最も基本的な寸法は軌間（ゲージ）でしょう。

軌間は2本のレールの内側の間隔です（図A1）。

鉄道のルーツは馬車がスムーズに走れるように轍（わだち）にレールの役割をする板を敷いたもので、これが鉄のレールと車輪のフランジの組み合わせに発展しました。特に石炭を運んだ英国の炭鉱鉄道と、米国の街の道路に設置された鉄道馬車とはよく知られています。これに使われた馬に牽かせる車両の軌間は地元の町工場や大工の都合で決められ、千差万別でした。

英国の炭鉱鉄道には輸送力増強のため蒸気機関車が導入されて成功しました。車両、とくに貨車はレールのある所どこにでも乗り入れられることが有用とされ、その後の鉄道の軌間は発明者かつ成功した製造者のG. スチブンソンの製品の軌間（1435ミリ）が主流となって自由な直通運転に貢献します。

一方、米国の鉄道馬車はその後電車化されましたが、電車の軌間は蒸気機関車に比べ構造的な自由度が大きいので、運行が一定の町内に限られていた市内電車の軌間は20世紀中期の電車の終焉まで多種多様でした。

ここで、現在生き残っている主な軌間を狭い順に整理しましょう。鉄道技術が早期に実用化された英国では寸法の単位にメートルではなくフィート（'）、インチ（"）を用いてきたので、軌間もこれで表すと分類できます。1'（305ミリ弱）は12"ですので、1/2'は6"です。ただし、メータゲージ（1000ミリ）、国際標準軌（1435ミリ）など、系列から外れるものもありますが。

−2'（610ミリ）軍用、工事用などの簡易軌道の定番。インドのダージリンヒマラヤン鉄道。ドイツで見られる600ミリもこれの仲間。

−2'6"（762ミリ）アジア、欧州、我が国などの軽便鉄道。我が国では三岐鉄道北勢線、四日市あすなろう鉄道、黒部峡谷鉄道が現存。ドイツで見られる750ミリもこれの仲間。

−3'（915ミリ）914ミリと表記される例もある。米国の軽便鉄道の標準。我が国では九州の軽便鉄道に多数見られた。

−1000ミリ「メータゲージ」と呼ばれる。東南アジアの鉄道の標準、欧州では路面電車に多い。アフリカの一部にもある。

−3'6"（1067ミリ）1872年に日本最初の鉄道で採用されて以来日本のJR、私鉄などの標準。台湾、フィリピン、インドネシア、ニュージーランドでも標準になっている。南アフリカ共和国の1065ミリもこの仲間

−4'（1219ミリ）英国グラスゴウ地下鉄（写真A1-1）。その他英国で見られるが少数派。

−4'6"（1372ミリ）外国のシステムを輸入した東京の鉄道馬車から東京都電に引き継がれ、その影響を受けた市電や郊外電車に使われたが、具体的なルーツは不明。現在は京王電鉄京王線と都営地下鉄新宿線が世界的に珍しいこの軌間の高速電車（写真A1-2）。

−4'8 1/2"（1435ミリ）数字は半端だが上述のように英国の標準軌間となり、鉄道黎明期に多くの国が英国から鉄道一式を購入したので国際標準軌間に発展した。我が国でも新幹線、私鉄、地下鉄、路面電車など例が多い。我が国が建設した旧南満州鉄道のシステムを標準に採用した中国の鉄道もこれにほぼ統一。

−5'（1524ミリ）1520ミリもこの仲間。ロシア、旧ソ連の各国、モンゴル。軍事上の理由で隣国と異なる軌間を採用したといわれる。

−5'3"（1600ミリ）アイルランド、オーストラリアのヴィクトリア州、ブラジル（写真A1-3）。

−5'6"（1676ミリ）1668ミリもこの仲間。スペイン、ポルトガル、インド、パキスタン、チリの一部。米国サンフランシスコの高速電車BART.

−7'1/4"（2136 ミリ）これは参考。英国グレイトウェスタン鉄道が採用したが、標準軌間との競争に敗退して1892年に消滅したので現存しない。我が国のJR在来線の軌間の約2倍で、恐らく営業鉄道では歴史上世界最広。

我が国で広く見られるのは新幹線、有力私鉄、地下鉄などの「国際標準軌」1435ミリと、JR在来線や多くの私鉄の「狭軌」1067ミリです。狭軌といっても車両の断面寸法は標準軌のイギリスの鉄道の車両より大きいのが特徴です。

写真A1-1　珍しい軌間：1219ミリ軌間の英国グラスゴウの地下鉄
一周10.4キロの環状線。ケーブルカーとして開通したためポイントが1つもなかった。1974年7月撮影。1978 ～ 80年に長期運休して最新技術の地下鉄に生まれ変わったが軌間は変わらなかった。

写真A1-2　珍しい軌間：1372ミリ軌間の京王電車5000形
世界的に珍しい1372ミリ軌間の高速電車。1963年から導入された時速100キロを超える特急が好評を博した。1971年3月撮影。この電車はその後高松琴平電鉄（1435ミリ軌間）、伊予鉄道、一畑電鉄、富士急行、銚子電鉄、岳南鉄道（いずれも1067ミリ軌間）に譲渡されて今も活躍している。

写真A1-3　珍しい軌間：1600ミリ軌間のブラジル・サンパウロの地下鉄
地下鉄だが超広軌だけに車体幅は広い。2008年11月撮影　右上に車両基地の見える郊外電車も同じ軌間

A2. ボギー車、連接車など、車両の基本構成

　鉄道車両を一見してもっとも特徴的なのは、車体と台車の組み合わせ方です。世界で実用されているいくつかの例を列挙します。なお、それぞれの名称には筆者が便宜上つけたものもあります(図A2-1)。

4輪単車(写真A2-1)

　最も原始的な鉄道車両の構造は、古来からの馬車やトロッコ（語源はトラックと同じ）のように4つの車輪で車体を支えるもので、我が国やヨーロッパでは貨車の定番でした。

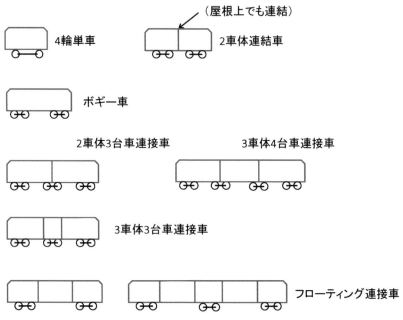

図A2-1　電車の車体と台車の構成のいろいろ

　また、我が国やヨーロッパの路面電車では1950年代まで4輪単車が広く使われていました。頑丈な線路を持つヨーロッパの鉄道では客車やディーゼルカーとしても最近まで使われ、支線に近代的な4輪単車のディーゼルカーが残っていました。

　一般に、4輪単車はカーブを円滑に通過するためホイルベース（2つの軸の間隔）を十分広く取ることができず、そのためピッチング（前後の車端が交互に上下する振動）が激しいのが欠点です。

写真A2-1　4輪単車の例　京都市電の旧型電車
加悦SL広場、2004年撮影

168

8輪2車体連結車（写真A2-2）

2つの4輪車体を連結した構成が東ヨーロッパの路面電車に使われています。床下と屋根上の2か所で連結されているのでピッチングが少ないのが特徴で、そのためカーブを曲がりやすい小型の台車を使うことができます。勾配の始まり、終わりでの車体に対する台車の動きに考慮が必要です。

写真A2-2　8輪2車体連結車の例　ベオグラード（セルビア）のタトラカー KT4
旧共産圏の路面電車に多数使われたが、最近は数が少なくなっている。1989年8月撮影、当時はユーゴスラヴィアだった。

ボギー車　世界の鉄道車両の標準（写真A2-3、A2-4）

2軸の台車を2つ用いて大型の車体を支える構成はボギー車と呼ばれ、鉄道の黎明期の米国で客車、貨車のために実用化され、我が国をはじめ世界の電車、客車、貨車の標準となりました。大形の車体でも虚弱な線路や急カーブに対応でき、シンプルな構造と安定な走行が特徴です。20世紀の前半までは優等客車には3軸の台車も使われました。また、機関車では3つ以上の台車を用いるものもあります。

写真A2-3　ボギー車の例　都電8500
2台車4軸のボギー車は世界の鉄道の定番。
2009年12月撮影。

写真A2-4　3つの台車を用いたボギー車の例　国鉄 EF63
電気機関車やディーゼル機関車でも2台車4軸のボギー車が世界の標準になっているが、線路が虚弱なわが国では3台車6軸の電気機関車が広く用いられる。中央の台車はカーブでは車体に対して左右に動く。荷重のバランスへの考慮が必要。碓氷峠鉄道文化むら、2016年8月撮影

古典的な連接車（写真A2-5）

車体の連結部に中間の台車を置く構成です。2車体3台車、3車体4台車・・と車体の数より台車の数が1つ多いことになります。ボギー車に次いで広く使われている構造です。スペインのタルゴ列車のように舵取り機構を持つ1軸の台車を用いる例もあります。ボギー車の連結に比べて車体間の貫通路を設けやすいのが特徴です。

写真A2-5　3車体4台車の連接車の例　広島電鉄の3800
広島電鉄は大型の連接車を多数運用している。
胡町、2008年撮影

フローティング構成の連接車（写真A2-6）

　台車を持たない車体を前後の台車で支える構造で、ヨーロッパでは古くから見られ、また現代の超低床の路面電車に世界的に使われています。3車体2台車から5車体3台車、7車体5台車・・と長大化の傾向があります。

写真A2-6　フローティング構成の連接車の例　チェコ・プラハの5車体部分低床車9000
台車は1、3、5番目の車体の下にあり、窓が高いのでわかる。2012年5月撮影

Chap. 2：車体の素材とパンタグラフなど

A３．見てわからないこともある車体の素材

　鉄道車両の車体の材料は家や馬車と同じように木造から出発しましたが、耐久性が低いこと、火災で燃えやすいこと、虚弱なので事故の際の被害が大きいことなどが問題視され、米国では1910年代から、我が国などでは1920年代から鉄をはじめとする金属製が主流となりました。しかし、きれいに塗装された車体では外観だけからは材料がわかりにくいこともよくあります。

古典的な鋼鉄製の車体

　鉄はもっとも安価な金属で、強度が高く加工しやすく溶接も簡単なので、鉄道車両には鋼鉄（鋳鉄に比べて炭素分の少ないしなやかな鉄）が広く使われてきました。しかし密度が7.87（トン／立方メートル）と重く、また酸化され易く、「錆びる」と腐食が進行するのが一大欠点で、入念な防錆のための表面処理や塗装が必要なほか、腐食による強度の減少を見込んで厚い板を用いるので、必要以上に重くなる欠点も避けられません。

ステンレス鋼製の車体

　鉄にクロムを添加した合金は、表面に保護層ができるので錆びにくくなりますのでステンレス（錆なし）鋼と呼ばれます。さらにニッケルなどを添加した多種多様のステンレス鋼がいろいろの用途に使われています。一般に成型や溶接が難しいのが欠点で、種々の工夫が行われています。

　鉄道車両に用いた初期の成功例として、1934年に米国バッド社がシカゴ・バーリントン・アンド・クインシー鉄道に納入したパイオニア・ゼファーという3車体連接のディーゼル電気列車が有名です。ステンレス鋼の密度は鉄と同等ですが、錆による強度低下を考慮する必要がないので薄

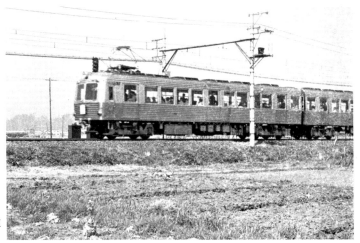

写真A3-1　わが国最初のステンレス車体の電車 東急5200系
日吉～綱島、1961年撮影。その後窓まわりの改修などで外観が変化した。

170

い素材を用いて軽量化でき、最高時速177キロと高速でした。

　ステンレス鋼の車体をもつ我が国最初の鉄道車両は、海水による腐食を避けるために1953年からステンレス鋼製の車体に換装された関門海底トンネル用の電気機関車EF10ですが、ステンレス鋼の特徴を積極的に生かした最初の電車は1959年に東急車両が製造した東急5200形といえます（写真A3-1）。

　この電車は地下鉄東西線などにいくつかの後継車を生みましたが、普通鋼の骨組みに薄いステンレス鋼板を張った「スキンステンレスカー」だったので普通鋼とステンレス鋼の接触部が腐食しやすい欠点が見られました。

　そこで東急車両は米国バッド社の技術を導入し、一部を除いて骨組みまでステンレス鋼化した我が国最初の「オールステンレスカー」東急7000系を1962年から製造しました。この技術は京王、南海などに波及し、多種の車両を生みます（写真A3-2）。

写真A3-2　わが国最初のオールステンレス車体の電車　東急7000系　こどもの国、1968年撮影。

　しかし、ステンレス鋼製の車体は同じ頃から普及してきたアルミ合金製の車体との競争にさらされました。アルミニウムは後述するように密度2.70（トン/立方メートル）と鉄、鉄合金よりはるかに軽いので、ステンレス鋼は不利でした。

　そこで東急車両は、航空機などの設計に使われていたコンピュータによる構造解析法を導入するなどの手段で設計を見直し、強度を落とさずに無駄を省いた「軽量ステンレス車体」を実用化して1978年から東横線で試用し、1980年からは8090系の量産を始めます。

　この技術は成功し、とくに1984年に国鉄205系に採用された機会に東急車両が製造技術を他社に公開してからはわが国のステンレス鋼車体の標準となりました。この車体は骨組みが最小限に簡素化されており、また薄い外板にはたわみ防止のためのビード（成型による出っ張り）

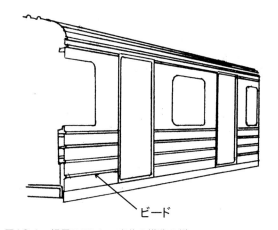

　　　　　　　　ビード

図A3-1　軽量ステンレス車体の構造の例
たわみ防止のためのビードが特徴だったが、その後平坦にできるよう工夫された。

が見られました（図A3-1）。ビードは外観の清潔感を損なうだけではなく洗うときにも不便なので、最近は工夫をこらして外板のビードを省略するのが一般的です。

　ステンレス車体は防蝕塗装が不要なので、全車両をこれに置き換えた鉄道では車体塗装職場が不要になり、工場の簡素化に役立っています。反面、前述のとおりステンレス鋼は成型や溶接が難しいので車両のデザインに制約があり、また踏切事故での破損の修復も不自由ということで、車体正面だけは鋼鉄やFRP（繊維強化プラスチック材）を用いるなど工夫している例が多数見られます。

アルミニウム合金製の車体

　ステンレス鋼と並んでアルミニウム合金も鉄道車両に広く使われます。アルミニウムは強度が鋼より低いので厚い板を使いますが、比重が2.70（トン/立方メートル）と軽いので軽量化に適しています。また表面に保護膜ができて腐食が進行しにくいので無塗装の車体が使えます。アルミニウム材料の精錬には多量の電力が必要ですが、今では鉄

材と同じく廃車になった車体素材をほぼ100％リサイクルすることが可能となって、電力消費量が減りました。

前述のバッド社のステンレス鋼車両と同じ1934年に、米国プルマン・スタンダード社はユニオンパシフィック鉄道のためにアルミ合金製の6両連結のディーゼル電気列車を製造しました。軽量なので最高時速192キロと高性能でした。

我が国では終戦直後の1946年に国鉄の電車と客車にアルミ合金が使われた例がありました。占領軍が航空機産業を禁止したため余ってしまった素材の活用のためでしたが、強度が足りない、鋼鉄との接触部が腐食されやすいなど評価は低かったようです。

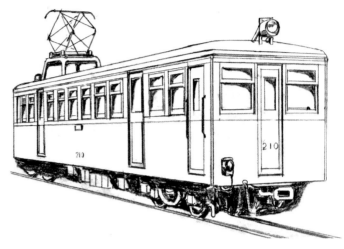

図A3-2　黎明期のアルミ合金車体の電車　栃尾鉄道(762ミリ軌間) 210号
豪雪で著名な長岡の電車鉄道が1954年に自社工場で製造した意欲作。当初はクロスシートを装備してロマンスカーとされた。1970年に制御車となって1975年の廃線まで使用。

1954年、新潟県の栃尾鉄道（762ミリ軌間）がアルミ合金板を車体に用いた電車を製造しました。地方の小規模な鉄道が自社工場で黎明期のアルミ合金車体を製作したのは驚異的です。平板で構成された箱型車体、幅広い窓柱、当時の同社では例外的な浅い屋根と、設計製造の苦労が偲ばれます(図A3-2)。

その後、1962年に川崎車輌が西ドイツの会社の技術を導入して山陽電鉄2000系を製造してからは、アルミ合金製の車体は大手私鉄などに用いられるようになりました。アルミ材の問題点は表面に保護膜ができること、熱伝導率が高いことなどのため溶接しにくいことで、当初は初期の鋼鉄製車体のようなリベット接合も使われました。その後型

写真A3-3　本格的な全アルミ車体の電車　山陽電鉄3000系
1964年製。本格的な全アルミ車体に対して鉄道友の会よりローレル賞を受賞。製造当初は窓下にビードがあった。高砂、2017年引退直前に撮影。

押し材の骨組に平板を溶接する技術が発展し、アルミ合金は試行錯誤を重ねながら地下鉄、国鉄などに使われていきます(写真A3-3)。

　その後、アルミ素材から型押しにより複雑な断面形状の板材を量産する技術が開拓され、平板に溶接用の凸部を設ける「シングルスキン」構造が使われるようになってアルミ車体がさらに普及しました(図3-3 (a))。骨組を凸部に溶接すると平板よりは熱が逃げにくく、質の良い溶接ができるわけです。型押し材は大形化し、溶接個所が少なくなりました。

　現在のアルミ製車体には「ダブルスキン」と呼ばれる、内部に空洞をもつ型押し材が広く用いられています(図3-3 (b))。まるで魔法みたいな技術ですが、おかげで骨組みの機能まで壁材に持たせられるようになりました。

　一般にアルミ材は鋼材より強度が低いので厚い板を使います。したがってステンレス鋼板のようなビードは不要で、車体の表面は鋼鉄製と同じように平面になります。そのため塗装すると鋼鉄製と見分けるのが難しくなります。

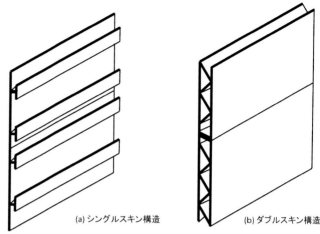

(a) シングルスキン構造　　(b) ダブルスキン構造

図A3-3　アルミ合金車体に用いられる複雑な型押し材
(a)シングルスキン構造
(b)ダブルスキン構造
これを一度の型押しで量産するのはまるで魔法のように感心させられる

　今のところ、塗装を施したアルミ車体が最も高級な鉄道車両用材料と見なされており、わが国では多くの新幹線車両のほか、阪急、近鉄、京浜急行のような車両の高級感を大切にする私鉄で使われています。

A4. 電気を取り入れる方法、パンタグラフなど

　本書で取り上げた電車鉄道では車両に電気を送る方式も重要な技術要素となります。ここで車両が地上から電力を受け取る集電器(コレクタ、代表例はパンタグラフ)を概観しましょう。

架線式

　電気鉄道で用いられる電気は高電圧、大電流なので人が近づくと危険です。そのため、19世紀の電車の黎明期からレール面上4〜5メートルの高い位置に架線を張って給電し、これにコレクタ(集電器)を接触させて電気を取り込む(回生ブレーキでは電気を送り返す)方式が工夫されました。

　米国ヴァージニア州リッチモンドの町でF. J. スプレイグによって1888年から営業を開始した市内電車は、いくつもの新技術をとり入れて世界で最初に経済的で安定な電車のサービスを提供し、大成功しました。その大きな要因はコレクタにトロリーポールを採用し、安定な集電を実現したことでした。これが多くの人々に注目され、電車鉄道

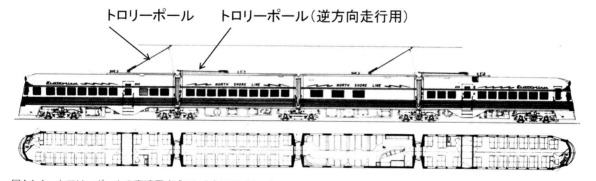

トロリーポール　　トロリーポール(逆方向走行用)

図A4-1　トロリーポールの高速電車「エレクトロライナー」
米国シカゴ・ノースショア・アンド・ミルウォーキー鉄道が1941年に導入した特急電車。トロリーポールを用いて時速130キロ以上で営業運転した。

は新設や馬車鉄道などの電車化によりどんどん拡充され、世界の都市交通システムの代表となります。

その後の米国では技術革新により時速130キロ以上で走れるトロリーポールも実用化され、1950年代の電車の終焉まで広汎に使われました。現在でもボストンなどにトロリーポールで走る線区があります。

一方、日本や欧州では安定性に優れ、大電流にも対応できるひし形構造のパンタグラフが主流となりました（写真A4-1）。

その後欧州ではより軽量なシングルアームパンタグラフが普及し、我が国など世界の鉄道に取り入れられて標準になりました（写真A4-2）。

第三軌条式

一方、地下鉄や狭いトンネルの多い鉄道では、トンネルに対応するために架線を使わず、線路の横の地上に第三軌条（サードレール）と呼ばれるレールを設置して給電し、これに車両のコレクタシュー（集電靴）を接触させる方式が用いられます（写真A4-3）。

レールの上面に接触するのが一般的ですが、信越本線の碓氷峠の急勾配区間でアプト式を用いていたときの電気機関車は下面接触の第三軌条方式でした。雪の影響を軽減するためと思われます。第三軌条式は地上では人が触りやすく危険ですので、碓氷峠の電気機関車はパンタグラフも装備し、車庫内では架線から集電していました。

写真A4-1　古典的なひし形パンタグラフの例　三岐鉄道北勢線（762ミリ軌間）
楚原、2013年3月撮影

写真A4-2　シングルアームパンタグラフの例　江ノ電1000
現代の電車、電気機関車の標準となった感がある。腰越、2016年撮影

外国ではこれと同様に台車にコレクタシューを、屋根上にパンタグラフを装備し、都心の地下鉄区間では第三軌条方式で走り、地上に上がるとパンタグラフを上げて架線から集電して郊外に向かうという電車の例もあります（写真A4-4）。

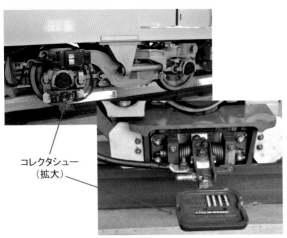

コレクタシュー（拡大）

写真A4-3　コレクタシューの例　東京メトロ1000系
トンネルの断面を小さくできるので地下鉄などの定番。中野検車区。鉄道友の会新車見学会で2016年3月撮影

架線　パンタグラフ

コレクタシュー　第三軌条

写真A4-4　コレクタシューとパンタグラフの両方をもつ電車の例
米国ボストン地下鉄のブルーライン。都心からここエアポート駅まで地下線を第三軌条で走り、ここでシングルアームパンタグラフを上げて地上線を郊外へ向かう。2013年6月撮影

Chap. 3：台車と動力伝達のための機構

A5. 電車の台車は意外にシンプル

　車体に続いて台車を観察しましょう。電車の台車は車輪、ブレーキ装置、乗り心地を良くするばね類のほか、モータや動力伝達用の歯車を内蔵するので、興味深いメカニズムを備えています。20世紀後半からの台車は昔に比べシンプルな構造になりました。

ダイレクトマウント台車

　まずダイレクトマウント構造と呼ばれる、1950年代から使われてきた古典的な構成の台車に注目しましょう(写真A5-1)

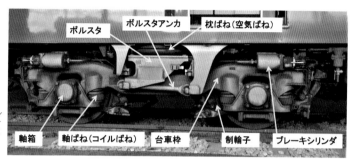

写真A5-1　ダイレクトマウント構造の台車の例
京浜急行旧1000形。車体は空気ばねを介してボルスタに乗っており、ボルスタが台車枠に直接乗っている。久里浜工場、鉄道友の会見学会で2010年7月撮影

　レールの上の車輪はすぐおわかりと思います。車輪を中心で保持する車軸の端部は軸箱で支えられています。
　軸箱には軸ばね(コイルばね)を介して台車枠が乗っています。この例では軸箱の両側にこれを支える2つの軸ばねがあります(ウィングばねと呼ばれます)が、軸箱の上に1つだけという例も多数あります。
　台車枠は圧縮空気の力で制輪子を車輪に押し付けるブレーキシリンダや、外からは見えにくいのですが走行用のモータなどが取り付けられ、台車の中枢部分となっています。
　台車枠にボルスタと呼ばれる鉄の梁が直接乗っています。両者の中央には中心ピンと呼ばれる回転中心があり、カーブにかかると台車枠がボルスタに対して滑って水平回転できるようになっています。
　ボルスタの上には枕ばねと呼ばれる軟らかい空気ばねがあり、これに車体が乗っています。ですから車輪と車体との間には軸ばね、枕ばねの2つのばねがあって、車輪の振動を吸収しているわけです。
　枕ばねは柔らかいので、そのままではボルスタと車体が互いに勝手に動いてしまいます。そこで車体とボルスタとの間をボルスタアンカと呼ばれる棒で結合し、カーブで台車枠が水平回転してもボルスタが車体からずれないようにしています。ボルスタアンカは前後方向の動きは抑えますが、空気ばねによる上下の動きは許容するように取り付けられています。

ボルスタレス台車

　その後、ボルスタレス構造と呼ばれる更にシンプルな構成の台車が新幹線、JR各社、地下鉄、多くの私鉄に普及しました。これはボルスタを省略し、枕ばね(電車では空気ばね、機関車ではコイルばね)を介して車体を台車枠に直接乗せてしまう構造で、台車枠の内部にリンク機構を設けて中心ピンを省略し、また動力やブレーキ力を伝達しています。カーブでの車体とのずれは枕ばねの横変形で吸収します。実用化は機関車用が先行しましたが、1980年頃から電車にも本格的に使われるようになりました。(写真A5-2)。

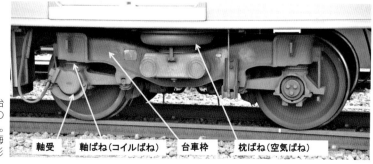

写真A5-2　ボルスタレス構造の台車の例
小田急4000形。車体が空気ばねを介して台車枠に直接乗っている。カーブでの台車枠の回転は空気ばねの横方向の変形で吸収する。構造がシンプルなので車輪がよく見える。海老名、鉄道友の会見学会にて2018年3月撮影

この構造ではボルスタアンカが不要となります。JR各社の特急用の車両やJR東日本のE233系など、ボルスタアンカによく似た横向きの管のついている車両もありますが、これは伸縮できるヨーダンパで、高速走行のときの台車の異常振動を防止するものです。

　しかし、京浜急行は今でもボルスタレス構造の台車を使いません。乗り入れてくる都営地下鉄、京成、北総の車両もダイレクトマウント構造の台車を使っています。また、阪神電車は急行用の車両にはボルスタレス台車を使いますが、最近デビューした各駅停車用の車両はダイレクトマウント構造に戻っています。

　ボルスタレス台車は構造が簡単で軽量なのですが、急カーブに向かないとされています。カーブのきつい電鉄や、待避線に入ることが多い各駅停車ではまだ不安があるのでしょうかね。

A6. 進歩が続いた台車の中の動力伝達

　ここで視点を変えて、モータを台車に搭載する方法に注目しましょう。

　電車や電気機関車を走らせるモータは重いので、頑丈な台車枠に取り付けられます。しかし、台車枠と車軸、車輪の間には軸ばねがあり、線路の凸凹を吸収するためにばねがたわむので、台車枠と車軸の位置関係が時々刻々変化します。この動きを許しながら大きな駆動力を伝える方法は、初期の技術者を悩ませた課題でした。自転車のようなチェーンも使われましたが虚弱で、やはり歯車でなければならないことがわかったのです。

100年以上使われてきた吊掛式

　車軸と台車枠とがばねの動作で互いに動いても歯車の噛み合わせが変化しない構造。この難問を解決したのが、やはりA4節で述べた米国人フランク・ジュリアン・スプレイグでした。

　スプレイグは、1888年から営業したリッチモンドの電車に、モータの一方を台車枠に載せ、いま一方を車軸に載せて、車軸の上下につれてモータも動いて歯車の噛み合わせに影響を与えない巧妙な構造を使いました。これは吊掛式（つりかけしき：ノーズサスペンション）と呼ばれ、その後世界中の電車や電気機関車に広く普及します（図A6-1）。

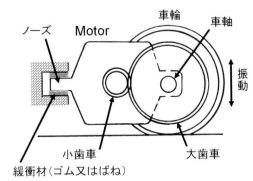

図A6-1　古典的な吊掛式の構成の例
世界中の電車や電気機関車に広く使われた。

　我が国でも1950年代後半までに製造された電車はほとんど全てがこの方式の動力伝達システムを持っていました。また、我が国の電気機関車はほとんど貨物列車専用で、ヨーロッパの電気機関車のような高速運転をしないので、今でもこの古典的な構造が主流です。

自動車に範をとった直角カルダン駆動

　万能のように見えた吊掛式にも問題点がありました。モータの重さの半分が車軸にかかっているので、線路からの衝撃に耐えるためそれなりの強度が必要で、例えば国鉄電車ではモータの重量が1トン以上になったのです。とくに高速度の走行ではレールとモータの間の振動による衝撃が大きな問題となります。

　こうした衝撃は、軸ばねの上に乗った台車枠ではばねで吸収されて緩和されます。台車枠に小型軽量のモータを取り付け、車軸との間の動きを機械的に吸収しながら動力を伝達する仕組みを用いる試みは米国やヨーロッパで行われていました。とくに米国ではモータをレールの方向に置いて、傘歯車により回転の方向を変換する「直角カルダン駆動」と呼ばれる構造が、PCCカーと呼ばれる近代型の路面電車などに採用され、全世界に数万輌の同系車が使われます（図A6-2）。

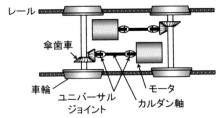

図A6-2　直角カルダン駆動機構
吊掛け式から脱却した構造。路面電車に始まって世界中の電車で広く使われた。大賀寿郎：「路面電車発展史」（戎光祥出版、2016年）

この構造は、当時急速に普及していた自動車のエンジンとプロペラシャフトの配置を取り入れたものでした（図A6-3）。電車の場合は変速機は使用せず、また車輪が車軸でつながれて左右一体で回転しますので複雑な差動歯車も不要で、単純な傘歯車で済みました。

直角カルダン駆動は1950年代から我が国の私鉄電車に採用されて、電車技術の大変革をもたらします。

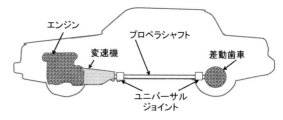

図A6-3　フロントエンジン後輪駆動の自動車の構造
乗用車、トラックなどの駆動機構の基本構成。車輪の上下運動をユニバーサルジョイントとプロペラシャフトの組み合わせで吸収している。

現代の高速走行にはWN駆動又は平行カルダン駆動

しかし、モータを吊掛式と同じく枕木方向に置くと台車が小型軽量化でき、また歯車も単純な平歯車で済むので、近年はこの配置が好んで使われるようになりました。

1950年後半から我が国の大手私鉄とメーカのチームが試行錯誤を繰り返し、スリムで要領の良い設計を生み出しました。現在の電車の駆動力伝達システムは、モータを台車枠に枕木方向に取り付けて、ばねによる台車枠と車軸との間の動きをモータ軸と小歯車との間に設けた「可とう（撓）継手」と呼ばれる機構で吸収する構成をとっています（図A6-4）。

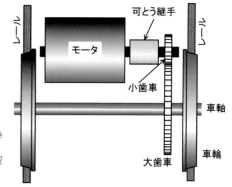

図A6-4　可とう継手を用いてモータを台車枠に装着する構造
モータと車輪との間の動きを可とう継手で吸収する。現在の電車の主流となっている。

よく使われる可とう継手には2種があります。

一つは歯車を組み合わせた継手を用いるもので、米国のウェスチングハウス社と傘下のナタル社とが実用化したので「WN駆動」と呼ばれます。内歯車を刻んだ円筒の中間継手に2つの外歯車を組み合わせるもので、外歯車の歯が山形になっているので軸が回りながら相互に傾くことができます。図では略してありますが、中間継手はすっぽ抜けないように内部で両側からばねで支えられています（図A6-5）。

東京地下鉄、京浜急行などでの使用実績をもとに、国鉄は1964年に開通した東海道新幹線の最初の車両にWN駆動を使いました（写真A6-1）。

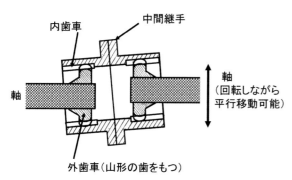

図A6-5　WN可とう継手の概念
2組の内歯車と外歯車との組み合わせ。

写真A6-1　新幹線の最初の車両（いわゆる0系）の車輪と車軸
モータにつながる部分にWN継手の歯車が残っている。WN継手の歯車はすべての歯が常時かみ合っているので個々の歯は小さなものでよい。新大阪駅に展示されていたが現在は撤去。2009年11月撮影。

いま一つの構成はヨーロッパ系の技術をもとに東洋電機が実用化した「TDカルダン駆動」とよばれるもので、中の抜けた正方形の板ばねを90度異なる位置で2つのアームで支える構造をとっており、アームに結合された軸が回りながら相互にたわむことができます（図A6-6）。TDはToyo Denkiのイニシャルといわれます。

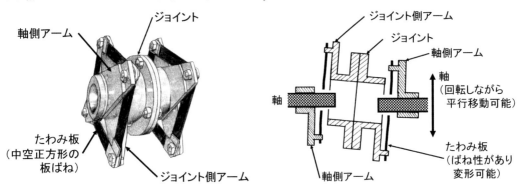

図A6-6　TDカルダン可とう継手
中の抜けた正方形の板ばねを介して2か所で軸を結合する。
（左）構造の概要
（右）動作の概念
板ばねが回転しながらたわむので軸同士が動くことができる。

　新幹線は21世紀になる頃からTDカルダン駆動を使うようになりました。また、JRの在来線ではJR東日本はTDカルダン駆動を、JR西日本はWN駆動を使っています。両者に本質的な優劣はないようです。

A7. 超低床の路面電車の動力伝達構造

超低床の路面電車は発展途上

　路面電車の世界では高速電車とは全く異なる技術が開拓され、「ライトレール」（LRT、車両はLRV）と呼ばれて普及しています。特に欧州の有力な車両メーカが、歩道や安全地帯からほとんど段差なしに乗降できる「超低床車」を実用化したのが大きな変化をもたらしました（図A7-1）。

　欧米の路面電車は郊外に出ると時速90キロくらいで走ることがありますので、十分な高速性能と耐久性が必要です。またポイント通過での安定性などを考慮すると、車輪の直径の減少には限度があるので、超低床車では左右の車輪の間に車軸を通すことが困難になります。このため動力伝達機構に従来の車両とは異なる工夫が必要で、車両メーカごとに独自の機構が実用化されました。

　わが国最初の超低床車は1997年に熊本市電に導入された2車体連結車で、アドトランツ社（ドイツ、後にボンバルディア社に吸収）のブレーメン型を新潟鐵工所（現新潟トランシス）が技術導入したものでし

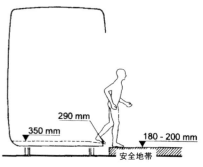

図A7-1　超低床車の床の高さ
歩道や安全地帯からほぼ段差なしに乗降できるのが特徴。数字はレール面からの高さ

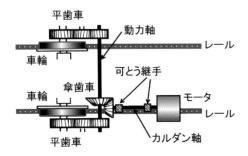

図A7-2　熊本市電9700形の駆動機構
直角カルダン駆動に類似の機構と床下を通す動力軸との組み合わせ。モータは運転台の右下に設置されている。

写真A7-1　熊本市電の超低床車9700形
1997年にデビューしたわが国最初の超低床車。熊本駅前、2000年10月撮影

写真A7-2　広島電鉄の超低床車5000形
1999年よりジーメンス社の標準設計「コンビーノ」を輸入。運転台のある両端の車体の下部に動力装置を装備している。
本川町、2019年12月撮影

た。直角カルダン方式の発展形といえる機構を用いていました（写真A7-1）（図A7-2）。

　この姉妹車はその後富山地方鉄道、万葉線（高岡）などに導入されて路面電車のイメージアップに貢献します。

　一方、広島電鉄は1999年からジーメンス社（ドイツ）の標準設計の超低床車「コンビーノ」を輸入しました。フローティング構造の5車体の長大な連接車で、広島駅から市内の盛り場の路面を走り、西広島からは宮島線に入って世界遺産の宮島の対岸まで専用軌道を走ります（写真A7-2）。

　この駆動機構は両軸のモータ、WN可とう継手、傘歯車を車輪の外側にコンパクトに装着したものでした（図A7-3）。

　広島電鉄はこの基本構成を改良して国産化し、市内線用の3車体連接車も実用化して増備を重ねており、長大な超低床の電車が広島市のシンボルになっています。

国産技術での進歩

　国産独自の構造の超低床車も登場しました。アルナ車両が鹿児島市電に2002年に導入した超低床車「リトルダンサー」は改良を重ね、2004年に豊橋鉄道などに納入したモデルは狭軌（1067ミリ）ながら車椅子の通行にも十分な幅の通路をもち、空気ブレーキも備えた決定版になりました（写真A7-3）。

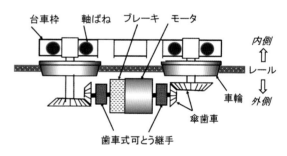

図A7-3　広島電鉄の超低床車の駆動機構
上から見た図。モータ、可とう継手、傘歯車が車輪の外側に装着されている。

写真A7-3　豊橋鉄道市内線の超低床車T1000形
2004年より導入されたリトルダンサー Uaタイプ。愛称は「ホッとらむ」。赤岩口、2013年9月撮影

この駆動機構は車軸を持ちながら床の高さを330ミリまで下げたのが特徴で、駆動機構は直角カルダンと同様のシンプルなものになりました。モータは運転台の右下に収容されています(図A7-4)

なお、「リトルダンサー」の名は「小さな踊り手」のほか「小さな段差」という意味もあるのだそうです。

その後、完全な新設のライトレールを宇都宮地区に導入することが2013年に発表されました。車両は熊本市電の9700形（写真A-7）と同じ構成の超低床車で、3車体連接車になります。開通まであと数年かかるようですが楽しみなことです。

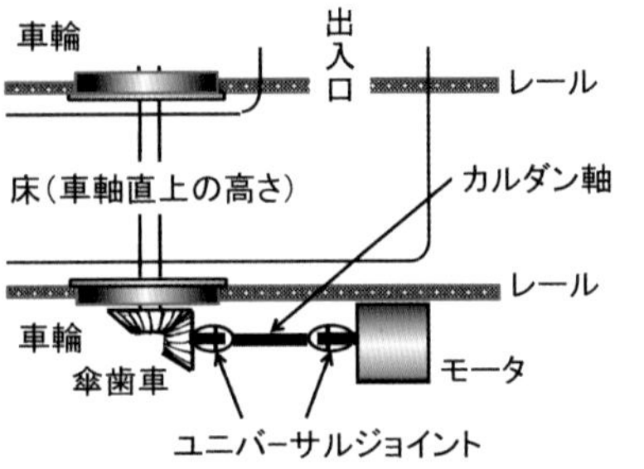

このように超低床車は今後の路面電車の標準として定着しましたが、その駆動機構は種々様々で、昔の吊掛式のような「決定版」は見えておりません。これからどのように進歩していくか注目したいと思います。

図A7-4　リトルダンサーの駆動機構
車軸を通してあるので駆動機構はシンプルになっている。

Chap. 4：電車を停めるメカニズム：ブレーキ

A8. 電車のブレーキの種類

車両を停めたいときに的確に停めるブレーキが重要な機能であることはどなたもおわかりと思います。電車や電気機関車の世界ではモータを発電機として利用した、

- 電気ブレーキ(発電ブレーキ)：逆起電力による電流を抵抗器に流して熱として消費する。
- 回生ブレーキ：逆起電力による電流を架線に戻して他の列車に消費させる。

のいずれか、またはその組み合わせが用いられます。これらの純電気的なブレーキは騒音が少なく摩耗粉の飛散もないブレーキですが、低速、特に停止寸前では効きが悪いのが欠点です。

このため、鉄道車両では基本となるブレーキは伝統的に機械的な摩擦を用いたブレーキ装置、特に圧縮空気を用いるブレーキとなっています。車輪の踏面に制輪子（ブレーキシュー）を押しつける古典的な構造のほか、自動車やオートバイと同様の車軸に装着したブレーキディスクをキャリパで両側から挟む構成も使われています。

いずれも摩擦による車輪又はディスクの発熱や摩耗粉の飛散はありますが、強力で幅広い制動力が得られ、また信頼性が高いので、特に高速列車では空気ブレーキは必須のものになっています。

後述するコンピュータによる適応制御の導入で、こうした多種のブレーキのきめ細かい協調動作が可能になりました。ここで現代に至るブレーキ装置の構成を見ましょう。

安全な運行の基礎となる機械ブレーキ

初期の路面電車では、手で鎖やワイヤを巻いて車輪にブレーキシューを押し付ける「手ブレーキ」が用いられました。蒸気機関車の牽く列車でも手ブレーキを持つ車両を数輌に1輌連結し、機関車からの合図で制動手が操作していましたが、とくに長編成の列車では手ブレーキの制動力は不十分で、虚弱な連結器のためもあって列車の連結が上り坂の途中で切れてしまい、後の車両が坂を逆走して停まりきれずに惨事になった例もありました。

そこで1870年代に英国で実用化されたのが、機関車から最後尾の車両まで直通管を通し、その中を機関車に搭載されたポンプで排気して真空にすると列車全体にブレーキのかかる「真空ブレーキ」でした。ヨーロッパではこれが普及し、英国では1970年代まで使われていました。

しかし真空ブレーキで利用できる圧力は大気圧が限度になります。これに比べ、1870年頃に米国人ジョージ・ウェスチングハウスが実用化した圧縮空気ブレーキは、大気圧の数倍の圧力が利用できるのでさらに強力で安全なブレーキとされ、20世紀初頭には米国から世界中に普及しました。日本の鉄道もいち早く採用します。

直通空気ブレーキと自動空気ブレーキ

　最初に使われた空気ブレーキは、空気圧縮機で作った圧縮空気を空気だめにためておき、運転手がブレーキ弁を操作してブレーキシリンダに送る単純な構成でした。複数の車両を連結するときは直通管を設置してジャンパホースでつなぎました(図A8-1)。

　ブレーキをかけるときは空気だめから直通管とブレーキシリンダに圧縮空気を送ります(「込め」)。ブレーキの強さが適当な値になったところで圧縮空気を遮断します(「重なり」または「保ち」)。停車するとブレーキ力を強く込めて停止状態を確保します。発車するときには直通管とブレーキシリンダを大気につないでブレーキを緩めます(「緩め」又は「抜き」)。

　こうしたシンプルな空気ブレーキは「直通ブレーキ」と呼ばれ、路面電車や小型で短編成の列車に広く使われてきました。

　しかし、この形式のブレーキでは何かの事故で車両間の連結が切れると圧縮空気が漏れてしまい、ブレーキが効かなくなります。実際にそうした暴走事故が起こり、フェールセイフシステムのブレーキが待望されました。

　これに応えるためウェスチングハウスが改良したものが、直通管（ブレーキ管と呼ばれます）に圧縮空気を常時満たしておき、その圧力が下がるとブレーキがかかる「自動ブレーキ」でした(図A8-2)。

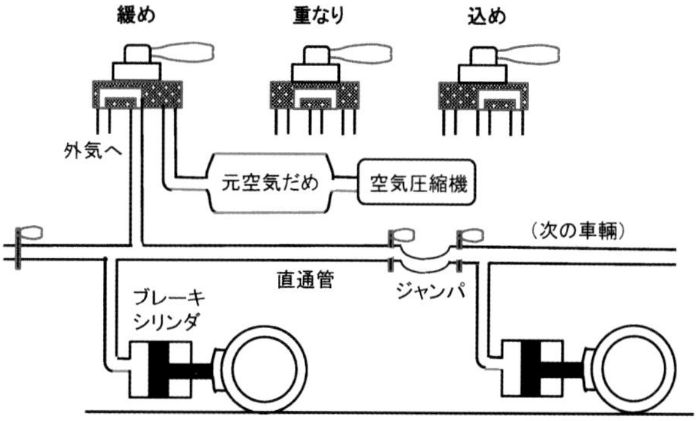

　このブレーキ装置の動作の原理は直通ブレーキとは逆に、

「ブレーキ管の空気圧力が下がるほど強いブレーキがかかる」

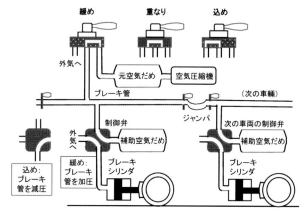

図A8-1　古典的な直通空気ブレーキの基本構成
直通管とこれにつながるブレーキシリンダの空気圧力を直接制御する。直通管の内部の空気圧力を上げるとブレーキがかかる。

図A8-2　自動空気ブレーキの構成と動作の原理
直通管(ブレーキ管)に圧縮空気を満たしておき、その圧力を下げるとブレーキがかかる。空気圧縮機と元空気だめを持たない車両も連結が可能。

というもので、これを実現するため「制御弁」が重要な役割を担います。

　ブレーキ管の空気圧が高い正常値のときには、制御弁は補助空気だめをブレーキ管につないで圧縮空気をため、またブレーキシリンダは外気につないで排気しています。

　運転士がブレーキ弁を操作してブレーキ管を外気につないで圧縮空気の一部を逃がし、内部の空気圧を下げると、制御弁は補助空気だめをブレーキシリンダにつないでブレーキをかけますが(込め)、ブレーキ管の圧力の減少量に応じたブレーキ力が得られると制御弁はブレーキシリンダを閉じてブレーキ力を一定にします(重なり又は保ち)。運転士がブレーキ管の空気圧をさらに下げるとそれに応じてブレーキシリンダに追加の圧縮空気を送ります。

　そして、運転士がブレーキ管の空気圧を元の高い空気圧に戻すと(緩め又は抜き)、制御弁も元に戻ってブレーキシリンダの空気を排気し、ブレーキ管と補助空気だめをつないで次のブレーキ動作に備えます。

　ブレーキ管の空気圧を急速に大幅に下げると、ブレーキシリンダは専用の別の空気だめにもつながって非常ブレーキがかかります。

　心臓部となる制御弁は基本的に前後の圧力差で動作するピストンで構成されますが、複雑な構成となり、種々の構造が工夫されています。

　自動空気ブレーキは全世界で機関車の牽く列車や長大な電車列車に幅広く使われ、鉄道の安全に貢献しました。我が国でも1920年代にいち早く採用され、鉄道車両のブレーキの定番になります。実際の車両ではブレーキ管のほか、各車両に元空気だめを備えて別の配管「元空気だめ管」で接続し、より安全にする構成がとられています。

電気信号を用いるブレーキは応答が早い

　自動空気ブレーキは機能としては完成された機構でしたが、欠点は応答が遅いことでした。10数両連結の旅客列車や50数両連結の貨物列車では、最後尾にまで空気圧の変化が伝わるには10〜20秒の時間がかかります。

　そこで米国ウェスチングハウス社が1920〜1930年代に取り組んだのが、電磁石で圧縮空気を制御する弁(電磁弁)を使い、電気信号で指令して応答を早くすることでした。

　この新しいブレーキ装置の特徴は、自動ブレーキではなく直通ブレーキを基本としていることでした。ブレーキシリンダの空気圧を直接制御する直通ブレーキの方が応答が早いのできめの細かい制御がしやすくなります。フェールセーフ機能は電気回路が切れると緊急ブレーキが動作するという方法で実現できます。

　こうした「電磁直通ブレーキ」は非常時だけに自動ブレーキを用いるもの(例えばSMEE)と、自動ブレーキを常時併用するもの(例えばHSC)とがありますが、いずれも、

- 応答が早い(例えば2秒)。
- ブレーキ弁の回転角でブレーキ力を連続変化できる。
- 電気ブレーキや回生ブレーキとの協調をとりやすい

などの特徴があり、米国の郊外電車などに使われました。とくに1941年のシカゴ・ノースショア・アンド・ミルウォーキー鉄道の高速特急電車「エレクトロライナー」(図A4-1)のHSCブレーキの採用、また1948年からのニューヨーク地下鉄のSMEEブレーキの大量導入はよく知られています。

　我が国では、1950年に国鉄東海道線に登場したモハ80系「湘南電車」に電磁弁を取り入れた自動ブレーキが使われ、16両という長編成の電車列車が可能となりました。一方、米国方式の応答の優れた電磁直通ブレーキは、1954年に東京地下鉄がニューヨーク地下鉄のSMEEのコピーを導入し、また小田急が

写真A8-1　全電気指令ブレーキを採用した大阪地下鉄30系
1968年より製造され、1970年の万博輸送に活躍した。
大阪市交通局　新車説明パンフレット

同年に従来の自動空気ブレーキの車両とも併結しやすいHSCを採用しました。

　そして後者が我が国の私鉄電車の標準となり、その後国鉄の新性能電車がこれに追随し、新幹線の車両にも波及します。

　さらに1960年代後半、運転台に圧縮空気を配管せず、電気信号のみで指令する「全電気指令ブレーキ」が導入されました。最初の例は1970年の万国博覧会輸送のために大量に作られた大阪地下鉄の車両で、応答速度が極めて早い(例えば0.5秒)ことが立証されて脚光を浴び、その後の多くの電車に採用されます。非常ブレーキも電気的なセンシングが主流となり、自動ブレーキを併設した電車は少数派となりました(写真A8-1)。

　現代の電車では、指令にディジタル信号を用いる電気指令ブレーキが使われています(図A8-3)。

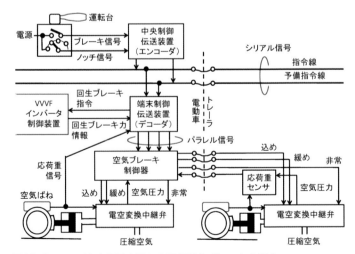

図A8-3　ディジタル信号を用いる電気指令ブレーキの概念
VVVFインバータ制御器(次章を参照)による回生制動と協調する。また空気ばねの圧力から乗客の多寡を検出する。

運転台からのブレーキ力の指令（ノッチ信号）はディジタル信号で伝えられます。これは単なる数値だけではなく、インタネットを流れる情報のように他の情報ももりこんだ「電文」になっています。これを受け取った端末制御伝送装置がVVVFインバータ制御装置（A13節参照）からの情報などを総合して空気ブレーキ、回生ブレーキなどの定数を決め、自車や他車のそれぞれの機器に指令します。圧縮空気関連の機器は空気圧縮機以外はそれぞれの車両ごとに独立しており、また運転台への圧縮空気の配管はありません。

とくに、空気ばねは乗客の多寡により圧力を自動調整して床の高さを一定に保っていますので、その圧力の値は乗客の多寡の情報として有用です。

鉄道車両のブレーキ装置にも人工頭脳が導入された、といえそうですね。

Chap. 5：電車を走らせる電気とモータ

次に、電車や電気機関車を動かす電気について知識を整理しておきましょう。

電気を特徴づける量として電圧と電流があるのはご存知と思います。それらの時間的な変化の形も重要です。

A9. 直流の電気

わかりやすい直流電気

電気鉄道に関係する電気の種類としては直流と交流とがあり、使い分けられています。これらは時間的な変化の具合が異なります。

直流というと電池を思い出す方が多いでしょうね。電池は＋、－端子が決まっており、新しい電池なら取り出される電気（電圧、電流）は時間的に変化せず一定です。

図A9-1のように4つのスイッチを使って電池と負荷とをつないだときを考えましょう。負荷の下側の端子はアース（電車なら車体すなわちレール）に接続されているとします。電圧を測るときはこれを基準とします。

電圧の単位は「ボルト」です。乾電池の電

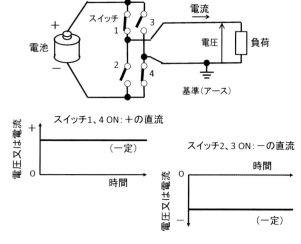

図A9-1　直流の電気(電圧または電流)
基準(アース)は目的に応じて定義する。

圧は約1.5ボルトですので、スイッチ１、４がON(短絡)、２、３がOFF(開放)のときには負荷に＋1.5ボルトの電圧がかかります。一方、スイッチ２、３がON、１、４がOFFのときには－1.5ボルトの電圧がかかります。電圧（電位差）は相対的な量で、このようにアースからの高低で測ります。また電流の単位は「アンペア」で、流れる向きによって＋、－を定義します(図A9-1)。

電圧と電流の間には通常、

　　電圧 ＝ 電気抵抗×電流

という比例関係があり、「オームの法則」と呼ばれます。電圧と電流との間の比例係数が負荷の電気抵抗で、簡単に「抵抗」と呼ばれます。単位はオームで、1ボルトの電圧をかけたときに1アンペアの電流が流れる電気抵抗が1オームです。わが国の通勤型などの直流電車（クモハ、モハ、デハ）には1500ボルトの架線電圧で1台当り数100アンペアの電流が流れますので、電気抵抗は数オームということになります。

電力の単位「ワット」はおなじみと思いますが、

　　電力 ＝ 電圧×電流

で与えられ、1秒当たりの電気エネルギーの量を表します。毎月支払う電気料金は消費した電力×時間（1か月）に対して決められますので、使用したエネルギーの代金ということになります。

昔の電車は直流モータで走った

1990年頃より前の電車や電気機関車には直流で動作するモータが使われていました。

直流モータには固有の回転速度はなく、加える電圧（すなわち電流）を加減することにより回転速度が自由に変化できます。例えば加える電圧をあげていくと固定側の磁極（界磁）と回転側の磁極（電機子）の間の吸引力が増えて回転速度が上がっていきます。鉄道車両は低速から高速まで速度を大きく変化させる必要がありますので、こうした直流モータは使いやすいものでした。

中でも、界磁のコイルと電機子のコイルを直列に接続したモータ（直巻モータ）にはさらに優れた特徴がありました。

実は、直流、交流いずれもモータと発電機の構成は同じです。したがって、何かの力で電機子をまわすとモータは発電機となり、電気端子に電圧が発生します。発生する電圧（起電力）の極性（＋、－）が電気端子に電圧をかけてモータとして回転させたときに流れ込む電流を弱めるような向きになりますので、逆起電力と呼ばれます。

モータに一定の直流電圧を加えて回転させると発電機としても動作するので、回転速度が高くなるにつれて逆起電力が発生し、加えられた電圧の一部を相殺するので、流れこむ電流が小さくなり、そのため回転力（トルク）が小さくなります。その結果、

－上り坂にかかると、モータの負荷が重くなって回転速度が遅くなるので逆起電力が小さくなり、架線から流れ込む電流が増えて回転力が大きくなる。

－下り坂にかかると、モータの負荷が軽くなって回転速度が速くなるので逆起電力が大きくなり、架線から流れ込む電流が減って回転力が小さくなる。

という制御が自然に実現するのです。実は高速回転になるとこの関係はやや崩れるのですが、この性質は鉄道車両には極めて有利なものでした。これが、電車や電気機関車が直流直巻モータを黎明期から100年にわたって使ってきた理由でした。

直流モータの回転速度を電気抵抗で制御

一方、電車が停止している状態ではモータには逆起電力が発生していないので、いきなり高い電圧をかけると過大電流が流れたりガクンと急発進したりします。これを防止するため、電車の速度に応じてモータにかかる電圧を人為的に制御してやることが必要になります。これが電車の制御器（コントローラ）の大きな役割となります。

電車鉄道を実用化したF. J. スプレイグは、モータに複数の電気抵抗器を接続し、これをスイッチで次々に短絡（ショート）して行く電気回路を完成しました。これは「直接制御」と呼ばれ、路面電車など1輌だけで走る電車には今でも使われています（図A9-2）。

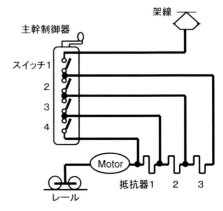

図A9-2　直流モータの古典的な抵抗制御方式 電気抵抗器のオンオフでモータの電流を制御する、最もシンプルな手動制御方式。直接制御と呼ばれる。

運転士が主幹制御器を操作してスイッチ1をオンにするとモータに電流が流れて電車はスタートします。このときはモータに全ての抵抗器が直列に接続されていますので、モータに加えられる電圧はその電圧降下による分低くなり、電流は過大にはなりません。速度が上がると逆起電力が発生してモータに加わる電圧が低下するので、運転手が主幹制御器を操作してスイッチ2、3、4と順にオンにしていきます。抵抗器が次々にショートされてモータに加わる電圧が回復するので、電車は順調に加速します。

最終的にすべての抵抗器がショートされて架線の電圧が直接モータにかかると、電車は定常状態で加速します。それほど高速度が必要でないときは途中でスイッチをオフにして惰性で走行することになります。

こうした原理の制御装置は大きく発展し、抵抗を次々にショートする動作を遠隔で行う間接制御、複数の車両を連結した電車列車を一人の運転手が制御する総括制御などが実用化され、世界中で用いられてきたのでした。

しかし、直流モータと抵抗制御システム方式の組み合わせには原理的な欠点がありました。

電気抵抗器は電熱器ですので電流を通すと発熱します。これは電力の無駄な浪費になるだけではなく、地下鉄のトンネル内など周囲を温めるので夏には不快感が増します。

また、長い時間にわたり電気抵抗を発熱させていると温度が高くなりすぎて損傷しますので、巡航運転できるのは抵抗をすべてショートした状態に限られます。このため、駆動力と走行抵抗とを均衡させて巡航するのが難しく、加速、惰行（自然減速）を繰り返す「のこぎり運転」になるのが避けられませんでした。

さらに、直流直巻きモータには機械的な摺動給電を行う部分（整流子とブラシ）が不可欠で、摩耗するブラシの交換と周囲に散る摩耗粉の清掃がモータの重要な保守仕事になっていました。楽な仕事ではありませんでした。

電車を走らせる直流電気

幹線鉄道や都市の鉄道の地上設備では、電力会社などから6万6千ボルト、15万4千ボルトといった高圧の交流を変電所で受電し、トランス（後述）で適当な電圧に落としてから整流器で直流に変換して車両に送る「直流電化」方式が一般的となっています。

通常は直流の＋側を架線または第三軌条に、－側をレールに送るのですが、架線はパンタグラフとの相性のため細い電線を使うので送電損失が大きくなるため、架線に並行して太い電線（き電線と呼ばれます）を設けます。（図A9-3）

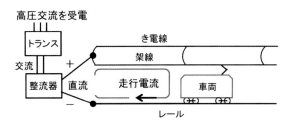

図A9-3　直流架線式の電気鉄道での給電方式
走行電流は架線（及びき電線）とレールとを流れる

架線または第三軌条に加える電圧は軌間（ゲージ）に比べ変更しやすいので、少数の例外を除いて世界的にわりあい統一されています。国際電気標準会議(IEC)の規格には、直流電化方式としては600、750、1500、3000ボルトが記載されています。初期の電車用のモータは600〜800ボルトくらいで動作するものが作りやすかったという歴史によるものでした。

600ボルトは米国の路面電車、インタアーバン（都市間を結ぶ郊外電車）、地下鉄の定番で、我が国でも路面電車、地下鉄、路面電車から発展した郊外電車に使われてきました。しかし電圧が低いため大きな電流が必要で送電損失が大きく、太いき電線が必要になるので昇圧により使用例は減少しています。国際規格では新規に開通する路線には600ボルトは推奨していません。

750ボルトは欧州などのローカル鉄道や第三軌条式の地下鉄の定番で、わが国でも大阪地下鉄、箱根登山鉄道などで使われています。

1500ボルトは欧州や米国の架線式の電車から全世界に広がりました。我が国でもJR、私鉄など多くの例が見られ、標準方式となっています。

3000ボルトは中欧、南欧、南米などで多数見られます。我が国では戦前に占領していた朝鮮半島の鉄道の電化に用い、今でも北朝鮮では標準方式になっていますが、国内では使われませんでした。

A10. 交流の電気

交流電気はトランスが使える

一方、電圧または電流の＋－が時間経過とともにくるくる変化する「交流」という電気があるのはご存知と思います。

単純に極性の変化を繰り返すのなら、図A9-1でスイッチ1、4がONの状態と2、3がONの状態を繰り返せばいいわけですが、一般に交流というときは、

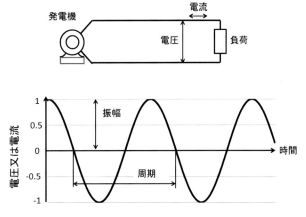

図A10-1　交流の電気(電圧又は電流)とその周期
この例はもっともシンプルな交流で単相交流と呼ばれる。

電圧または電流が滑らかに変化する正弦波（サインカーブ）が標準となっています。変化の最小単位を周期（単位は秒）、その逆数、すなわち1秒当たりの＋－変化の回数を周波数（単位はヘルツ）と呼びます。

　2本の電線で送電されるシンプルな交流は、単相交流と呼ばれます(図A10-1)。

　世界で電力会社が販売している電気（商用電力）はすべて交流で、東日本やヨーロッパでは1秒間に50回、西日本やアメリカでは60回変化します。周波数50ヘルツ又は60ヘルツというわけです。50ヘルツなら周期は1/50秒（20ミリ秒）になるわけです。最初期の電力の用途は主として電灯照明だったので、発電機が作りやすく、また人の目にちらつきを感じさせない周波数として50～60ヘルツが選ばれたという歴史があります。

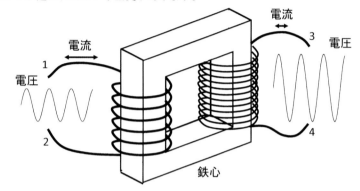

　交流の電圧はその振幅（図の例なら1）の0.707倍（1/√2倍、実効値と呼ばれます）で表します。ですから、例えば、わが国の一般家庭で使われている100ボルトの交流は＋141ボルトと－141ボルトの間を往復しているわけです。オームの法則は交流でも成立します。

　一般の商用電力に交流が使われている大きな理由は、交流ならトランス（変圧器）を使って電圧と電流の関係を自由に変化できることです(図A10-2)。

図A10-2　交流の電圧や電流を変換するトランス(変圧器)
2つの巻線を使って電圧、電流を変換できる。どちらの向きにも使用できる

　送電線での電力損失は電線の電気抵抗×電流の2乗となりますので、同じ電力を送るなら電流が少ない方が損失が少なくなります。そのため、長距離を送電する電力システムではトランスを使って50万ボルトというような超高電圧で送り、ユーザの近くで別のトランスで電圧を下げています。もちろんトランスを通しても周波数は変わりません。

　トランスの基本構成は2つの巻線を共通の鉄心に巻いたものです。

　発熱などによる損失の無視できる理想的なトランスでは、流入する側（入力側）、流出する側（出力側）の電圧（ボルト）の比はそれぞれの巻線の巻回数の比となります。例えば、出力側の巻線の巻回数が入力側の巻線の巻回数の2倍なら出力電圧は2倍になります。一方、伝達できる電力（ワット）は増えませんので電流を流す能力は1/2になります(図A10-2)。

整流器で交流から直流を生成する

　わが国では都市の電車や地下鉄は直流の電気を受けて走ります。このため、電力会社などから送られる交流電気を直流電気に変換する必要があります。

　当初の電気鉄道では、交流のモータで直流の発電機を回す「回転変流機」と呼ばれる装置が使われました。その後、水銀を封入したガラス管による「水銀整流器」に交代しました。いずれも大型で微妙な装置で、鉄道車両に装備するのは困難でした。

　1960年代より、シリコン単結晶の半導体を用いて作られる電子部品がめざましく進歩し、ある向きの電流は通すけれども逆向きの電流は通さない「ダイオード」を用いて交流のマイナ

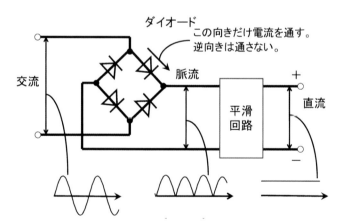

図A10-3　整流器を使って交流を直流にする
特定の向きにしか電流を通さない「ダイオード」を用いる。

ス側の部分をプラスに反転する「半導体整流器」が、電気鉄道のような高電圧大電流の用途にも使えるようになりました。この回路から出てくる波形は脈流と呼ばれる乱れた波となりますので、電圧や電流の時間変化をならす「平滑回路」を使って平坦な直流にします(図A10-3)。

新幹線は交流電化で成功した

　半導体を用いた整流器の実用化とトランスの小型軽量化により、車両に変電所の機能を装備し、架線に交流電気を送って走行する「交流電化」方式が広く使われるようになりました。

　パンタグラフなどの集電器は電流が少ないと負担が軽くなります。交流はトランスで電圧を自由に変化できるので高電圧小電流で送電でき、鉄道車両への給電に用いるとパンタグラフへの負担が少なくなるのです。また、前述のように高電圧小電流では送電損失が少なくなるので、地上に変電所を設置する間隔を直流のときの数倍まで広くできます。

　この方式でも車両はもちろん直流モータで走行しますので、高圧機器、トランス、整流器などを装備するため価格が高くなり、また重くなります。したがって交流電化は、車両数の多い都市鉄道よりは長距離の幹線鉄道に適しています。特に大電力を消費する新幹線は、小電流高電圧の電気をパンタグラフで受電する交流電化方式の進歩のおかげで実現できたといわれます。

　鉄道で列車への送電に用いる交流の電圧として、国際電気標準会議（IEC）の規格には15000ボルト（16 2/3ヘルツ）、20000、25000、50000ボルト（いずれも50または60ヘルツ）が記載されています。

　15000ボルト16 2/3ヘルツはドイツ、オーストリア、スイスで用いられている古典的な方式です。米国では11000ボルト25ヘルツも幹線鉄道に使われました。

　20000ボルトは我が国のJR在来線に用いられていますが世界的には少数派で、国際規格では新規開通路線には推奨していません。

　25000ボルトは世界中に普及して標準になっており、国際標準軌間（1435ミリ）との組み合わせは世界の電気鉄道の定番の感があります。

　50000ボルトは米国、南アフリカで使われていますが少数派です。

　我が国の新幹線が交流25000ボルトを採用したのは的確な判断でした。現在の新幹線が16両編成でパンタグラフがわずか3基で済むのは高電圧小電流の交流電化のおかげです。また世界的な標準方式なので部品や機器の供給が円滑で、外国への売り込みもしやすくなっています。

　交流電化では走行のための電流をそのままレールに流すと通信線や信号システムへの誘導障害が問題になるので、種々の工夫が凝らされています。

A11. 三相交流と回転磁界を用いるモータ

　半導体デバイスによる技術革新はその後マイクロコンピュータチップの応用に発展し、電車、電気機関車の技術に100年ぶりの根本的な改良をもたらしました。大きな変革は交流モータを使用可能にしたことでした。

　交流で動作するモータの最大の特徴は、回転する磁界を電気接続だけで形成でき、直流モータでは不可欠だった整流子、ブラシなどの機械的に摺動する給電部分が不要なことです。詳しく見てみましょう。

三相交流

　A6節でお話したように、我々の家庭で使う交流電気は、直流と同じように2本の電線を用いて送る「単相交流」と呼ばれるものでした。これに比べ、送電や大口の電力ユーザへの供給は3本の線を用いる「三相交流」で行うのが普通です。ご近所に送電鉄塔があったら見上げてみてください。ほとんどの送電線は3本単位で設置されています。実は発電機が3つまたはその倍数のコイルを持っていれば三相交流の発電は簡単なのです。

　3本の線には、時間が周期の1/3ずつずれた同じ周波数、同じ電圧の交流が加えられます。3種の電気はそれぞれU相、V相、W相という名前で区別されます。「相」は位相（フェーズ）を意味します（図A11-1）。

　このグラフからわかるように、これら3種の位相の電

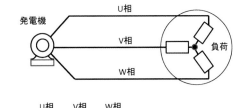

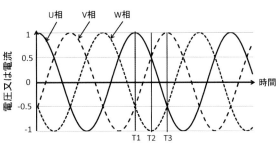

図A11-1　三相交流の3つの相
3つの相を足し算すると常時ゼロになる。

気は全部足すと必ずゼロになります。例えば、図の時刻T1ではU相がプラス1、V相とW相はいずれもマイナス0.5なので足すとゼロになるわけです。

磁石を用いる同期モータ

実は三相交流は、モータを回すには最適の性質を持っています。

3つの電磁石（鉄芯にコイルを巻いたもの）を円形に並べて、それぞれに三相交流の各相の電流を流したときを考えましょう。これらの界磁（フィールド）と呼ばれる電磁石は鉄心の外側が鉄の部材でつながっています。また3つのコイルの終端はまとめて接合されています（図A11-2）

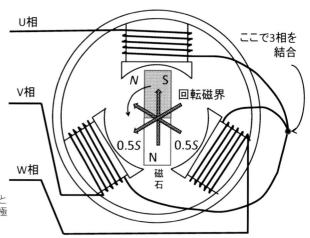

図A11-2　三相交流モータの構成例
図A11-1の時刻T1でU相の電磁石がN極となるときはV、W相の電磁石はそれぞれ1/2の強さのS極となっている。

3相交流を表す図A11-1を電圧のグラフと考え、＋のときに電磁石にN極が、－のときにS極が現れるとしますと、前述のように時刻T1ではU、V、W相の作る磁極の大きさはそれぞれ1N、－0.5S、－0.5Sです。このようにV、W相の電磁石の磁極は0.5の強さのS極となりますので、合成されて下側に強さ1のS極が形成され、電磁石の作る磁界は上がU相の磁極のつくるN極、下がV、W相の磁極のつくるS極という上下方向になります。中に回転できる永久磁石があれば吸い寄せられて上がS、下がNの上下方向に動きます。

時刻が進んでT2になるとU、V相の電磁石の極は0.5Nとなり、W相の極が－1Sとなりますので磁界は左に60度回転します。時刻T3ではさらに60度回転します。このように、3つ（またはその倍数）のコイルに三相交流と加えると、コイルを固定しておいてもくるくる回転する磁界ができます。これを「回転磁界」と呼びます。

この磁界の中央を中心にして回転できる永久磁石を設置しておくと、そのN極、S極が回転磁界に応じて回転します。回転の速度はこの例では交流の周波数と同じ、すなわち、例えば東京圏なら1秒当たり50回、関西圏なら60回になります。コイルを6つ用意してU,V,W,U,V,Wの順で電流を流すと回転速度は周波数の1/2になり、また9個用いると回転速度は1/3になります。

この永久磁石のようなモータの回転部分を電機子（アマチュア）と呼びます。三相交流を使うと界磁の巻線に給電するだけで電機子を回すことができ、その回転速度は交流電気の周波数で決められるわけです。

上記のような、電機子に磁石を用いる三相交流のモータは「同期モータ」（シンクロナスモータ）と呼ばれます。

大型高性能の磁石ができなかった当時は電機子に電磁石を用いていました。このため電機子に給電するスリップリングが必要なため構成が複雑になり、保守の手間も発生していました。現在は永久磁石の進歩によって永久磁石と鉄のような磁性材料を組み合わせた円筒形の電機子が使われ、用途が大幅に広がっています。

永久磁石のいらない誘導モータ

一方、電機子に永久磁石ではなく電磁石の役割をするコイル（誘導回転体）を用いる「誘導モータ」（インダクションモータ）と呼ばれる交流モータも広く使われています。この構成を見ましょう。

磁石の代わりに、銅、アルミのような非磁性金属のリングと棒とを用いて鉄心と一体に組み立てた回転体を置くと、界磁の形成する磁界によりトランスの原理で一方のリング → 棒 → 他方のリング → 別の棒というループに誘導電流が流れて、外部と電気接続しなくても回転体が電磁石になります。したがって回転体が電機子となり、同期モータと同じように回転磁界により回転します（図A11-3）。

同期モータ、誘導モータのいずれも、三相交流電気によれば3の倍数のコイルをもつ界磁を用意するだけでモータを回すことができます。これ以上シンプルなモータはありません。建設機械や工場の設備などに使われるやや大型のモータの多くは三相交流のモータです。

これまで、大型高性能の永久磁石は作るのが難しく高価だったので、大型の交流モータには誘導モータが広く使

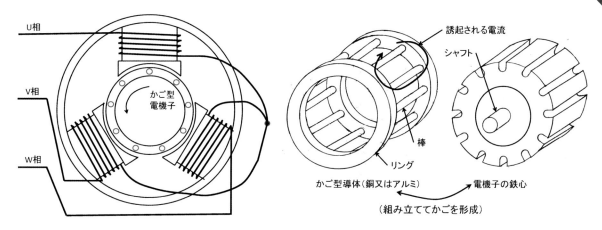

図A11-3　電磁誘導を用いた三相交流のモータの基本構成
（左）磁石の役割をする非磁性金属製の「かご」を回転させる
（右）鉄心、棒、リングを一体に組み立てると「かご」が形成され、トランスに似た構成となる。誘導電流は電気抵抗の低いかご型導体に流れる。

われてきました。誘導モータは誘導電流による発熱が避けられませんが、永久磁石を用いないので希土類原素など特殊な材料が不要な利点があり、今後も同期モータとともに使われると思われます。

Chap. 6：半導体とコンピュータを使う現代の電車

A12. 半導体デバイスとコンピュータシステムによる技術革新

電車に交流モータが使えなかったわけ

　交流電気で動作する同期モータ、誘導モータはシンプルな構造で小型軽量なものが実現できます。

　しかし、電車や電気機関車にはこうした交流モータが使えませんでした。致命的な問題点は、回転速度が電源の周波数で決められる一定速度に固定されるので、回転速度を大幅に連続変化して走行する電車などには使えないことでした。電力会社の供給する交流電気の周波数は50ヘルツまたは60ヘルツで厳密に一定です。

　そのため、電車や電気機関車の原動機となるモータは100年来、回転速度が自由に変化できる直流モータだけだったのでした。直流モータは回転磁界を自前で生成しなければならないので、機械的な摩擦を用いる整流子、ブラシが不可欠で大型になり、また保守の手間も大きな問題だったのです。

　さらにA9節で述べたように、電車や電気機関車が実用化されて約100年の間、走行のための直流電圧又は電流は電気抵抗を用いて、電力の一部を熱として消費して制御してきました。これは電力（エネルギー）の一部を無駄に消費し、また発熱するのが大きな問題でした。

半導体スイッチを使って直流電気を連続制御

　1960年代より、高い機能を持つ半導体スイッチ素子が実用化されて、機械スイッチでは全く不可能な高速（1秒に数100回以上）で断続できて火花などの弊害もないスイッチングが可能になり、直流を断続してパルスとし、その幅を制御するPWM（パルス幅変調）と呼ばれる手法で、直流電気（電圧、電流）を連続制御することが可能になりました（図A12-1）。

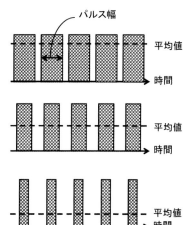

図A12-1　高速スイッチングによる直流電気の連続制御
パルスの幅の変化で平均値を制御できる。電圧や電流の時間変化をならす「平滑回路」を用いてパルスの凸凹を軽減することができる。

スイッチがONのときにはスイッチでの電圧降下はなく、またOFFのときには電流がないので、電気抵抗とは異なりスイッチでの電力損失はゼロとなります。こうした回路は「チョッパ」と呼ばれ、直流モータを用いた電車や電気機関車の技術の進歩をもたらしました。

半導体スイッチを用いて直流から交流を生成

一方、直流から交流を生成する手段としても、半導体スイッチ素子を用いて小型軽量、高能率の装置が実現されました。PWMにより直流電気の大きさを制御する図A12-1の方法を発展させて、直流から任意の周波数の交流を作る電子回路が実用化されたのです。

図A12-1のような方法で直流を一定の繰り返し周波数のパルスに加工し、パルス幅を必要な周波数、波形の交流を発生するように変化させます。1周期の半分が済んだら図A9-1のような方法で直流の極性を反転し、同じ加工をします。これを繰り返し、平滑回路でならすと交流電気が得られるわけです（図A12-2）。

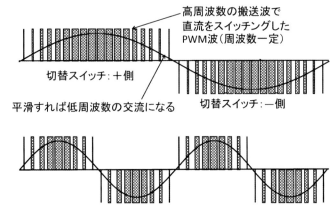

図A12-2　パルス幅変調（PWM）による交流の生成
一定の繰り返し周波数のパルスの数と幅の制御により任意の周波数の交流を生成できる。上は低い周波数、下は高い周波数。図は最もシンプルな2レベル形

周波数はパルスの数で表現しますので自由に変化できます。例えば、図の上の例では18個のパルスを一組とし、＋のパルス群と同数の－のパルス群とを交互に送り出して低い周波数の正弦波を生成しています。下の例では9個のパルスを一組にしているので得られる正弦波の周波数は2倍になっています。いずれもパルスそのものの繰り返し周波数は一定です。

このようにして直流から交流を得る電気回路は「インバータ」と呼ばれます。

コンピュータチップによる適応制御

一方、半導体スイッチ素子は更に目覚ましい進歩を遂げました。よく知られているように、膨大な数のスイッチを集積したディジタルコンピュータは多様な用途に自由自在に対応でき、情報処理システムに発展して社会構造を変えるほどの革新をもたらします。

さらに1980年代からあらゆる産業部門に急速に浸透したのが、高性能のディジタルコンピュータを手のひらに載る程度の大きさに凝縮したマイクロコンピュータチップと超大容量の半導体メモリチップでした。

信号処理と情報処理、現代のコンピュータの基本的な用途

一般にコンピュータの用途は、「情報処理」と「信号処理」とに大別されます。例えば鉄道の座席予約システム（マルス）は銀行などの事務処理システムと並んで情報処理システムの典型で、膨大なデータを大型高速なコンピュータシステムで処理します。その代り、操作する人が気付かない程度の遅延は許されるでしょう。

これに比べ信号処理システムはずっと小規模ですが、厳密なリアルタイム動作（時間遅延のない動作）が要求されますので独自の設計思想が必要になります。代表例は自動車のエンジン制御のような、検出、判断、働きかけを時々刻々行う適応制御システムです。

ディジタルコンピュータの特徴は、処理の速度が機械システムやアナログ電気システムに比べて段違いに高速であるのみならず、計算処理の精度が極めて高いことです。このため電子制御システムの応用対象や制御の範囲が飛躍的に広がりました。例えば、室温に合わせてエアコンの暖房、冷房の能力を自動的に調整する制御システムが飛躍的に高精度かつ安価になります。

さらに、スーパーコンピュータに似た高能率の計算処理（並列演算処理）を行うシグナルプロセッサと呼ばれるチップが実用化され、これを用いた高速で高精度の「適応制御システム」があらゆる分野で広汎に用いられるようになりました。

適応制御は役に立つ

技術の大変革の要点となった適応制御とは、

「対象の状態を検出し、それが目的の状態に適応するように働きかける」

という動作で、実はコンピュータの普及よりずっと前から我々の身の回りで当たり前に行われてきたものです。

例えば、電車のブレーキの利き具合は乗客の多寡で異なり、満員の時にはがら空きの時に比べ強いブレーキをかける必要があります。熟練した運転士はこれを完全に会得し、混んでいても空いていても電車を決められた位置にぴたりと停めていました。人による適応制御が行われていたわけです。

これをアシストする米国の装置が1950年代に東京の営団地下鉄に導入されました。電車が駅に停車すると金属のレバーを台車に当てて枕ばねのたわみ具合を機械的に検出し、乗客の多寡に応じて変化するレバーの位置に応じて空気ブレーキの弁を自動調整して、最適なブレーキ力の圧縮空気を得る自動制御装置です。原始的ながら機械装置による適応制御システムでした(図A12-3)。

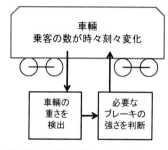

図A12-3 適応制御の例：ブレーキの強さの制御
乗客の多寡を検出し、最適なブレーキ力を自動で判断するシステム

こうした適応制御システムは電気信号による処理を用いると精度が上がります。ばねのたわみ量を電圧に変換し、電磁弁で圧縮空気の量を調整するのは有用な技術です。電車の台車に空気ばねが普及してからは、乗客の多寡に応じて空気ばねの内部の圧力が自動調整され(これも適応制御です)、電車の床の高さを一定に保つようになったので、この空気圧力を検出することによりブレーキの強さの自動制御がやりやすくなりました。

A13. 交流モータの適応制御

周波数を変化して交流モータの回転速度を制御する

A11節でお話したとおり交流モータ、特に三相交流モータは、電源につなぐだけで回転磁界が発生するので構造がシンプルで使いやすいのですが、電力会社から受電した一定周波数(50ヘルツ又は60ヘルツ)の電力で動かす限り回転速度が一定になってしまうので、電車や電気機関車には使えませんでした。

しかし発想を変えて、

周波数が自由に変えられる電源

を車両の中で用意すればモータの回転速度が自由に制御できるので、電車や電気機関車に使えるはずです。パンタグラフから直流を受電し、これから任意の周波数の交流を生成する「インバータ」を用いればよいわけです。電車や電気機関車ではモータを回すのに最適な三相交流を生成するインバータを使います。

この場合、従来の直流モータのような速度に応じた回転力(トルク)の自動的な制御は期待できませんので、現在の走行速度を読み取り、それに合わせて生成する交流の電圧や周波数をきめ細かく調節する「適応制御」システムが必要になります。

マイクロコンピュータチップを用いることによりこれが可能になりました。電圧と周波数を自由に変化できる電源を用意し、モータを適応制御すればよいのです。

誘導モータ(図A11-3)を例にとると、そのトルク(回転力)は図A13-1のようなグラフで表されます。回転磁界に対応する周波数と走行速度に対応する周波数とのずれを「滑り」と呼びます。モータは「滑り」を減らす方向にトルクを発生するのです。

車輪の回転速度が電源の周波数で決められる回転磁界の速度に一致していれば滑りはゼロ、したがって

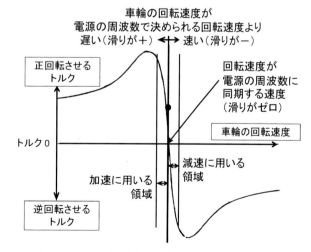

図A13-1 誘導モータのトルク特性
モータの回転速度と電源の周波数の関係が変化すると、「滑り」の量の変化でトルク、(回転力)が変化する。

トルクがゼロで、電車は加速も減速もしません

　電車が遅くてモータの回転速度が回転磁界の速度より低いときは正回転のトルクが発生し、電車は加速します。そのエネルギーはもちろん架線から取り入れられます。

　電車が速くてモータの回転速度が回転磁界の速度より高い時には逆回転のトルクが発生します。このときモータは発電機となり、運動のエネルギーにより得られた電力は架線に戻されますので、他の列車がこれを消費してくれればブレーキがかかります。これが回生ブレーキと呼ばれ、省エネルギーのブレーキとされて広く使われているものです。

　ただし、周波数がひどくずれると（「失調」と呼びます）トルクが小さく能率が悪くなるので、特別な場合以外は動作の範囲が図A13-1の中央の使用領域内になるように制御されます。

　したがって、現在走行している速度を常時検出しており、加速したいときには電源の周波数を高くする（プラスの滑りを与える）、減速したいときには低くする（マイナスの滑りを与える）、という適応制御を行えば、電車の速度を自由に制御できることになります（図A13-2）。

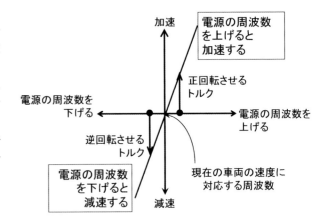

図A13-2　電源の周波数を変化して誘導モータを制御する
電源の周波数変化によりトルクを制御できる。

インバータ：電圧と周波数を自由に変化できる電源

　任意の電圧、周波数の交流電気を生成するには、A12節で述べた直流電源にパルス幅変調（PWM）を適用します。電圧の制御は図A12-1の方法で、周波数の制御は図A12-2の方法で行うわけです。

　このようにして直流から交流を得る電気回路が前述のようなインバータです。

　インバータに用いる半導体スイッチング素子は一般のディジタルコンピュータと同じくシリコン単結晶を用いたデバイスが使われてきましたが、21世紀になって半導体素子の材料が変化しました。純ケイ素の代わりに炭化ケイ素（SiC）化合物半導体の単結晶を用いたトランジスタのスイッチがどんどん普及しているのです。

　この素子はシリコン半導体デバイスより、

　－電力損失が少ないので省エネルギーとなる。
　－高温に耐えるので冷却系が簡単になり、また省エネルギーにもなる。
　－数倍高速なスイッチングができるので周辺のコイルなどが小形でよい。

といった特徴があるのですが、これまでは炭化ケイ素の良質な単結晶や機能素子を作るのが難しかったのでした。技術の進歩で高電圧大電流の炭化ケイ素素子の歩留りが上がり、価格が下がってきたので、いよいよ使われ始めたわけです。

　当初はシリコンの素子と炭化ケイ素素子を組み合わせた部品が使われましたが、2015年になって小田急で、主要素子をすべて炭化ケイ素化したインバータが採用されました。さらにJR東日本のE235系に大量に使われるなど、本格的な利用が展開しています。

現代の電車や電気機関車の定番：
交流モータをインバータで制御

　上記のような電圧と周波数の両方を制御するインバータと三相交流モータとを組み合わせた新しい方式の電車が使われるようになったのは、我が国では1980年代からでした。電圧はモータに与える電力を、周波数はモータの

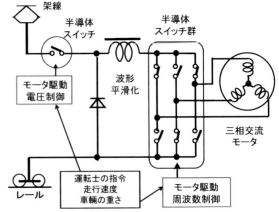

図A13-3　インバータによる三相交流モータの制御の概念
半導体スイッチング素子で電圧、周波数の両者を制御する。
この状態では上と左下のコイルに電流が流れている

「滑り」を最適になるように制御します。この方式はVVVF（Variable Voltage and Variable Frequency）インバータ制御と呼ばれます（VVVFという名称は我が国独特のようですが）。実際のシステムではモータの界磁の強さも制御して逆起電力を調整します。コンピュータによる適応制御ですので、動作の手順は一定のプログラムの通りになります（図A13-3）。

　原理的には図のように、モータに加える電圧と周波数とを別々のスイッチで制御する電気回路がわかりやすいと思います。電圧は図A12-1の方法（PWM）で、周波数は図A12-2の方法で制御します。スイッチを機械接点のように書いてありますが、もちろん半導体スイッチング素子を使います。
　スイッチング素子の進歩によりモータを直接制御する素子で周波数のみならず電圧まで制御できるようになり、現代のVVVFインバータ制御素位置はこれよりシンプルになりました。

当初から使われた誘導モータ

　これに使われる交流モータは、わが国では当初は誘導モータが主流でした。
　電車は急なブレーキで滑走したりして車輪に出来た傷を削って修正しますので、同じ車両、編成でも車輪の直径が多少ばらつきます。ですからトルクを厳密に合わせるには車軸ごとに異なる周波数の交流で回す必要があるのですが、誘導モータは失調しない「滑り」の許容範囲（図A13-1の中央の直線の範囲）が広いので、複数（例えば4つ）のモータを1つのVVVFインバータ制御装置でコントロールでき、コストが低くなるのです。
　誘導モータは、直流モータでは不可欠だった整流子とブラシがないので摩耗したブラシの交換や摩耗粉の掃除が不要となったので、現場の保守作業が飛躍的に楽に、また清潔になりました。また、整流子のスペースが不要なので、幅の狭い狭軌の台車でも直流モータでは不可能だった大出力のモータが使えます。
　まだ高電圧に耐え、大きな電流制御の可能な半導体スイッチ素子が高価だった1990年頃から三相交流モータのVVVFインバータ制御が世界中に普及したのはこうした圧倒的な利点のためで、欧州では時速200キロで巡航する電気機関車列車が広く導入されました。
　わが国ではこの技術は電車に用いられ、1982年からまず路面電車（熊本市電）に用いられました（写真A13-1）

写真A13-1　我が国で最初に交流モータのVVVFインバータ制御を用いた電車
1982年に熊本市電にデビューした8200形。熊本市交通局発行パンフレット

　高速鉄道への適用は信号システムへの影響の吟味などのためやや遅れ、1984年から私鉄電車（東急、近鉄など）、続いて新幹線、JR電車に普及したのは本文第1、2節で述べた通りですが、もちろん電気機関車にも波及します。1990年に落成したJR貨物のEF200は、我が国の電気機関車で最初に交流誘導モータとGTOサイリスタによるVVVFインバータ制御との組み合わせを採用し、貨物列車用のため最高時速110キロと世界的には鈍足ながら、狭軌の鉄道では驚異的な大出力を実現しました。変電所の容量増加が追いつかないという理由で出力を絞って使われて真価を発揮できなかったのが返す返すも残念です（写真A13-2）。

写真A13-2　交流モータのVVVFインバータ制御を用いた電気機関車EF200
1990年にデビューしたJR貨物の意欲作。6000 kWという最大出力は欧州の大型機関車に匹敵する。地上設備の増強が追い付かなくて実力を発揮できなかったのが残念。新鶴見、1993年9月、鉄道友の会見学会にて撮影。

1996年から導入された「桃太郎」の愛称で呼ばれるEF210は出力3390キロワットとEF200より小ぶりですが、国鉄時代の標準型EF65（2550キロワット）、EF66（3900キロワット）の間の出力を持ち、手ごろで省エネルギーの機関車として量産され、東海道、山陽線の貨物列車のシンボルになりました。もちろん交流誘導モータとVVVFインバータ制御との組み合わせです。

永久磁石による同期モータを使うとさらに進歩がある

　20世紀後期以来の永久磁石の進歩は目覚ましいものでした。とくにわが国で実用化されたネオジム（ネオディミアム）系材料を用いた磁石は極めて強力で、磁石の用途が大幅に広がり、そのため価格が下がり、さらに新しい用途が生まれるという好循環が起こって世の中に広く普及しました。例えば、ポケットに入る小さな携帯電話機やスマートホンの実現は、ネオジム磁石を使って飛躍的に小さくなったイヤホン、スピーカ、バイブレータのおかげでした。

　交通機関の分野でも、ハイブリッド式の自動車や電気自動車にネオジム磁石を電機子に用いた同期モータが使われ、これが鉄道車両にも波及します。

　東京メトロは2007年から永久磁石による同期モータを銀座線で試用し、その後日比谷線、千代田線などで本格的に採用しました。この頃からヨーロッパでも永久磁石による同期モータ広く使われるようになりました。

　誘導モータがかご型電機子に流れる誘導電流のため発熱するのに対して、同期モータの電機子は永久磁石なのでそれほど発熱しません。そのため掃除の不要な密閉構造のモータが実現され、現場の保守がさらに楽になったのです。

　一方、同期モータは原理的に失調しない「滑り」の許容範囲（図A13-1の中央の直線の範囲の周波数幅）が狭いため大きな「滑り」が許されず、回転磁界と電機子とはほぼ同じ速度で回らなければなりません。このため1モータ毎に1つのVVVFインバータ装置が必要になります。高電圧大容量の半導体スイッチ素子の低価格化でこれが可能になったのです。

　今では誘導モータでも、内部の熱を外部に導いて外から冷やす「密閉形」が広く使われるようになりました。

Chap. 7：電子通信システムになった信号装置

A14. 安全に走らせるための信号システム

　鉄道では列車を安全に走らせるために、多種多様な信号システムを使っています。車両も必要な装置を装備しています。

　道路交通とは異なり鉄道には線路がありますので、線路を情報伝送路として電気信号を通す信号システムが使われてきました。地上の信号設備には赤、橙、緑を表示する信号機など、乗客からも目につくものが多数あります。

　鉄道の信号システムは多種多様ですが、ここでは営業している列車の安全を守る、最も基本的な列車信号システムをながめてみましょう。

軌道回路を用いた自動信号システム

　鉄道の信号といえば前述のように進行（緑、記号はG）、注意（橙、記号はY）および停止（赤、記号はR）を電灯で表示する色灯式信号機を思い出します。最近はJR山手線、京浜東北線、東武東上線など、運転台の速度計に制限速度を表示するシステムを導入して地上に立っている信号機がなくなった線区も多いのですが、このような列車の速度を規制するシステムがながく使われてきました。

　この信号システムの基本は「閉塞」（へいそく）と呼ばれます。線路を適当な長さに分割して「閉塞区間」とし、1つの閉

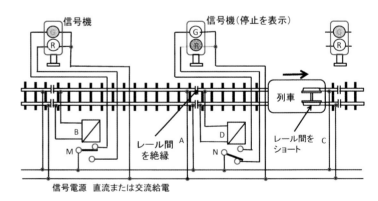

図A14-1　軌道回路による自動信号システムの概念
レールを切断して電気絶縁した「閉塞区間」の出口で左右のレールに信号電源を接続しておく。レール間を列車の車軸がショートすると入口のリレーが動作しなくなるので、後続の列車に停止信号（赤信号）が表示される。

塞区間には1列車だけしか入れないように規制する方式です。閉塞区間の入口に信号機を置いて、その区間に列車がいれば後続の列車に「停止」、一つ先の区間にいれば「注意」(速度制限)の合図を送ります。以前の鉄道では地上の係員が電話などで連絡し、信号装置を手動で操作して列車に通行許可証(タブレット)を発行していましたが、現代の鉄道ではこうした信頼性の高い「自動信号システム」が広く使われています。

　自動信号の歴史は意外と古く、19世紀末期から「軌道回路」と呼ばれる電気回路を用いたシステムが使われてきました。我が国では1904年に、甲武鉄道(後の中央線)が御茶ノ水～中野間に米国製の自動信号システムを設置したのが最初の例となりました。

　自動信号システムの動作を簡単なモデルでたどってみましょう(図A14-1)。

　まず、レールを複数の「閉塞区間」に区切り、その境目ではレールに切れ目を入れて絶縁物を挟んで電気絶縁します。そのときの列車の進行方向はあらかじめ決めておきます(単線区間ではとくに大切なことで、反対方向の信号はすべて停止表示にしなければなりません)。

　信号システムのための電源は別に用意し、線路に沿って送電します。これを閉塞区間の出口で左右のレールに給電します。

　閉塞区間の入口には電磁石で動作するリレー(コイルと接触子の組合せ)と停止(赤=R)、進行(緑=G)を表示する信号機とを設置します。レールに信号電源が給電されているのでリレーは接触子を電磁力で吸引し、接触子がG側(上側)に上がって緑信号が点灯しています。

　この閉塞区間に列車が入ると鉄製の車輪と車軸が左右のレールをショートしますので、入口に接続されたコイルまで電気が届かなくなり、リレーが動作しません、このため接触子は重力又はばねの力でR側(図の下側)に落ちて赤信号が点灯します。

　こうした構成では、レールへの配線やリレーのコイルが断線すると接触子がR側に落ちるので赤信号が点灯したままになります。フェールセイフシステム(故障すると安全側に動作するシステム)となっているわけです。

　初期の自動信号では電力供給システムの信頼性が不十分だったので、信号電源には電池による直流が使われました。隣同士の閉塞区間では、レールに接続する信号電源の極性を逆にして漏れなどによる干渉を防ぎました。こうした極性の制御は交流給電となった今でも行われています。例えば、赤信号の1つ手前の閉塞区間では出口での信号電源への接続の極性を反転し、入口ではこれを検出して注意信号(橙=Y)を点灯させることにより信号機をR、Y、Gの3種表示としています。

電化区間では工夫が必要

　しかし、通常の電化区間では図A9-3のようにレールを使って車両と変電所とを接続し、走行電流を流しています。そのため。レールを区切って閉塞区間を形成するには工夫が必要になります。

　決め手になるのはコイル又はトランスを使うことです。A10節で述べたようにトランスは独立の巻線同士で交流を伝達できますので、信号電源には交流を用いて、閉塞区間の間をインピーダンスボンドと呼ばれるトランスを用いて接続します(図A14-2)(写真A14-1)。

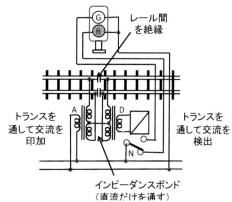

図A14-2　電化区間のレール切断点では交流電源とトランスを使う。
2つのトランスを用いた電気回路はインピーダンスボンドと呼ばれ、交流の信号電流と直流の走行電流を区別する役割をはたす。コイルは直流は通すが交流は通さない。トランスのコイル間では交流を通すが直流は通さない。

写真A14-1　インピーダンスボンドの例
数100アンペアに及ぶ直流電流を流すので大形のトランスとなる。原木中山、2015年6月撮影

直流電化区間の場合は信号の電源に商用電力の周波数（50又は60ヘルツ）の交流を使い、これをトランスの巻線を通してレールに供給します。トランスの巻線そのものは直流は通しますので、レール側の巻線の中点をつなぐと、直流の走行電流だけが閉塞区間をまたいで変電所まで流れます。

　交流電化区間では走行電源が交流（50又は60ヘルツ）ですので、信号電源にはさらに工夫が必要になります。通常は走行電源の周波数より高い、又は低い独自の周波数（例えば83.3ヘルツ）の交流を使い、周波数選択の機能をもつインピーダンスボンドを設置します。

レールを切断しない新しい軌道回路

　しかし、レールを車両から変電所への電流の流路に使う電気鉄道では、信号の閉塞区間ごとにレールを切断するのはいかにも不自然です。また、レールを切断した箇所では車両の通過によりショックが発生し、線路の傷みを早めることになります。

　このため、レールを切らないで閉塞区間を表現する技術が使われるようになりました。

　外国では、閉塞区間の入り口で通過する列車の車軸の数を数え、出口を同じ数の車軸が通過したら列車が閉塞区間から出たとみなす、という原始的な方式があると聞きますが、わが国では情報通信技術の進歩をもとに、高い周波数の交流信号の性質を使ったシステムが使われています。

　周波数1000〜2000ヘルツのような高い周波数の交流電気信号は、レールに流すと直流や商用電力の周波数（50又は60ヘルツ）の交流に比べて早く減衰し、遠くまでは届きません。これを逆手に取って、交流信号の大きさで列車の位置を検出しようという原理です

　例えば周波数f_1ヘルツの交流電圧をある点で左右のレールに加え、ある距離だけ離れた別の点でこの電圧または電流の大きさを測定し、この区間を一つの閉塞区間とします。前者を注入点、後者を測定点と呼びましょう（図A14-3（a））。

　測定点ではf_1ヘルツの信号のレール間電圧、レールを流れている電流、又はその両者を検出します。電流を検出するにはレールの間にループコイルを設置し、トランスの原理で誘導電流を発生させるなどの方法を使います（図A14-3（b））。

　隣接する閉塞区間では混信を避けるためf_1ヘルツとは異なる周波数の交流を用いますので、レールには種々の周波数の交流電流が流れています。このため、測定点ではf_1ヘルツの電気信号だけを選択して取り出す「フィルタ」を使うことになります。

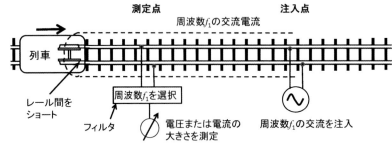

測定点　　　　　　　　　　　　　注入点
周波数f_1の交流電流

列車

レール間をショート

周波数f_1を選択

フィルタ　電圧または電流の大きさを測定　周波数f_1の交流を注入

（a）仕組みの概念

図A14-3　レールを切断しないで閉塞区間を表現する信号
高い周波数の交流信号は距離による減衰が著しい。これを利用して閉塞区間の一端（注入点）で高周波数の交流信号をレールに注入し、他端（測定点）でその信号の電圧、電流の大きさを観測することにより列車の位置を検出することができる。

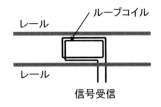

レール
ループコイル
レール
信号受信

（b）ループコイルによる交流電流の検出

図で列車が左から近づいてくると、列車の車軸と車輪がレールをショートするので、測定点でのf_1ヘルツの電気信号の電圧は次第に減少し、列車が測定点を通過するとゼロになります。一方、レールに流れているf_1ヘルツの電気信号の電流は、列車が注入点に近づくと電気抵抗が減るので増加しますが、列車が測定点を通過すると突然ゼロに落ちます。これで列車の通過を検出できるわけです(図A14-4)。

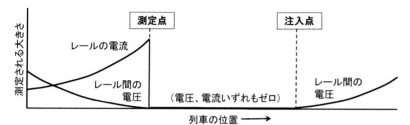

図A14-4　レールに流れる高周波数の電圧又は電流の大きさ
列車が測定点に近づくと電圧は減少し電流は増加する。列車が測定点を通過すると電圧、電流ともにゼロになる。

　列車が測定点と注入点との間を走っているときには測定点での電圧、電流いずれもゼロとなります。列車が注入点を通過して遠ざかると電圧が次第に増加していくので、列車が閉塞区間を出たのを検出できます。進入のときほど的確には検出しにくいので、隣接する閉塞区間の測定点から通信回線を通して進入の情報を受け取る方法もあります。

　測定点では電圧よりは電流を検出する方が列車の到着を的確に知ることができますが、誘導電流を検出するループコイルは電圧を検出する装置よりは大げさな装置になります。また、最近の鉄道車両はVVVFインバータなどの電磁雑音を発生する機器を持っているので、これらによる誤動作を避ける方策も必要になり、いろいろの工夫が行われています。

　このシステムは閉塞区間が短く列車数の多い都市の鉄道の、ポイントなどがない単純な区間に適しています。例えば東京メトロではすでに全ての線区のどこかで無絶縁軌道回路を用いていると聞きます。

さらに積極的な安全確保のためのATS

　しかし、運転手の目視による操作だけではやはり不十分で、停止信号を冒進する事故が起こりました。

　これを防止するために、停止信号を冒進すると列車の運転手に車内で警告する車内警報装置、更には停止信号を冒進した列車を強制的に停める装置(ATS、自動列車停止装置)が実用化されました。

　古くからよく知られていたのは機械式のATSです。20世紀初頭に米国で実用化されてボストンの高架鉄道やニューヨークの地下鉄に採用され、ロンドン地下鉄にまで広まった「打子式ATS」は、わが国でも1927年に開通した東京地下鉄に採用され、その後の日本の地下鉄の定番になりました(写真A14-2)。

　この方式は、信号機の近くの地上に打子(トリップアーム)と呼ばれる可動式の鉄の部材を設置し、停止信号のときには圧縮空気などによりこれを起こして、電車の先頭の台車に設けられている空気弁のレバーをたたくようにしたシステムでした。電車は自動空気ブレーキを持っているので、空気弁を開いてブレーキ管の圧力を急落させると非常ブレーキがかかります。一方、停止信号以外のときは打子を地上に倒しておくので列車の走行には支障がありません。

　打子式ATSは単純な機械システムですが効果的で、2004年に名古屋地下鉄東山線の我が国最後の打子式システムが電子式に更改されるまで77年間、我が国のこれを用いた区間では大きな信号冒進事故はなかったと聞きます。

写真A14-2　機械式ATSの車両の空気弁のアーム(車上打子)
地下鉄銀座線の戦前製100形。台車中央のコレクタシュー(A)の手前に空気弁のレバー(B)を装備している。科学グラフ43号(大日本図書、1951年12月)

信号システムは事故の教訓で改善された

　地下鉄とは段違いに大規模で、しかも電車のほか電気機関車や蒸気機関車の牽く列車など多種多様な列車が走っていた国鉄でも、こうした自動安全システムが次々に導入されました。この過程では、大きな事故が起こると再発防止のために新しいシステムが全国的に導入されるという歴史が見られます。

　1956年10月に参宮線の六軒駅（三重県）で、死者42名を出す衝突事故が起こりました。ここは単線区間で、日頃は通過する上り快速列車がダイヤの乱れのため六軒駅で下り快速列車と交換することになり、場内信号機が注意現示、出発信号機が停止現示となっていたのを、上り快速が無視していつもの通りの速度で駅に進入し、ホームに停まり切れずに安全側線の砂利に乗り上げ、脱線した客車が本線にはみ出し、20秒後に下り快速がこれに突っ込んだ、という事故で、犠牲者の相当数は修学旅行の生徒でした。

　この後国鉄は、停止信号に差し掛かると車内のベルを鳴らして運転手の確認動作を求める「車内警報装置」の全国各線への取り付けを推進します。

　さらに、1962年5月にまた大事故が起こりました。常磐線の三河島駅（東京都）で、本線に進入しようとした蒸気機関車の牽く貨物列車が、場内信号機が注意現示、出発信号機が停止現示となっているのを冒進して脱線したのが原因で、本線にはみ出した機関車と貨車に下り電車が接触、脱線して上り本線にはみ出した電車に上り電車が突っ込んで多重衝突事故となり、死者160名を数える大惨事をもたらしました。

　このため国鉄は計画を前倒しし、列車無線の整備を進めるほか、全国展開していた車内警報装置に、確認ボタンを押さずに停止信号を冒進したら緊急停車させるという「ATS機能」を追加します。

　この信号システムに使われた地上、車上間の情報伝達方式は、地上のコイルと車上のコイルとの電磁結合を利用するもので、その後の信号システムの基本になりました（図A14-5）。

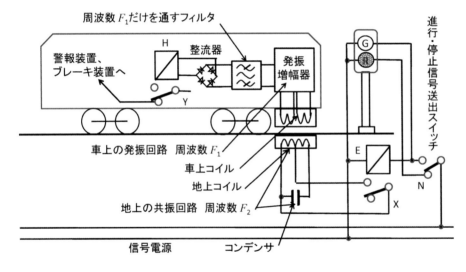

図A14-5　2つのコイルによる地上と車上の情報伝達
停止信号にさしかかった列車に、地上、車上の2つのコイルの電磁結合によりその情報を送る。フェールセイフシステムとなっている。図は赤信号状態を示す。

　列車は交流信号を発生する発振増幅器を持っています。その周波数F_1（例えば105キロヘルツ）は車上コイルにより決められており、出力信号は周波数F_1の信号だけを通すフィルタ、整流回路を経て車上のリレーの巻線Hに加わります。このため接点Yは普段は吸い上げられています。

　一方、地上にはコイルとコンデンサとから成る、周波数F_2（例えば130キロヘルツ）に共振する回路が設置されています。この回路には電源は不要です。

　信号が進行（G）現示のときには、図A13-1にも示した地上のリレーの接点Nは上に吸い上げられています。このときは別のリレーの巻線Eに電流が流れるので接点Xが吸い上げられて地上コイルの左側をショートしています。このため共振周波数はF_2よりさらに高くなっています。

　列車が地上コイルの場所を通過すると、2つのコイルの巻線がトランスと同じ原理で電磁結合しますが、地上コイルの巻線の一部がショートされて他の巻線との結合が疎になっており、また共振周波数も離れているので車上コイルへの影響はありません。

　信号が停止（R）現示になると地上のリレーの接点Nが下に落ちます。するとリレーのコイルEの電流が切れ、接点X

も下に落ちるので、地上のコイルとコンデンサは正常に動作し、共振周波数がF_2になっています。

ここを列車が冒進すると2つのコイルの巻線の電磁結合が強く、また周波数F_1とF_2が近いので、車上の発振増幅器の発生する電気信号の周波数が電磁的な影響を受けてF_1からF_2の方に変化します。このため車内の電気信号が、周波数F_1の信号しか通さない車上のフィルタで阻止されるので、接点Yは落下し、警報装置やブレーキ制御装置に停止の信号が送られます。

装置が故障すると停止信号が出るフェールセイフシステムになっているわけです。

A15. 信号システムは進歩する

大きな進歩をもたらした新幹線のATC

1964年に開通した東海道新幹線は、鉄道の世界に画期的な進歩をもたらしました。特に信号システムの世界にATS（列車停止装置）ではなくATC（列車制御装置）が世界に先駆けて本格的に導入され、大きな進歩をもたらしたのが特筆されます。

当初の最高速度は時速210キロでしたが、この速度で走る列車の運転士が地上の信号機を目視で確認するのは非現実的ですので、車上信号が使われました。従来の鉄道の信号現示は進行（G）、注意（Y）および停止（R）の3種が基本でしたが、新幹線では運転台に時速210、160、110、70、30、0キロ（速度検出は30〜5、5〜−0キロの2種）のいずれかの許容速度が表示されることになりました（図A15-1）。

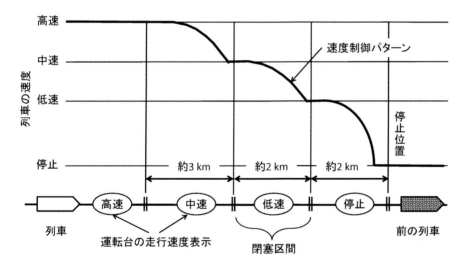

図A15-1　ATCによる列車の速度の制御
列車の運転台に制限速度を表示し、これを上回る速度で閉塞区間の境界に近づくと自動的に減速する

この電気信号は地上設備から送られますが、従来のような商用周波数（50または60ヘルツ）ではなく、下り線用は700および840ヘルツ、上り線用は800および1000ヘルツの周波数の電気信号を、現示すべき160〜0キロの5種に応じて10、15、22、29および36ヘルツのいずれかで変調してレールに送り、列車はこれを最前部の車軸のすぐ前に置かれたセンサで電磁結合により受信します。変調方式は、アマチュア無線などでよく使われるSSB（片側帯波）方式の振幅変調です。

列車は自分の速度を常時チェックしており、例えば110キロが現示されたとき、現在の速度が160キロ以上なら非常ブレーキが、160〜110キロなら常用ブレーキが動作し、110キロ以下になるとゆるみます。機械任せでは速度がぎくしゃく変化するので、運転士は先を打ってブレーキを操作してスムーズに減速していました。

今の新幹線は最高時速が320キロまで引き上げられているので、信号システムもこれに対応して改良されています。また機械任せでも速度がスムーズに変化するように改良されています、しかし安全第一の思想は不変で、無事故の実績を積み重ねる大きな要素となっているのです。

新幹線のATCは1960年代、ディジタルコンピュータや電子通信の技術がようやく安定してきたけれどまだIC（集積回路）などはなかった時期にまとめられた先駆的なシステムでした。これがその後の世界の鉄道信号システムに大きな影響を及ぼし、種々の工夫を凝らしたATCが実用化されることになります。

現代の鉄道信号はコンピュータ制御

　1970年代から実用化され始めたマイクロコンピュータチップは、交通機関の分野でも鉄道車両や自動車などに搭載され、VVVFインバータ制御などの技術革命をもたらしましたが、鉄道信号システムの世界でもマイクロコンピュータ制御の導入で大きな進歩がありました。

　地上設備では、それぞれの指令速度に応じた電気信号を電子回路で生成してスイッチで切り換えていましたが、信号をコンピュータのプログラムで作成するようになって、電子回路が極めてシンプルな構成になりました。また適応制御（A12節を参照）の導入で、軌道回路の電気信号の大きさを安定化することもできました。

　さらに、線路を通して車両に伝送する電気信号をディジタル信号（電文）にすることで情報量を飛躍的に増やすことができました。また伝送途中での符号誤りのチェックもできるので信頼性が高まります。

　このためATCの制御内容が変わりました。これまでのような飛び飛びの速度信号ではなく、停止位置までの距離などの情報を地上から車両に送り、車両では保持しているデータベースをもとにそこまでの減速パターンを計算で生成して速度を無段階に減速していく「車上主体形ディジタルATC」が、JR山手線、京浜東北線、新幹線をはじめとして私鉄などに広く使われるようになりました（図A15-2）。

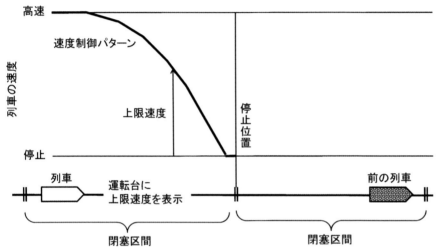

図A15-2　新しいATCによる速度の連続制御
停止位置までの距離と現在の速度から減速のパターンを計算するので、運転士が何もしなくてもスムーズに停車できる。

　こうした新しい信号システムは、21世紀になる頃からさらに広汎に普及しました。JR在来線や私鉄でも、貨物列車などの入らない通勤電車のみの区間では地上に立った信号機は次第に見られなくなっています。

軌道回路を使わない移動閉塞システム「ATACS」と「CBTC」

　21世紀に入って、鉄道信号システムはその思想が根本的に変わりました。夢の信号システムといわれた「移動閉塞」方式が実用化されることになったのです。

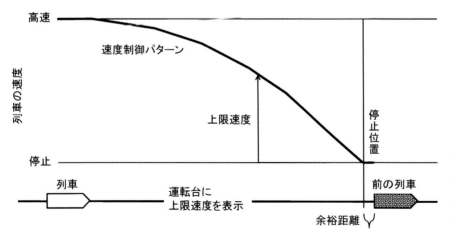

図A15-3　移動閉塞方式での列車の速度制御
先行列車のすぐ後を停止位置とし、各列車が先行列車と自列車の位置情報、及び自列車の速度情報をもとに停止位置までの減速のパターンを計算する。

地上の線路を一定の閉塞区間に分割するこれまでの信号システムでは、停止信号による停止位置は必ず閉塞区間の境界で、先行列車がその先のどこにいるかには無関係でした。安全性からいえば、列車は道路を行く自動車と同様に先行列車のすぐ後ろまで近づいて停止すればよいはずですから、先行列車が遠方にいると線路に無駄な空間を残すことになります。

　そこで、固定した閉塞区間を廃止し、停止位置を先行列車のすぐ後ろに指定すれば、先行列車の走行とともに停止位置も動くので、線路をより有効に使えることになります。

　そのためには信号システムを集中管理し、それぞれの列車の位置を高い精度で時々刻々把握していることが必要です(図A15-3)。

　JR東日本の仙石線のあおば通〜東塩釜間には、鉄道技術研究所での基礎研究をもとに、ATACS(アタックス)という移動閉塞機能をもつ画期的な信号システムを試用する準備が行われていました。2011年3月の東日本大震災で仙石線が不通となってしまって停滞を余儀なくされましたが、2011年4月に列車の運転が部分的に再開されたので、ATACSシステムは同年10月から試用開始となりました。

　この信号システムは、
「前を走る列車との距離に応じて自ら走行速度をきめる」
という原則で列車を制御するもので、次のような特徴を持っています(写真A15-1)。

－列車はそれぞれID(登録名)を持ち、地上のセンタは運行中の列車をIDで管理する。
－列車は自分の位置を数10メートル以内の精度で地上のセンタに常時通知する。
－地上のセンタはその列車に先行する列車の位置を常時通知する。
－列車はそれらの位置情報より走行パターンを計算して生成し、それに従って走行する。
－地上のセンタと列車との通信には軌道回路ではなく空間波の無線を用いる。
－したがって線路は信号システムとは無縁になる。
－踏切の警報装置などもATACSに包含し、列車が到達時間を計算して警報機の動作を指令する。

写真A15-1　仙石線の列車のID番号
編成にはそれぞれATACSのためのIDが与えられ、前面に表示されている。この編成はID 01。中野栄、2018年撮影

　携帯電話やアマチュア無線のように列車と地上の基地とが電波を空間に飛ばして通信する鉄道通信システムは、20世紀後期にアナログ方式で実用化され、21世紀に入ってディジタル方式化されていました。ATACSでは数キロ〜10数キロの範囲の移動通信に適した400メガヘルツ帯 (極超短波)の電波を用いてディジタル伝送します。家庭で視聴している地上ディジタルテレビ放送の周波数帯(500メガヘルツ帯)のすぐ下で、これまでもわが国の鉄道関係の通信に使われていた周波数です。

　列車は車輪の回転をもとに、自分の走っている位置を把握して基地に送ります。スリップなどによる誤差が生じるので、地上におかれた基準点を通るときに修正します。

　列車はまた、基地から知らされる先行列車の位置の情報をもとにその先の走行速度のパターンを計算で生成し、

それにしたがって速度を無段階で制御します。また、踏切警報機の状況も受信して速度制御に反映します。

　ATACSを用いると、従来の信号システムに比べ列車密度を安全に増やすことができます。また無絶縁軌道回路と同じく、レールの絶縁や線路に沿って設置するインピーダンスボンドなどの設備が不要となるので、線路の新設や保守のコストが大幅に節約されます。

　半面、信号がレールと無関係になるので、従来の軌道回路信号とは異なりレールが折れてもアラームが出ないという問題点が指摘されています。解決策は別途開発されています。

　仙石線での試用では予想以上に信頼性が高く、また踏切の遮断時間が平均20％減ったということで、地元にも歓迎されたことでしょう。2017年からは埼京線（池袋〜大宮間）にも導入され、2030年代までに首都圏の電車区間にひろく導入される予定と聞きます。

　こうした無線通信と移動閉塞を特徴とする新型の信号システムとしては、実は諸外国では鉄道システムメーカの手で種々の方式が実用化され、21世紀初頭より今後の標準システムとして導入が始まっていました。

　中でも、微弱電波による簡易な無線方式「Wi-Fi」を使うCBTC（Communications-Based Train Control）と呼ばれるシステムが、空港のトランスポータや地下鉄など都市の鉄道に導入されています。水の分子を発熱させる周波数のため電子レンジで使われていた2.4ギガヘルツ付近の領域が、ディジタル信号処理技術の進歩で通信にも使えるようになり、主としてパソコンやスマートホンに広く普及した方式です。初期には「車内で多くの乗客がスマートホンを使ったら列車が突然停止した」といったトラブルもあったようですが、今はそれ以外の周波数も使って安定したシステムとなったということで、例えば北京の地下鉄には我が国のメーカの実用化したCBTCシステムが2011年から使われており、高い信頼性で好評と聞きます。遅れ気味だったわが国の鉄道でも東京メトロの丸の内線にCBTCシステムを2022年度に導入する計画が発表されました。

　外国ではCBTCを導入すると列車本数が増加されてサービスが改善される例が見られます。ATACSの導入によって、例えば仙石線のサービスがどう改善されるか、見守りたいと思います。

自動運転「ATO」は自動車より鉄道に向いている

　信号システムがここまで進歩すると、運転士の乗務しない自動運転（ATO）が可能になります。すでに列車の種類が単一で踏切がない線区ではパリ地下鉄の14号線や1号線、東京の新交通システム「ゆりかもめ」など、運転そのものを機械に任せるATO（自動列車運転装置）により無人運転を行う例も増えてきました。外国の地下鉄では、新しく開通する線区でCBTCと組み合わせて自動運転を実施する例が多数見られるようになっています。

　一般に自動車の自動運転が関心を集めていますが、鉄道は進路が線路で規制され、歩行者などへの対応が不要で、また列車の種類が限定されているのが利点で、自動運転のレベルは自動車より先を走っています（表A15-1）。

自動運転システムのレベル		内容	運転の担当者	現状
GOA-0	手動運転	運転者がすべての運転操作を行う	免許を持つ運転士	路面電車
GOA-1	支援つき 手動運転	最高速度制限、停止信号対応などの アシストを受けて手動運転		JR、民鉄の一般線区
GOA-2	運転士つき 自動運転	ドア開閉、発車のみ手動操作、 以後自動運転		ATO 線区
GOA-3	運転士なし 自動運転	発車のみ手動操作、以後自動運転	一般の乗務員	
GOA-4	限定 完全自動運転	限定エリア内でシステムがすべてを操作、 自動運転時は人の介入不要	なし	新交通システム
GOA-5	限定なし 完全自動運転	エリアを限定せずに、常にシステムがすべての運転を操作		

表A15-1　鉄道の自動運転システムのレベル
UITP（国際公共交通連合）の定めた鉄道の自動運転のレベル。鉄道は専用の線路を運行するので自動車に比べると高いレベルまで進んでいる。
古関隆章ほか、電気学会交通・電気鉄道研究会資料、TER-18-070（2018. 7. 26）ほか

写真A15-2　無人運行している
金沢シーサイドライン(横浜)
車庫の出入りなどには有人運転を
残している。
並木中央、2016年8月撮影

　運転士が発車を指令すると次の駅に停車するまで自動走行、というGOA-2に相当する方式が1960年の名古屋地下鉄東山線、1962年の東京営団地下鉄日比谷線での限定試験に始まり、地下鉄ではわりあいよく見るシステムとなりました。地上の鉄道でもホームドアの普及などが追い風となり、2020年にJR九州の香椎線で実証運行が始まり、JR東日本でも常磐緩行線での導入が具体化しています。今のところ踏切のある路線での実施は先になりそうですが。

　GOA-4に相当する運転士の乗務しない自動運行も、1981年に開通した神戸ポートライナー(兵庫県)以来、「ゆりかもめ」(東京都)「金沢シーサイドライン」(神奈川県)のような新交通システムに普及しており、開通当初から無人運行という例が増えています。高架線と完備した駅のホームドアにより線路が完全に無人となっていること、列車が各駅停車ばかりで運行形態が単純なことが追い風になっています(写真A15-2)。

ディジタル制御、自動運転の時代には鉄道趣味はどうなるか?

　鉄道の技術がこのように進化してくると、筆者には鉄道趣味のあり方にも新しい課題が生じているように見えます。

　東京の地下鉄南北線や京都の地下鉄東西線のような、天井まで届くホームドアの完備した地下鉄では車両の姿がよく見えません。欧州の地下鉄では車内は見えても車両の外側がさっぱり見えない例もあります。古くから完全自動運転が当然になっているエレベータと同様の「閉じた」輸送システムに変化しているわけです。

　我々が乗り込むエレベータでは、「かご」の外観は全く見ることができません。したがってエレベータのかごは趣味の対象にはなり得ません。これからは鉄道車輌もこのようなものになっていくのでしょうか。

　都市の鉄道の多くがホームドアで隔離された自動運転の車両で運行されるようになったときに我々は鉄道趣味をどのように楽しむのか、いろいろ考え、予測しておく必要があるように思われます。

　一方、鉄道趣味に関係の深い車両の「動態保存」についても気がかりな要素があります。

　現在盛んに行われている動態保存の対象は主として蒸気機関車です。蒸気機関車の部品はほとんどが機械加工品で、交換部品の手作りが可能ですので、今後も長く動態保存が続くことが期待されます。

　これに比べ、VVVFインバータ制御のような電子システムで制御される電車や電気機関車の制御システムでは、主要な部品はパワー半導体素子とマイクロコンピュータチップですが、こうした部品の進歩は急速で、数年たつと新モデルに移行し、古い技術のモデルは入手不能になります。また、こうした部品は少量の製作が不可能で、数千個以上の規模で量産しなければ入手不能です。更にパターンマスクなどの道具が廃棄されるとおおむね製造不能になります。したがって、劣化した部分の修復はなかなか難しく、古いシステムは廃棄以外にとれる道がありません。

　実際、国鉄時代に製造されたチョッパ制御の電車に使われている半導体スイッチ部品の長期にわたる供給は、部品メーカには不採算で歓迎できないビジネスだったと聞きます。また、VVVFインバータ制御の電車が15年くらい経って大きなオーバホールを受けるときには、エレクトロニクス機器は全く新しいシステムに全面更改されるのが通例です。

　こうした事情のため、現代の鉄道車両の長期にわたる動態保存は恐らく困難と思われます。鉄道関係の博物館にも鉄道趣味にも、これを前提とした新しい「かたち」が必要なのではないでしょうか。

役に立つ参考文献

　我が国の鉄道趣味の世界では本や雑誌の出版が盛んで、書店の「鉄道図書」の書架にはおびただしい数の本が並んでいます。ここでは2種の異なる立場から、こうした本を選んでみましょう。

　まず、
「さらに深い知識を手に入れる」
　という観点で見ると、最近の鉄道趣味書の内容は以前に比べ細分化され、深いけれども狭い内容の本が多くなっているようで選択に迷います。どうも、
「まずこの本を見ておくと広い基礎知識が身に着く」
　という「定本」が少なくなっているように見受けられるのです。
　本文第10節で紹介したように、我が国の鉄道で1年間に新規に導入された車両、廃棄された車両を知る文献としては、
鉄道ピクトリアル増刊号「鉄道車両年鑑」（電気車研究会）
　が良い記録だったのですが、残念なことに2016年版限りで休刊になってしまいました。しかし、既刊のバックナンバは今後も有用です。
　車両に関する情報の豊富な月刊誌としてはやはり本文で紹介したように、鉄道ピクトリアル誌に次ぐ老舗の、
鉄道ファン（交友社）
　があげられます。また鉄道全般の行政なども視野に入れている
鉄道ジャーナル（鉄道ジャーナル社）
　も読まれていますが、いずれも趣味誌としては他誌と大きな差があるわけではありません。
　一方、インタネットで気軽に閲覧できる、
インタネット百科事典「Wikipedia」（ウィキメディア財団）
　は、あらゆる趣味活動の参考資料として有効です。ただし、項目によっては記述が凝縮されていたり断片的だったりする例も見られますので、まず雑誌を読んでからWikipediaを検索して補完するのがよいと思います。
　電車の技術解説書としては、
野元浩：「改訂版 電車基礎講座“知ってるつもり”から“確かな知識”へ」（交通新聞社、2017年）
　がわかりやすく幅広い内容で、新しい技術も含まれていてお勧めできます。
　これに比べ、例えば小田急ロマンスカー。京浜急行のクロスシート車というように目的を絞ると、市販の趣味書に優れた著作が多数あります。ここで「細分化」の利点が見られるようです。書店で中味を見て選択されるのがよいと思います。
　鉄道関連の本が揃っている書店としては、東京では
千代田区神保町の書泉グランデ
大阪では、
中央区なんばCITYの旭屋書店
　が定評があります。特に雑誌のバックナンバを探したいときにはお勧めです。

　一方、
「あるテーマについて複数の本を読み比べて考える」
　という観点も趣味人の楽しみで、大いにお勧めしたいと思います。
　ここでは例として、都市の鉄道を使うのに最近欠かせなくなったSUICA、ICOCAのようなICカードシステムに関する著述に注目してみましょう。
椎橋章夫「SUICAが世界を変える」（東京新聞出版局、2008年）
　はJR東日本のICカードシステムの開発、導入の苦労話とサクセスストーリーを述べたもので、
「こんなに素晴らしいシステムができました」
　と胸を張った報告になっています。これに比べ、
上岡直見「鉄道は誰のものか」（緑風出版、2016年）
　は乗客の立場から鉄道事業者に苦言を呈するもので、その第3章などで、
「ICカードシステムは鉄道事業者には有用だろうが、乗客からは有用とは言いにくい」
　という批判的な意見が述べられています。
　これらを読み比べて、
「それでは自分はどう考えるか」
　と自問し、思索を楽しむのは、知的な鉄道ファンの特権といえるでしょう。

　最後に、鉄道ファンの文化に浸ることのできる古典的な名著として、
内田百閒「第一阿呆列車」～「第三阿呆列車」（新潮文庫）
　が一読の価値がありますのでご紹介しておきましょう。マニアックな鉄道趣味人とは異なる文化人の、それもかなり古い時代の乗車記録ですが、細部の観察には鋭いものがあり、車両のことも随所に記されています。

事項索引

車両索引

【著者プロフィール】

大賀 寿郎（おおが じゅろう）

1941年生。東京の代官山地区で育った頃より近隣の東横線、山手線、井の頭線、都電、地下鉄銀座線などに親しみ、大学では鉄道研究会の創立メンバの一員となる。卒業後は最後の活躍をしていた蒸気機関車の写真や記事を友人と鉄道雑誌に投稿。鉄道ジャーナル誌のカメラマンルポライターコンテストで特選、入選など連続受賞。その後は電車技術の歴史の研究にのめり込んで現在に至る。鉄道友の会、海外鉄道研究会、鉄道史学会会員。鉄道趣味の著作は「路面電車発展史」（戎光祥出版、2016年、鉄道友の会「島秀雄記念優秀著作賞」受賞）、「広島電鉄の文化と魅力」（フォト・パブリッシング、2020年）など。本職は電気通信工学と音響工学の研究実用化。芝浦工業大学名誉教授、IEEE（米国電気電子学会）Fellow、工学博士。鉄道以外の趣味はヴァイオリン演奏。アマチュアオーケストラのコンサートマスター歴30年＋α。

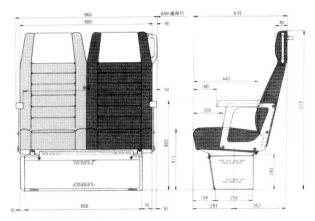

京浜急行2000形のシート

大人が楽しむ鉄道趣味
～入門は身近な電車の知識から～

発行日………………2021年10月29日　第1刷　　※定価はカバーに表示してあります。

著者………………大賀寿郎
発行人………………高山和彦
発行所………………株式会社フォト・パブリッシング
　　　　　　　　　　〒161-0032　東京都新宿区中落合2-12-26
　　　　　　　　　　TEL.03-6914-0121　FAX.03-5955-8101
発売元………………株式会社メディアパル（共同出版者・流通責任者）
　　　　　　　　　　〒162-8710　東京都新宿区東五軒町6-24
　　　　　　　　　　TEL.03-5261-1171　FAX.03-3235-4645
デザイン・DTP ………柏倉栄治（装丁・本文とも）
印刷所………………株式会社シナノパブリッシングプレス

ISBN978-4-8021-3288-6 C0026

本書の内容についてのお問い合わせは、上記の発行元（フォト・パブリッシング）編集部宛ての
Eメール（henshuubu@photo-pub.co.jp）または郵送・ファックスによる書面にてお願いいたします。